ALLA SCOPERTA DELL'AMORE

(titolo originale: Finding Love)

Salty Key Inn - libro 3

Judith Keim

WILD QUAIL PUBLISHING

Traduzione di Isabella Nanni

LIBRI DI JUDITH KEIM

LA SERIE DELLE DONNE HARTWELL:

L'albero che parla – 1

Chiacchiere dolci – 2

Chiacchiere dirette – 3

Chiacchiere infantili – 4

Le donne Hartwell – Cofanetto

LA SERIE DEGLI HOTEL DELLA CASA SULLA SPIAGGIA:

Prima colazione all'Hotel The Beach House - 1

Pranzo al Beach House Hotel - 2

Cena al Beach House Hotel - 3

Natale al Beach House Hotel - 4

Margarita al Beach House Hotel - 5

Dolce al Beach House Hotel - 6

IL GRUPPO DEI VENERDÌ GRASSI:

Venerdì grasso - 1

I sabati di Sassy - 2

Domeniche segrete - 3

LA SERIE DI SALTY KEY INN:

Trovarmi - 1

Trovare la mia strada - 2

Trovare l'amore - 3

Trovare la famiglia - 4

La serie Salty Key Inn - Cofanetto

LIBRI DEL SEASHELL COTTAGE:

Una stella di Natale

Cambiamento di cuore

Un'estate di sorprese

Un viaggio in auto da ricordare
Le ragazze della spiaggia

LA SERIE DELLA LOCANDA DI CHANDLER HILL:
Andare a casa - 1
Tornare a casa - 2
Finalmente a casa - 3
La serie Chandler Hill Inn - Cofanetto

LA SERIE DELLA LOCANDA DELLA SALVIA DEL DESERTO:
I fiori del deserto - Rosa - 1
I fiori del deserto - Giglio - 2
I fiori del deserto - Salice - 3
I fiori del deserto - Vischio e agrifoglio - 4

LE ANIME SORELLE AL CEDAR MOUNTAIN LODGE:
Sorelle di Natale - Antologia
Baci di Natale
Castelli di Natale
Storie di Natale - Antologia Soul Sisters
Gioia di Natale

LA SERIE DELLA LOCANDA DI SANDERLING COVE:
Onde di speranza - 1
Auguri di sabbia - 2
Baci salati - 3

ALTRI LIBRI:
L'ABC della convivenza con un bassotto
C'era una volta un'amicizia - Antologia

Vincere alla grande - una piccola storia d'amore per tutte le età
Speranze per le vacanze
I biglietti vincenti - (2023)

Per maggiori informazioni: www.judithkeim.com

wildquail.pub@gmail.com
www.judithkeim.com

Wild Quail Publishing
PO Box 171332
Boise, ID 83717-1332

ISBN#: 978-1-959529-96-5

Dedica

For all of my readers in Italy.

CAPITOLO 1
REGAN

Giorno di apertura! Regan Sullivan si stava affrettando ad attraversare il parco del Salty Key Inn, fermandosi un attimo a guardare la bougainvillea piantata di recente intorno al perimetro della piscina. Sollevando un ramo carico di fiori, studiò il colore rosa acceso dei petali e fece un respiro profondo, abbracciandone la bellezza. Per quanto si continuasse a cercare di catturare un colore come quello con la stoffa o la pittura, non ci si riusciva mai. Madre Natura vinceva sempre.

A volte Regan aveva l'impressione di trovarsi in un quadro tropicale. Niente di esotico come un Paul Gauguin, ma inserita in uno scenario che le piaceva molto di più di quello che era stata abituata a vedere a New York o nella sua città natale, Boston.

In cielo, strisce di rosa squarciavano il grigio del primo mattino, promettendo un'altra calda giornata di inizio settembre lungo la costa del Golfo della Florida. Si concentrò su un ibisco vicino i cui fiori rosa si stavano aprendo al sole e pensò a tutti i cambiamenti della sua vita. Crescendo, non avrebbe mai immaginato di diventare proprietaria di un hotel. Aveva già iniziato a pensare alla sua vita in due sezioni: prima del testamento dello zio Gavin e dopo.

L'inverosimile sfida che lo zio Gavin aveva lanciato a lei e alle sue due sorelle, Sheena e Darcy, sembrava uscita da un romanzo. Dovevano vivere e lavorare insieme per un anno intero per ristrutturare l'hotel e renderlo operativo. Se avessero soddisfatto questo requisito, avrebbero ereditato ciascuna un terzo del suo ingente patrimonio. Sembrava meraviglioso, ma in realtà non era una cosa semplice. Vivere insieme, lavorare insieme e trovare idee creative per realizzare questo obiettivo era davvero complicato.

Regan proseguì per la sua strada, pensando ancora alla sua situazione. Lo zio aveva voluto che questa esperienza fosse una lezione di vita per ciascuna di loro. In fondo alla lettera che le aveva lasciato, aveva scritto un messaggio ambiguo: "La bellezza è negli occhi di chi guarda". Quando aveva letto quella frase, si era arrabbiata, pensando che si riferisse al suo aspetto, che secondo lei era l'unica cosa che la gente notava quando la incontrava. Ora cominciava a sospettare che lo zio Gavin avesse in mente qualcosa di completamente diverso.

Un lampo di blu catturò il suo sguardo. Si fermò e vide il pavone che si affrettava verso di lei. «Petey! No!»

Il fastidioso pavone che regnava sul parco dell'hotel si fermò a metà corsa e la guardò. Regan aveva imparato che se si rimaneva saldi, Petey starnazzava ma non attaccava. Infatti, abbassò la coda e si allontanò.

«Ciao, Regan!»

Scorse Brian Harwood e ricambiò il saluto che lui le rivolse prima di entrare da Gracie, il ristorante dell'hotel. Facendo un respiro profondo per fermare il cuore che batteva forte, si ripromise di mantenere la promessa fatta a sé stessa di non farsi coinvolgere da Brian. Per quanto lo trovasse attraente, era certa che le avrebbe fatto del male. Sembrava il ragazzo immagine della Florida, con quei capelli bruciati dal sole, il corpo abbronzato e sodo e gli occhi scuri e amichevoli che attiravano la gente. Le donne gli sbavavano dietro e lui rispondeva quasi sempre con interesse, confermandole che era un Problema con la P maiuscola.

Regan aprì la porta della reception dell'hotel ed entrò di

corsa. L'apertura ufficiale del Salty Key Inn era imminente e lei voleva essere al corrente di tutto perché Sheena stava affrontando dei problemi in famiglia e Darcy stava scrivendo la sua rubrica settimanale per il *West Coast News*, un giornale locale.

Regan andò subito al computer per controllare il sistema di prenotazioni. Erano in grado di aprire solo le venti camere al piano terra dell'Edificio Airone. Le venti camere all'ultimo piano sarebbero rimaste incompiute finché non avessero avuto entrate sufficienti per completarle. Le otto suite dell'edificio separato, le Suite Piovanello, dove lei e le sue sorelle vivevano temporaneamente, sarebbero state le ultime a essere ristrutturate.

Con gli occhi scorse l'elenco delle persone che dovevano arrivare per il fine settimana del Labor Day. Quindici coppie stavano approfittando delle tariffe speciali legate alla ristrutturazione per l'intero fine settimana. Per un soggiorno di due o più notti, avrebbero ricevuto uno sconto sulla tariffa della camera per due notti in qualsiasi momento entro i quattro mesi successivi, quando la sfida dello zio Gavin sarebbe terminata e lei e le sue sorelle avrebbero scoperto come sarebbe stato il resto della loro vita.

Il cellulare di Regan squillò. Controllò chi chiamava e sorrise. *Mosè Greene*. In pochissimo tempo, Mo era diventato uno dei suoi migliori amici. Si erano conosciuti quando lui l'aveva aiutata a scegliere i mobili per l'hotel. Pittoresco e dolce, era un decoratore d'interni di grande talento. Lei sperava di diventare la sua socia in affari, un giorno.

«Ciao, tesoro» disse Mo. «Ho chiamato per augurare a te e alle tue sorelle un weekend di successo. Dovrebbe essere un buon inizio. A proposito, Bernice è entusiasta di aver avviato la sua attività per l'hotel.»

«Sta facendo un ottimo lavoro» disse Regan. Lei e Mo

avevano convinto la cugina di lui, Bernice Richmond, ad aprire un'impresa di pulizie per gestire il servizio manutenzione dell'hotel.

«Andrai alle Keys per il fine settimana come previsto?» gli chiese Regan.

«Sì, credo sia arrivato il momento di uscire e conoscere persone nuove. Dopo le vacanze ho un'agenda fitta di impegni. La suocera di Sheena sta promuovendo la mia attività e ho un certo numero di case su cui lavorare.»

«Fammi sapere quando posso aiutarti. Speriamo che dopo questo fine settimana le cose si stabilizzino in una routine più tranquilla, con meno ospiti.»

Attraverso il telefono arrivò la sua risatina sommessa. «Credo che tu debba sperare che l'hotel faccia sempre più affari, non che ne faccia meno.»

Regan si batté una mano sul petto e poi scoppiò in una risata. «Accidenti! Sheena e Darcy mi ucciderebbero se sentissero quello che ho appena detto.»

«Ucciderti per cosa?» disse una voce. Regan si girò e si trovò davanti Darcy.

«Devo andare, Mo» disse Regan. «Divertiti e chiamami quando torni. Voglio sapere tutte le novità.»

«Affare fatto» disse Mo, e riattaccò.

«Che succede?» Gli occhi azzurri di Darcy trafissero quelli violetti di Regan sfidandola a rispondere.

«Ho detto a Mo che speravo che ci sarebbe stato meno da fare qui all'hotel, e lui mi ha ricordato che, in quanto proprietaria di un hotel, non avrei dovuto volerlo.»

Darcy scosse la testa, buttandosi dietro le spalle i riccioli rossi. «So come ti senti. Tra il lavoro al giornale e il tentativo di organizzare un piccolo matrimonio, a volte vorrei...»

«A volte vorresti cosa?» Sheena entrò nell'ufficio.

Regan e Darcy si scambiarono uno sguardo divertito.

Sorelle!

«Allora?» Sheena chiese, sorridendo loro.

«A volte vorrei che questa sfida fosse finita. Sono impegnata in altre cose, e anche Regan lo è» disse Darcy.

Sheena studiò ognuna di loro e sospirò. «Ok, è il momento del discorso d'incoraggiamento. Dobbiamo concentrarci. Ci mancano solo quattro mesi per vincere la sfida di rendere l'hotel operativo e di ottenere qualche entrata. Sapete, e so che questo potrebbe significare molti soldi per noi, se ci riusciamo. Ma soprattutto, possiamo fare di questo hotel il tipo di posto che lo zio Gavin aveva immaginato. Per quanto mi riguarda, voglio rimanere e aiutare a gestire l'hotel se, e al momento è un grande "se", riusciremo a farcela. Non lasciate che niente ci impedisca di realizzare questo progetto. D'accordo?»

Mortificata dal tono determinato della voce di Sheena, Regan annuì. La sorella maggiore a volte era autoritaria, ma aveva un buon cuore e tutte avevano buoni motivi per voler vincere la sfida. Per Sheena, si trattava di aiutare il marito Tony ad avviare la sua attività di idraulico in Florida e di contribuire agli studi dei loro due figli adolescenti, Michael e Meaghan. Per Darcy, la possibilità di scrivere un romanzo e di avere una bella vita con il suo fidanzato, Austin Blakely. E per lei? Regan sarebbe entrata nel settore dell'arredamento d'interni con Mo, combinando i suoi desideri infantili di riconoscimento delle sue capacità e di accettazione di ciò che era come persona.

«Ok, allora» disse Sheena. «Vediamo chi abbiamo come ospiti.» Si passò una ciocca di capelli ramati dietro l'orecchio e consultò la lista. «Mi dispiace, Darcy, ma le tue vecchie coinquiline di Boston vengono comunque. Pensavo gli avessi detto di non farlo.»

Le labbra di Darcy formarono una sottile linea di

disapprovazione. «Ho cercato di dirgli di aspettare finché non avessimo avuto il tempo di fare altri lavori di ristrutturazione, ma nessuno può dire niente ad Alex Townsend. Sono sicura che vuole venire qui solo per fare commenti sgradevoli. Sai quanto è snob.»

«È importante che i nostri ospiti capiscano che siamo in fase di transizione e che stiamo lavorando per migliorare l'hotel» disse Sheena. «Lo hai detto chiaramente nella nostra campagna pubblicitaria, Darcy.»

«Ma tu non conosci Alex come la conosco io» si lamentò Darcy.

«Nicole Coleman è simpatica» disse Regan, offrendo a Darcy un incoraggiamento.

«Lei è il motivo per cui ho diviso l'appartamento con loro a Boston.» Il lungo sospiro di Darcy parlava chiaro. «Immagino che dovremo fare del nostro meglio con Alex.»

«Ora che Sheena è qui, prendiamo una tazza di caffè» disse Regan a Darcy. «Sarà una giornata impegnativa.»

«Portami una tazza» disse Sheena. «Credo che avrò bisogno di un'ulteriore scossa di energia. Da quando Randy Jessup ha terminato il suo soggiorno estivo da noi, Michael e Meaghan si sono accaniti l'uno contro l'altra, litigano per ogni minima cosa. Tutto ha a che fare con il loro nervosismo per l'ingresso in una nuova scuola, non che lo ammettano.»

«Non preoccuparti. Ti porterò il caffè» disse Regan, pensando che Sheena fosse una santa per aver permesso all'amico di Michael di trascorrere l'intera estate con la sua famiglia.

Il telefono squillò e, mentre Sheena rispondeva, Regan e Darcy si precipitarono fuori dalla porta.

Mentre stavano per entrare da Gracie, incrociarono Brian che era sul punto di uscire e sorrise a Darcy. «Congratulazioni per il fidanzamento. Austin è un ragazzo fantastico. Sono felice per entrambi.»

Regan osservò il rossore salire sulle guance della sorella. Un tempo Darcy si era buttata su Brian, arrivando persino a fargli una proposta. Ora sembrava così sciocco.

«Grazie» disse Darcy. «Sono una donna molto fortunata»

Brian le sorrise. «E anche di talento. Ho letto le tue rubriche sui giornali, sai?»

L'espressione sorpresa sul volto di Darcy fu più che eloquente. Regan strinse la mano della sorella, orgogliosa di ciò che aveva realizzato.

Lo sguardo di Brian si posò su Regan, facendole venire la pelle d'oca sulle spalle. «Ho sentito che tu e Chip eravate al Pink Dolphin ieri sera. Mi dispiace di non avervi visti. Volevo presentarti Jill.»

«Jill?» Regan cercò di nascondere il cipiglio che sentiva formarsi.

«È una mia vecchia fidanzata che si è trasferita di nuovo qui. Siamo di nuovo insieme.»

Lo stomaco di Regan si riempì di acido. Si disse che era il nervosismo del weekend di apertura, ma mentre Brian proseguiva per la sua strada, sentì il bruciore delle lacrime.

Darcy le diede una gomitata. «Qual è il problema?»

«Penso che potrebbe essere un'allergia. Adoro tutti questi nuovi cespugli fioriti, ma è un po' troppo» rispose Regan, sorpresa dalla facilità con cui aveva appena mentito.

###

Dopo essere tornate in ufficio, Regan si costrinse ad allontanare il pensiero di sapere Brian con una ragazza. Lei e le sue sorelle avevano lavorato tanto per quel fine settimana. Quella mattina facevano un altro grande passo avanti per vincere la sfida.

«Ricordate» stava dicendo Sheena, «ogni ospite dev'essere

trattato come se fosse il più speciale che abbiamo, esattamente come ci ha detto il consulente per l'ospitalità.»

«Posso farlo per tutti, tranne che per Alex» disse Darcy con aria triste.

«Questa è una buona lezione per tutti noi» disse Sheena. «Alcuni ospiti saranno facili. Altri, non tanto. Tu, Regan, sei abituata a trattare con tutti i tipi di persone diverse dal tuo lavoro di receptionist a New York. Giusto?»

«Sì, ma ora significa molto di più. Se non ci riusciamo, avremo rinunciato a un anno intero per cercare di guadagnare il resto del patrimonio dello zio Gavin e mantenere l'hotel.»

«Ma, Regan, l'anno finora non è stato affatto sprecato. Pensa a tutto quello che è successo a ciascuna di noi» disse Sheena.

Lo sguardo di Regan si spostò sullo scintillante anello di diamanti al dito di Darcy. Guardò Sheena, che stava allegramente prendendo appunti su un foglio di carta. Pensò al suo lavoro di interior designer con Mosè Greene. «Hai ragione. In fondo è stato tempo ben speso.»

«La telefonata di prima era di Blackie Gatto, che ci augurava buona fortuna» disse Sheena. «Cercherà di passare questo fine settimana per vedere come vanno le cose.»

Darcy si rivolse a Sheena inarcando un sopracciglio. «Scommetto che vuole solo vederti. Ci sarà anche Tony?»

Sheena lanciò un'occhiata a Darcy. «Non ricominciare. Voi due sapete che il nostro rapporto è strettamente lavorativo.»

«Penso che sia attratto da te» disse Regan. «Ma so che non sei interessata a lui o a chiunque altro, perché tu e Tony insieme? Fate faville. Davvero faville.»

Le guance di Sheena si colorarono di un bel rosa. Con la sua corporatura robusta, i capelli ramati e gli occhi nocciola, non sembrava la madre di due adolescenti. Ma d'altronde aveva avuto i suoi figli da giovane.

Darcy sorrise a Sheena: «Voi due state davvero bene insieme. Spero che Austin e io saremo altrettanto felici dopo tanti anni di matrimonio.»

«Ho la netta sensazione che lo sarete» disse Sheena, con gli occhi pieni di affetto. «È perfetto per te.»

In presenza delle sorelle, Regan si sentiva esclusa. Non aveva trovato quello perfetto per lei e si chiedeva se lo avrebbe mai trovato. Aveva già deciso di non frequentare più Chip Carson. Lui l'aveva sminuita dopo che lei aveva cercato di spiegargli, anche se le era sembrato molto all'antica, che non sarebbe andata a letto con nessuno finché non fosse stata pronta a impegnarcisi per la vita.

Sentendo qualcuno avvicinarsi, tutte e tre le sorelle si voltarono per salutare i loro primi ospiti.

Regan si affrettò ad aprire la porta alla donna in piedi accanto a un uomo con una protesi metallica alla gamba. Regan li salutò raggiante con tutta l'eccitazione che provava. «Salve! Benvenuti al Salty Key Inn. Voi dovete essere il sergente Thomas Jansen e Cynthia.»

«Ti prego. Solo Tom e Cyndi» disse Cynthia sorridendo. Di altezza e corporatura media, Cyndi aveva un bel viso e capelli corti e biondi. Anche se aveva una gamba menomata, Tom se ne stava diritto e guardava Regan dritto in faccia con i suoi occhi azzurri. I capelli corti e scuri tagliati a spazzola completavano l'immagine militaresca.

Regan tenne la porta aperta mentre Tom entrava nell'ufficio, seguito da Cyndi. Osservando l'apparente facilità con cui Tom usava la gamba, Regan sentì un groppo in gola. Tom e Cyndi erano una delle due coppie di militari che usufruivano del programma di sconti speciali per i membri dell'esercito. L'altra coppia, proveniente da Atlanta, sarebbe arrivata nel tardo pomeriggio.

Come avevano fatto in precedenza per esercitarsi, Sheena

fece il check-in degli ospiti, Darcy si prese cura dei bagagli e Regan li accompagnò nella loro stanza, dove si assicurò che avessero ghiaccio in abbondanza e si offrì di aiutarli in qualsiasi altro modo.

Ben presto arrivò un flusso di persone che volevano approfittare di un'intera giornata in hotel. Poiché non c'erano ospiti precedenti, le camere erano disponibili per il check-in anticipato. Occupata dagli altri arrivi, Regan non notò subito Alex e Nicole, ma quando entrò in ufficio le riconobbe immediatamente. Nicole era una bella ragazza con lunghi capelli biondi che compensavano le ciocche scure e lisce di Alex che la sovrastava di una spanna. Entrambe indossavano abiti di fascia alta e alla moda e bei gioielli più adatti a un resort di lusso.

Sheena, che non le aveva mai incontrate, chiese allegramente: «E chi abbiamo qui?»

«Alex Townsend e Nicole Coleman» disse Regan, rivolgendogli un sorriso. «Benvenute al Salty Key Inn.»

«Quando Darcy ci ha detto che l'hotel era in fase di transizione, non scherzava» sbuffò Alex con tono sarcastico. «Questo posto ha bisogno di un sacco di riparazioni.»

«Ah, sì, tu devi essere Alex. Andiamo a registrarti» disse Sheena, incapace di nascondere il suo disprezzo.

Mentre stava inserendo i loro dati nel computer, Darcy entrò in ufficio.

Lo sguardo sgomento di Darcy si trasformò in un sorriso che Regan sapeva essere forzato. «Ciao, Nicole! Ciao, Alex!»

Quando Darcy si fece avanti per dare un abbraccio veloce a Nicole, Alex emise un grido. «Oh mio Dio! Sei fidanzata? Fammi vedere l'anello.»

Un'espressione carica di invidia attraversò il volto di Alex mentre studiava i tre grandi diamanti che le strizzavano l'occhio dall'anulare di Darcy. «Carino, molto carino.»

Nicole abbracciò Darcy. «Sono così felice per te! Chi è il fortunato?»

«Un ragazzo che ho conosciuto qui in albergo» disse Darcy, sorridendo felice.

In quel momento, Brian entrò in ufficio. «Come vanno le cose?» Sorrise ad Alex e Nicole e si rivolse a Sheena. «Hai bisogno che faccia qualcosa?»

Sheena scosse la testa. «No, ma grazie. Per il momento siamo a posto.»

Brian le fece un finto saluto militare e uscì dall'ufficio.

«Accidenti! Potrebbe aiutare me in tutto quello che vuole» disse Alex, fissandolo attraverso la finestra. «Quando si dice un fusto! Che cos'è? Una specie di tuttofare?»

Regan si sorprese a prendere le difese di Brian. «È un uomo d'affari di successo che possiede una propria impresa di costruzioni.»

Sheena si schiarì la gola. «Credo che qui sia tutto pronto. Siete pronte ad andare nella vostra camera?»

Nicole e Alex si guardarono e annuirono.

Regan e Darcy le condussero nella stanza d'angolo appositamente riservata per loro, al piano terra, di fronte alla piscina. Al pensiero di sentirle criticare la sua decorazione creativa, Regan non riuscì a trattenere l'agitazione allo stomaco. Dalla rigidità delle spalle di Darcy capì che anche lei era preoccupata per le loro reazioni.

Regan infilò la chiave magnetica nella serratura della porta, la aprì e si allontanò.

«Oh, che bello!» disse Nicole, entrando nella stanza. «Adoro i mobili fatti in questo modo.»

«Grazie. Mi piace molto usare la vernice a gesso sui mobili per dargli un aspetto antico» disse Regan, sentendo un senso di sollievo.

«Molto caratteristico» disse Alex. «E siamo vicino alla

piscina. Fantastico. Voglio provare il mio nuovo bikini. Soprattutto se in giro ci sono bei ragazzi come quello che abbiamo visto.»

Regan scacciò sgradevoli immagini di Alex e Brian insieme. «L'accesso alla spiaggia è dall'altra parte di Gulf Boulevard, e in piscina sono disponibili sdraio e asciugamani.» Prese il secchiello del ghiaccio e disse: «Nel frigorifero piccolo ci sono due bottiglie d'acqua in omaggio. Vi porto del ghiaccio.»

«Il Key Hole, il bar accanto, offre sconti ai nostri ospiti» disse Darcy. «Basta mostrare la tessera dell'hotel.»

Regan le lasciò, riempì il secchiello del ghiaccio e si affrettò a tornare nella stanza.

«È carino?» Alex chiese a Darcy, studiando di nuovo il suo anello.

Darcy lanciò un'occhiata a Regan.

«Austin carino? È un bambolotto e uno dei ragazzi più simpatici che abbia mai conosciuto» disse Regan. «Falle vedere una foto, Darcy.»

Darcy tirò fuori di malavoglia il telefono dalla tasca e iniziò a scorrere le foto.

Nicole e Alex si avvicinarono. Nella foto, Austin sorrideva, con gli occhi azzurri che brillavano sotto i capelli castano scuro.

«Cappero» disse Alex. «È bellissimo.» Diede una gomitata a Nicole. «Forse è meglio restare qui più a lungo di un weekend.»

Nicole rivolse a Darcy un sorriso caloroso. «Sono davvero felice per te. Auguri a entrambi.»

«Sì» disse Alex. «Sono sorpresa dalla velocità con cui è successo, ma sono contenta per te. Ottimo lavoro!»

Regan si tirò su. «La relazione tra Darcy e Austin è molto dolce, molto forte. In futuro viaggeranno molto.»

«Davvero?» Alex incrociò le braccia sul petto e studiò

Darcy.

Apparentemente a disagio, Darcy annuì. «Andremo in luna di miele in Europa.»

«Accidenti! Un sacco di grandi cambiamenti per te» disse Alex con un tono condiscendente che Regan trovò irritante.

A quel punto prese Darcy per il braccio. «Sarà meglio tornare in ufficio.» Con la sua voce professionale e soave, si rivolse alle loro ospiti. «Godetevi il soggiorno e fateci sapere se possiamo fare qualcos'altro per voi.»

«Grazie» disse Nicole. «Sono felice di essere qui.»

Alex non rispose, ma andò alla porta scorrevole, la aprì e si affacciò sul piccolo patio esterno.

Nel corridoio fuori dalla porta della camera degli ospiti, Darcy buttò fuori il fiato. «Alex mi farà impazzire. Non vedo l'ora che se ne vada.»

«Anch'io» disse Regan. «Riuscirebbe a far impazzire chiunque.»

Si affrettarono a tornare in ufficio per aiutare Sheena. Ora che erano davvero aperti, Regan si chiese quali altri tipi di problemi avrebbero dovuto affrontare. Avevano già imparato che il settore alberghiero era pieno di sorprese. Alcune buone. Altre decisamente meno.

CAPITOLO 2
SHEENA

Sheena controllò gli ultimi nomi sulla lista delle prenotazioni con un senso di soddisfazione. A quindici coppie le camere erano state assegnate senza problemi. Meglio ancora, sembravano tutti soddisfatti delle loro sistemazioni. Tutti, cioè, tranne Alex Townsend, che aveva una delle camere migliori dell'hotel. Si era lamentata che per raggiungere la piscina, lei e Nicole dovevano camminare troppo. Ora protestava per un problema con l'aria condizionata.

Quando Darcy entrò nell'ufficio, Sheena alzò lo sguardo. «Hai risolto l'ultimo problema con Alex?»

«Brian mi ha aiutato a controllare il condizionatore d'aria nella loro stanza. Ha detto che funziona bene, ma che non dovrebbero tenerlo in funzione e tenere la porta scorrevole aperta, perché incasina il sistema. Alex era così contenta di vederlo che sono sicura che non sarà la sua unica lamentela.»

«Quella tipa è di un altro pianeta. Non avevo idea che fosse così difficile.» Sheena rivolse alla sorella uno sguardo severo. «Spero che tu non ti sia comportata come lei quando stavate insieme.»

«Lo spero anch'io» disse Darcy. «Tutti gli altri hanno fatto il check-in?»

«Regan è con l'ultima coppia, la veterana militare di Atlanta e suo marito.»

Darcy si lasciò cadere su una sedia con un sospiro che si riverberò nella stanza. «È così che sarà ogni giorno?»

«Le cose si aggiusteranno» disse Sheena, sperando di avere

ragione. Sentiva una tale tensione alle spalle che le sembrava di avere degli artigli di ferro che la attanagliavano.

«Che ne dici di fare una pausa e andare al Key Hole?»

Sheena guardò l'orologio. «Lasciami controllare come stanno i ragazzi e, se è tutto a posto, ti raggiungo. L'ufficio chiude tra pochi minuti. A chi tocca gestire le chiamate fuori orario?»

«A Regan» disse Darcy. «Grazie al cielo. Non voglio più avere a che fare con Alex.»

Regan entrò in ufficio, diede un'occhiata all'orologio alla parete e si sedette di peso su una delle sedie. «Sono felice che questa giornata sia quasi finita!»

«Voi due andate pure al Key Hole» disse Sheena. «Io arriverò più tardi.»

A inizio giornata, Sheena si era assicurata che Meaghan si presentasse per il suo turno di lavoro da Gracie. Il ristorante era diventato uno dei preferiti della zona e avevano bisogno di tutto l'aiuto possibile. Sapeva che Michael stava lavorando alla sistemazione del paesaggio per il Gavin, il nuovo ristorante che lei e le sue sorelle stavano costruendo all'interno della proprietà. Avrebbe sostituito la casetta rosa dove lei e le sue sorelle avrebbero dovuto vivere insieme per tutto l'anno, prima che un incendio la distruggesse.

Tony varcò l'ingresso dell'ufficio. «Ehi, tesoro! Com'è andata?» Le sorrise, gli occhi castani illuminati da profondo affetto.

I capelli scuri e ricci gli erano diventati più lunghi e lei aveva scoperto che le piacevano così. Con i jeans e una maglietta che metteva in mostra i benefici della sua collaborazione con Brian nell'impresa edile, era... be', adorabile.

Le labbra di Sheena si incurvarono in un sorriso per la felicità. «È andata bene, ma ci vorrà un po' per abituarci a essere sempre a disposizione dei nostri ospiti e delle loro continue richieste.» Scosse la testa. «Ho conosciuto la vecchia compagna di stanza di Darcy, Alex. Non c'è da stupirsi che Darcy fosse nervosa all'idea di averla qui.»

«Così tremenda, eh?»

«Temo di sì, ma è una buona lezione per tutti noi: imparare a gestire gli ospiti pignoli.»

«Ho pensato che ti sarebbe piaciuto andare al Key Hole» disse Tony, inarcando un sopracciglio e sorridendo. «Michael e Meaghan si stanno preparando dei panini e poi andranno in spiaggia. Hanno promesso di tornare per il tramonto.»

«Sembra una buona idea» disse Sheena. «Dammi un minuto. Voglio solo assicurarmi che il centralino sia commutato sulla linea di emergenza.»

Dopo aver controllato i telefoni, Sheena si chiuse la porta dell'ufficio alle spalle e uscì. L'aria era mite. Si chiese se avrebbe sempre considerato i loro ospiti come la sua famiglia, bisognosi della sua attenzione. Era venuta in Florida per trovare sé stessa, ma a quanto pareva non poteva cambiare molto con il suo nuovo ruolo.

CAPITOLO 3
REGAN

Al Key Hole, Regan si sedette a un enorme tavolo con Darcy, felice dell'opportunità di allontanarsi dall'hotel. Non si era ancora sistemata al suo posto quando squillò il cellulare. Controllò chi era e fece un sospiro. Era la linea dell'albergo.

«Il Salty Key Inn» disse, chiedendosi perché dovesse essere la prima a gestire la linea di emergenza. Ascoltò e poi fece un bel respiro per calmarsi: «Domani mattina ti faremo avere degli asciugamani freschi, Alex. Non c'è problema.»

«E adesso?» disse Darcy, stringendo gli occhi.

«Alex e Nicole vogliono essere sicure che forniremo asciugamani freschi ogni giorno. Gliel'avevo spiegato prima. Credo che ci stiano creando dei problemi di proposito, e non capisco perché.» Alzò lo sguardo e salutò Tony.

Lui si avvicinò al loro tavolo e si sedette sulla panca rivestita di vinile rosso di fronte a loro. «Sheena sarà qui a momenti.» Rivolse la sua attenzione a Darcy. «Ha detto che la tua vecchia coinquilina sta facendo delle storie.»

Darcy gli lanciò un'occhiata cupa e annuì.

Sentendo delle persone entrare nel bar, tutti si voltarono.

Era Sheena, seguita dalle due giovani donne di cui avevano appena parlato.

«Vorrei che se ne andassero» mormorò Darcy mentre Alex e Nicole si avvicinavano.

«E chi è questo bel ragazzo?» disse Alex, sorridendo mentre valutava apertamente Tony in un modo che risultò imbarazzante a tutti.

«Quello è Tony Morelli, mio marito» disse Sheena, mettendosi a sedere accanto a lui.

«Oh» disse Alex, a bassa voce. «Scusa.»

«Bel posto» disse Nicole guardandosi intorno.

«Pittoresco» disse Alex, e poi, vedendo Brian uscire dalla cucina del bar, si precipitò da lui.

«Ci vediamo dopo» disse Nicole e si diresse verso il bar.

«Pittoresco?» disse Regan. «Tutto qui è "pittoresco" per Alex? Che stronzata!»

«A quanto pare, Brian non lo è» disse Sheena. Si protese in avanti. «Non pensavo che si potesse essere così irritanti, Darcy. Come hai fatto a sopportarla?»

Un sorriso scherzoso, che Regan conosceva bene, comparve sul volto di Darcy. «Pensavo che vivere con le mie sorelle per un anno sarebbe stato difficile, ma dopo aver dormito con Alex, chi poteva immaginare quanto potesse essere facile a volte?»

Regan si unì alle risate, ma con la coda dell'occhio continuò a guardare il modo in cui Alex si stava lanciando su Brian. Lui, naturalmente, sorrideva e annuiva a qualsiasi cosa Alex dicesse. Quando notò che Regan li stava fissando, Brian scrollò le spalle impotente.

Regan si irrigidì e poi si disse che il comportamento di Brian non era un suo problema, ma della sua ragazza, Jill.

Regan si rilassò quando la sala del bar si riempì di chiacchiericcio, distogliendo la sua attenzione da Alex, che aveva preso posto al bancone accanto a Nicole dopo che Brian era di nuovo scomparso in cucina.

Quando arrivarono le bevande, Sheena sollevò il suo bicchiere di vino bianco. «Al Salty Key Inn!»

«Brindo al suo successo» disse Tony, toccando il suo bicchiere con il suo boccale di birra.

«Sembra che abbiamo iniziato bene» disse Sheena,

infilandosi una ciocca di capelli ramati dietro l'orecchio. «Regan, stasera rispondi tu alle chiamate, ma domattina presto subentrerò io.»

«E io ho accettato di sostituirti domenica mattina» le disse Darcy. Alzò lo sguardo e sorrise quando Austin entrò dalla porta, seguito da Chip Carson.

Austin si sedette accanto a Darcy e Regan. Chip si sedette di fronte a loro, accanto a Sheena, e salutò tutti con un sorriso.

«State festeggiando o vi state commiserando?» chiese Austin, dopo aver dato un bacio a Darcy.

«Un po' entrambe le cose» disse Darcy. «Le cose stanno andando bene, a parte i rapporti con le mie ex coinquiline.»

Austin mise un braccio intorno alla spalla di Darcy. «Non pensarci, tesoro. Tu e le tue sorelle state facendo un ottimo lavoro qui.»

Regan studiò gli sguardi d'amore scambiati tra Austin e Darcy e capì che aveva fatto bene a cercare un uomo che la guardasse allo stesso modo. Chip era divertente da starci in compagnia la maggior parte delle volte, ma non era l'uomo che stava aspettando.

Le riflessioni di Regan vennero interrotte dalla comparsa di Alex e Nicole al loro tavolo.

«Volevamo conoscere il tuo fidanzato» disse Nicole con dolcezza. Sorrise ad Austin. «Io sono Nicole Coleman e lei è Alex Townsend. Sono molto felice per te e Darcy.»

Lui si alzò in piedi. «Grazie. Sono un ragazzo fortunato.»

Alex studiò apertamente Austin. «Direi che lei è una ragazza fortunata.» Poi si rivolse a Chip. «E tu chi sei?»

Gli occhi di Chip passarono su Alex e ci si soffermarono. «Chip Carson. Sono con Regan.»

«Non esattamente. Non stiamo insieme» disse Regan, non volendo che nessuno si facesse un'idea sbagliata.

Alex inarcò le sopracciglia. «Oh?» Si voltò di nuovo verso

Chip. «Be', allora forse possiamo incontrarci qualche volta.»

Regan tornò nella suite che condivideva con Darcy troppo stanca per pensare di uscire con Chip o con chiunque altro. Non le era piaciuto il modo in cui lui aveva deliberatamente dato per scontato che stessero "insieme", insinuando cose sbagliate sulla loro relazione.

Considerata la calma che regnava in albergo, Regan decise di fare una nuotata in piscina. Suo padre, Patrick, aveva insistito che tutte le giovani Sullivan imparassero a nuotare. Regan si era opposta all'inizio, ma poi aveva scoperto che era un buon modo per rilassarsi. E quando si era rivelata un'eccellente nuotatrice, si era divertita ancora di più.

Regan indossò il costume da bagno, uscì in silenzio dalla porta e attraversò il parco dell'hotel al buio, grata per la privacy e la tranquillità.

Aprì il cancello della piscina, posò l'asciugamano su una sdraio e scivolò in acqua, ansimando un po' quando sentì sulla pelle l'acqua relativamente fredda. Ben presto, le sue membra cominciarono a fendere l'acqua con colpi sicuri e regolari.

Dopo aver fatto diverse vasche, Regan si tirò su sui gradini della piscina e si sedette, riprendendo fiato. Poi, avvolgendosi un asciugamano intorno, tornò nella sua suite sentendosi come una persona nuova.

Nella sua suite, si tolse il costume da bagno e si studiò nello specchio a figura intera. Non provava affatto pudore nell'essere nuda e le piaceva l'idea di trovare un partner sessuale, ma era decisa a fare come le aveva chiesto sua madre, ovvero essere molto sicura di quell'uomo prima di fare qualsiasi cosa come andarci a letto, e poi, solo se era disposta a sposarlo. Per questo non aveva intenzione di rivedere Chip.

Più tardi, a letto, Regan fissò il soffitto. Desiderava non

sentirsi sola, considerato che le sue sorelle sembravano così ben sistemate.

Darcy bussò alla porta della sua camera ed entrò. «Ciao. Ho pensato che volessi sapere che dopo aver lasciato il Key Hole, Chip ha chiesto ad Alex di uscire. Non volevo che fossi colta di sorpresa quando lo venissi a sapere e che finissi per sentirti ferita.»

Toccata dalla sua preoccupazione, Regan si alzò a sedere e affrontò la sorella. «Non c'è problema. Avevo già deciso che Chip non fa per me. Ma, sinceramente, vorrei che non stesse con una come Alex. Gli farà solo del male.»

Darcy annuì e si lasciò cadere a sedere sul letto. «Credo che tu abbia ragione. È molto egoista. Non ci ha pensato due volte a lasciare Nicole da sola. Io e Austin abbiamo chiesto a Nicole di sedersi con noi.» I suoi lineamenti si addolcirono. «Avevo dimenticato quanto fosse simpatica Nicole quando non c'è Alex intorno. E poi si è unito a noi Brian. La sua ragazza aveva impegni per la sera, quindi la serata si è rivelata piacevole.»

«Scommetto che lui e Nicole sono andati molto d'accordo» disse Regan, cercando di dare l'impressione che non le importasse.

«Sono entrambe persone gentili, ma non fanno scintille» disse Darcy, lanciandole una lunga occhiata prima di alzarsi. «Credo sia meglio che vada a letto. Domani sarà un'altra giornata impegnativa.»

Dopo che Darcy ebbe lasciato la stanza, Regan si sdraiò a letto abbracciando il cuscino, desiderando che fosse un ragazzo in carne ed ossa che la amasse.

###

La mattina dopo Regan si alzò presto, si infilò un paio di pantaloncini e una maglietta, prese i sandali e si diresse verso la spiaggia.

Camminando sulla sabbia e sentendo il vento tra i lunghi capelli neri, i pensieri assillanti che le avevano impedito di godersi un sonno ristoratore evaporarono nell'aria. Oggi era un nuovo giorno, un buon giorno, ricordò a sé stessa. Era libera di concentrarsi su come aiutare le sorelle a vincere la sfida dello zio Gavin e poi, se fossero state fortunate, avrebbe potuto lavorare con Mo.

Regan alzò lo sguardo e vide Cynthia Jansen che le veniva incontro. Salutò con la mano e attese che si avvicinasse. «Buongiorno! Come va? Come vanno le cose in albergo?»

Cynthia fece un sorriso che le illuminò i lineamenti. «Oh, cielo, le cose vanno benissimo! I letti sono comodi e voi avete reso tutto più facile a me e a Tom. Mi fa piacere avere una pausa come questa.»

«Stai tornando in albergo? Se sì, e se non ti dispiace, vengo con te. Il ristorante di Gracie dovrebbe essere aperto ora, e hanno il miglior caffè e la migliore colazione del mondo.»

La risata sommessa di Cynthia echeggiò nell'aria. «Mi sembra un'idea meravigliosa.» In lei c'era una forza silenziosa che Regan trovò interessante.

«È difficile vivere con qualcuno che ha affrontato tante battaglie? Mi sono spesso chiesta come facciano alcune donne ad andare avanti mentre i loro uomini sono via a combattere.»

Cynthia la studiò con occhi nocciola che sembravano toccarla nel profondo. «È buffo che tu me lo chieda. Sto pensando di scriverci un libro, ma non so da dove cominciare.»

«Mia sorella Darcy potrebbe aiutarti» disse Regan. «Scrive articoli per il giornale locale. Un giorno scriverà anche un romanzo, qualcosa di leggero e romantico.»

«Davvero? Sarebbe molto utile se potessi parlarne con lei.»

«Sono sicura che sarebbe felice di ascoltare quello che hai da dire. I suoi articoli parlano di varie persone che incontra.»

Lasciarono la spiaggia, attraversarono Gulf Boulevard ed entrarono nel ristorante. Regan riconobbe alcuni dei clienti abituali della mattina presto che sedevano ai tavoli. Prendendo Cynthia per il braccio, la condusse al tavolo d'angolo che era diventato il preferito della famiglia.

Lynn Michaels, una delle otto persone che Gavin aveva più o meno salvato e che ora vivevano tutte nell'hotel, si avvicinò con una caffettiera e due tazze.

«Caffè?»

Regan si voltò verso Cynthia.

«Sì, grazie» disse Cynthia. «Senza zucchero.»

«Anche per me» disse Regan. «Lynn, questa è Cynthia, una delle ospiti del nostro albergo.»

Lynn fece un cenno di saluto con la testa. «È un piacere averla qui con noi. Le ragazze stanno facendo un ottimo lavoro per rendere questo hotel come lo voleva lo zio.»

Cynthia lanciò un'occhiata a Regan.

«È una storia lunga. Te la racconto dopo.»

A quel punto Darcy entrò nel ristorante, le vide e si avvicinò al loro tavolo.

Regan presentò nuovamente Cynthia e disse: «Cynthia vuole scrivere un libro sulle sue esperienze di moglie di un militare.»

«Per favore, chiamami Cyndi» disse. «E se hai tempo, Darcy, mi piacerebbe parlarne con te.»

«Certo» disse Darcy.

Regan controllò l'orologio e si alzò in piedi con un piccolo sospiro. «Devo aprire l'ufficio. Ci vediamo dopo.»

Attraversando il parco dell'hotel diretta all'ufficio prenotazioni, situato vicino alla piscina, Regan notò Alex che usciva dalla jeep di Chip, indossando lo stesso vestito che aveva indossato la sera prima.

Affrettandosi verso l'ufficio per evitare di parlarci, Regan fu fermata dal grido di Alex: «Aspetta!»

Regan sospirò per essere stata scoperta e si voltò verso Alex.

«Ehi, volevo parlarti» disse Alex. «So che stai uscendo con Chip e voglio che tu sappia che non c'è niente di serio tra noi due, solo una storia da fine settimana.»

Regan nascose il suo disgusto. «Credimi, per me non ha importanza. Come ho detto ieri sera, io e Chip non stiamo insieme.»

Alex scrollò le spalle. «Ok, grazie. Ci vediamo dopo.»

Regan guardò Alex allontanarsi, più che mai certa di aver avuto ragione a rompere con Chip. *Una storia da fine settimana? No, grazie.*

Una volta arrivata in ufficio, Regan controllò il computer. Quel giorno sarebbero arrivate due coppie per il resto del weekend del Labor Day.

Bussarono alla porta. «Come vanno le cose?» chiese Bernice, entrando. «Tutto bene con le pulizie?»

«State andando bene, anche se abbiamo ricevuto una lamentela sugli asciugamani della camera A-110. Dobbiamo assicurarci che ci siano molti asciugamani puliti ogni giorno.» Regan non poté fare a meno di alzare gli occhi al cielo. «Le due donne che alloggiano in quella stanza sono le vecchie compagne di appartamento di Darcy a Boston, e sono molto difficili da accontentare.»

Bernice schioccò la lingua. «Ci sono sempre uno o due pignoli. Non preoccuparti. Mi assicurerò che abbiano asciugamani e panni in abbondanza. Ho assunto una nuova operaia, ed è brava.»

«Grazie. Facci sapere se avete bisogno di qualcosa.»

«Credo che siate a corto di teli da piscina» rispose Bernice. «Gli ospiti tendono a metterli nel cestino alla fine della nuotata e a prenderne uno nuovo quando tornano in piscina.

Ci servirebbero anche più teli da mare.»

«Ok, ne parlerò con Sheena. Grazie per averci informato» disse Regan e osservò Bernice affrettarsi ad andare via.

Sheena arrivò qualche minuto dopo. «Come andiamo?»

«Bene, per ora. Bernice ci consiglia di comprare più teli da piscina e da spiaggia. Possiamo permetterci di farlo?» Avevano speso quasi tutti i centocinquantamila dollari che lo zio Gavin aveva lasciato per far funzionare l'hotel.

Sheena le lanciò un'occhiata preoccupata. «Non avevo previsto questa spesa. Speriamo di poter comprare qualche altro asciugamano dopo che tutti avranno pagato per questo fine settimana. Sarà difficile occuparsi di tutto e raccogliere abbastanza soldi per finire le venti camere dell'ultimo piano dell'edificio Airone. E poi dobbiamo cercare di completare le otto suite Piovanello.»

Regan era contenta che Sheena si fosse presa l'incarico di gestire le finanze. Lei si accontentava di supervisionare l'arredamento delle stanze.

Un ospite entrò in ufficio. «Potete dirci come organizzare una battuta di pesca?»

Regan aveva da poco ritirato alcuni opuscoli da una società di St. John's Pass. Sorridendo, gliene porse uno. «Ecco a voi. Tutte le informazioni sono qui.»

Dopo che l'ospite se ne fu andato, Sheena disse: «Vai pure a fare colazione. Io mi occuperò dell'ufficio per un po'.»

Mentre Regan stava per lasciare l'ufficio, arrivò Blackie Gatto, accompagnato da un uomo che Regan non riconobbe.

Sheena guardò Blackie con un sorriso. «Sono felice che tu sia riuscito a venire. Volevo che vedessi cosa abbiamo fatto dalla tua ultima visita. Siamo ufficialmente operativi, anche se c'è ancora molto lavoro da fare.» Si rivolse all'altro uomo. «E Arthur, è un piacere rivederti.»

Sheena indicò Regan stendendo il braccio. «Arthur, questa

è mia sorella Regan. È lei che ha supervisionato la ristrutturazione delle stanze. E Regan, questo è Arthur Weatherman. Possiede diversi ristoranti in zona.»

«Piacere di conoscerti.» Regan sorrise e si diresse verso la porta.

«Aspetta» disse Blackie. «Volevo che Arthur vedesse alcune delle stanze che avete ristrutturato e pensavo che tu potessi mostrarcele.»

Regan fece una pausa e annuì. «Certo, posso farlo.»

Mentre pronunciava queste parole, Regan si chiese perché Sheena e Blackie si scambiassero un sorriso soddisfatto.

CAPITOLO 4
DARCY

Darcy lasciò il ristorante con la promessa di incontrarsi di nuovo con Cyndi. Aveva mille pensieri in testa. Cyndi aveva accettato di lasciarle usare alcune informazioni sulla sua vita per un articolo sul giornale locale. Darcy, che aveva paragonato molte persone e le loro azioni a quelle degli angeli, pensava che Cyndi fosse un altro soggetto perfetto. Inoltre, era intrigata dall'idea di scrivere con Cyndi un libro di saggistica sull'impegno che le famiglie di militari si assumono reciprocamente e nei confronti della nazione. Per prima cosa, doveva parlarne con il suo capo redazione al giornale.

Mentre Darcy si dirigeva verso la reception, Meaghan si precipitò fuori dall'edificio Piovanello e corse verso il ristorante.

«Ciao» la chiamò Darcy.

Meaghan salutò correndo. «Sono in ritardo! Ci sentiamo dopo.»

Darcy le fece cenno di proseguire. Meaghan lavorava come cameriera da Gracie. All'inizio era stata riluttante ad aiutare in qualsiasi modo, ma poi si era trasformata da adolescente viziata in una brava ragazza che stava imparando che guadagnare soldi non era facile come pensava. Darcy ammirava Sheena e Tony per aver fatto lavorare i loro figli all'hotel. Aveva fatto bene a entrambi i ragazzi.

I suoi pensieri volarono ad Austin. Era sicura che sarebbe stato un ottimo padre. Avevano parlato di avere dei figli e avevano deciso di aspettare un po' dopo il matrimonio, in modo da poter viaggiare ogni volta che avevano tempo. Nel frattempo, si godevano il fidanzamento e l'organizzazione delle nozze. A volte Darcy si sentiva come in un sogno. Austin era l'uomo perfetto per lei e la amava come nessun altro aveva mai fatto.

Quando Darcy si avvicinò all'ufficio, ne uscirono Regan, Blackie Gatto e un altro uomo, uno sconosciuto.

«Ciao» salutò Regan. «Vado a mostrare alcune camere degli ospiti. Vuoi venire con noi?»

Darcy scosse la testa. «No, grazie. Ho promesso a Austin di vederci per esaminare alcuni progetti di decorazione per il ristorante.»

«Ok, ci vediamo dopo» disse Regan.

Darcy lasciò Regan che guidava gli uomini verso l'edificio Airone ed entrò nell'ufficio. «Chi c'è con Blackie e Regan?»

Sheena le rivolse un sorriso sornione. «Arthur Weatherman. Possiede diversi ristoranti di pesce. Quando Blackie ha saputo che Arthur voleva ristrutturarne alcuni, ha pensato a Regan. Speriamo che quello che ha fatto alle camere degli ospiti gli piaccia abbastanza da assumerla per i suoi ristoranti.»

«Accidenti! Lei lo sa?»

Sheena scosse la testa e si portò un dito alle labbra. «Non dirle nulla di tutto questo. Lo scoprirà se otterrà il lavoro. Altrimenti, non è necessario che lo sappia. Non vorrei ferire i suoi sentimenti.»

«Capito.» Darcy alzò il pollice in risposta a Sheena, contenta di come lei e le sue sorelle avessero stretto un vero legame negli ultimi mesi.

«Ti incontri con Austin per Gavin?» le chiese Sheena.

«Sì. Ha già detto che scolpirà l'insegna di Gavin. Si abbinerà al logo del ristorante con una G maiuscola stilizzata e un inserto delle altre lettere, sottolineate da semplici linee che indicano le onde. Ma ha anche accettato di creare alcuni fantastici intagli decorativi per valorizzare le pareti a pannelli all'interno, e vogliamo proporre un disegno da utilizzare per la segnaletica interna. Ama fare questo tipo di lavoro quando non esercita la professione di dentista.»

«Come sta andando?»

«I pazienti del suo partner lo adorano. Ma d'altronde, anche io lo adoro» disse Darcy con abbastanza entusiasmo da strappare un sorriso a Sheena.

«Voi due mi rendete felice» disse Sheena. «Sono sicura che anche la mamma sarebbe entusiasta per voi.»

Darcy si fece seria. «Già, peccato che sia morta così giovane e prima di sapere come noi tre ci siamo unite per cercare di vincere la sfida dello zio Gavin.»

«È strano come sia andata a finire» disse Sheena pensierosa.

La loro conversazione si concluse con l'arrivo di nuovi ospiti, una giovane coppia che Darcy pensava fosse in luna di miele.

Mentre Sheena effettuava il check-in, Darcy gli consegnò degli opuscoli e li informò sulle offerte speciali delle attività circostanti.

Aveva appena finito di accompagnarli in camera e di sistemarli quando sentì delle voci nel corridoio fuori dalla porta.

«Nicole, devi venire con me. Voglio vedere se riesco a convincere Brian a uscire con noi.»

«No, sono qui per rilassarmi e divertirmi, non per andare a caccia di ragazzi. Vado in piscina.»

Le loro voci si affievolirono man mano che si allontanavano.

Darcy si fermò il più a lungo possibile e poi si rivolse alla coppia che aveva occhi solo l'uno per l'altra. «Vi auguro un buon soggiorno e fateci sapere se possiamo fare qualcosa per voi.»

Uscì dalla stanza e si affrettò a uscire dall'edificio, sperando di non essere trattenuta né da Nicole né da Alex.

Standosene nel bel mezzo del cantiere di quello che sarebbe stato il ristorante che avevano deciso di chiamare Gavin, Darcy riusciva a immaginarsi bene come sarebbe stato un giorno. Lei e Austin avevano esaminato i piani e lei aveva trascorso molte ore a discutere del progetto con le sorelle.

Costruito in blocchi di cemento con una finitura a stucco all'esterno, il Gavin sarebbe stato un ristorante piuttosto piccolo con un'elegante atmosfera da vecchia Florida all'interno e un'ottima cucina, proprio come aveva immaginato lo zio. I pannelli di perline colorati di un ricco marrone scuro alle pareti sarebbero stati compensati da alti soffitti bianchi in tutto il primo piano. Austin e la sua abilità nella lavorazione del legno sarebbero stati impiegati per migliorare la boiserie. La lettera G sarebbe stata intagliata nel legno in diversi punti: dietro il bar, all'ingresso e sulle porte della piccola sala da pranzo privata. Gli ospiti si sarebbero seduti su sedie rivestite con un tessuto stampato e brillante che Regan e Mo avevano scelto per completare la moquette commerciale in varie tonalità e fantasie di blu e verde.

Rivedendo ancora una volta i progetti, Darcy si sentì sollevata dal fatto che i proventi dell'assicurazione dopo l'incendio stessero sostenendo i lavori, anche se, ancora una volta, avevano dovuto fare molta attenzione ai costi.

«Pensi che il 15 dicembre sia un tempo ragionevole per concludere tutto?» Darcy chiese ad Austin.

Lui ci pensò un attimo e poi annuì. «Le pareti esterne e il tetto sono già in piedi. Per gli interni ci vorrà più tempo, ma credo che sia fattibile. Oggi inizierò a scolpire le targhe.»

«Capisci perché devo restare in albergo per tutto il fine settimana, vero?» Ogni tanto Darcy si andava a rifugiare nell'appartamento di Austin.

Lui le sollevò il mento e la baciò. «Non c'è problema. Recupereremo il tempo perduto questa settimana.»

CAPITOLO 5
REGAN

Regan portò Blackie e Arthur in una stanza che si affacciava sul giardino.

«Abbiamo cercato di mantenere il tema di un look casual e da spiaggia con i tappeti color sabbia, i mobili e i tessuti. La maggior parte dei mobili è stata pulita e poi dipinta con vernice a gesso azzurra per dare un aspetto antico. Cercando un po' in giro, siamo riusciti a trovare il resto dei mobili a prezzi ragionevoli.»

Mentre parlava, Arthur manteneva lo sguardo su di lei, mettendola a disagio. «Quanto pensi di aver risparmiato facendo così?»

«Diverse migliaia di dollari per ogni stanza. Capisci che abbiamo un budget limitato, vero?»

Lui annuì. «Sì, infatti. Conoscevo Gavin Sullivan e, per quanto generoso, non aveva intenzione di sprecare un centesimo. E nemmeno io.»

Quando non ci fu più niente da dire, prese la parola Blackie. «Grazie per averci mostrato quello che hai fatto. Davvero notevole, Regan. A Gavin è sempre piaciuto che tu apprezzassi le cose belle.»

Regan nascose la sua sorpresa. Non aveva conosciuto lo zio, eppure lui sembrava aver saputo molto di lei e delle sue sorelle. Sheena pensò che fosse perché Gavin e sua madre si erano scambiati lettere e, in seguito, foto. Tuttavia, la cosa la metteva a disagio.

Ancora stupita dall'osservazione di Blackie su Gavin,

condusse i due uomini all'ufficio prenotazioni, dove incontrarono Sheena.

«Ora, posso mostrarvi cosa abbiamo fatto al terreno sulla baia e cosa stiamo facendo con il ristorante?» chiese lei.

Entrambi gli uomini annuirono. Sheena se ne andò con loro, lasciando a Regan il compito di occuparsi dei prossimi ospiti. Dopo che si furono registrati e che Darcy li ebbe accompagnati nella loro stanza, Regan controllò i conti che avevano registrato per la ristrutturazione delle camere. Aveva risposto onestamente quando aveva detto che avevano risparmiato migliaia di dollari per ogni stanza. Anche comprare mobili di seconda mano era costoso.

Chip arrivò mentre lei stava controllando i numeri. «Ciao, Regan. Ho pensato di farti sapere che ho portato fuori Alex ieri sera. Ho creduto che non ti dispiacesse.»

«Niente affatto» disse Regan. «Inoltre, ho deciso di non uscire con nessuno per un po'. Io e te abbiamo idee diverse sulle cose, e io sono sempre più impegnata con l'hotel. E spero di lavorare part-time con Mo su vari progetti.»

«Quel perdente?»

Regan rivolse a Chip uno sguardo severo. «Ehi, ti prego di non criticarlo con me. Mo è il mio migliore amico. Gli voglio bene come a un fratello. Ha talento ed è molto gentile.» Strinse gli occhi e gli lanciò un'occhiata che gli mandò un messaggio chiaro.

«Ehi! Perché sei così permalosa?» Chip storse le labbra sprezzante. «Forse dovresti rilassarti, lasciarti andare e assomigliare di più ad Alex. È molto divertente.»

«Mai» disse Regan. «Ora, ti prego di scusarmi, ho da fare.»

Sheena tornò in ufficio in tempo per vedere la fine dello scontro. Accigliata, chiese: «Ho interrotto qualcosa?»

«Niente affatto» disse Regan. «Chip se ne stava andando.»

«Stai rovinando una cosa buona, Regan» disse Chip,

allontanandosi da lei. Uscendo dall'ufficio, si sbatté la porta alle spalle.

«Di che cosa si trattava?» le chiese Sheena.

«Chiudo definitivamente la relazione con Chip. Vuole quello che io non intendo dargli. Anzi, mi ha detto che dovrei essere molto più simile ad Alex.»

«E cosa intende esattamente?»

«Oltre a passare la notte con lui? Posso solo immaginare quale sia il cosiddetto "divertimento" che lei gli offre. Alex dice che si tratta solo di una storia da fine settimana.»

Sheena le mise una mano sulla spalla. «Sono orgogliosa di te perché sei esattamente quello che sei. E, ad essere sincera, non mi sono mai fidata di Chip. Non dopo che qualcuno ti ha drogata alla festa del suo compagno di appartamento.»

Regan annuì, ma non riuscì a trattenere un sospiro. Avrebbe mai trovato l'uomo giusto per lei?

«Blackie e Arthur vogliono parlarti di una cosa» disse Sheena. «Oh, eccoli che arrivano.»

Regan osservò con curiosità l'ingresso di Blackie e Arthur in ufficio. «C'è un posto dove possiamo parlare in privato?» Arthur chiese a Sheena.

«Posso andarmene io» disse Sheena, raccogliendo la borsa e uscendo di corsa dalla porta.

«Bene, allora» disse Arthur, quando furono soli. «Sediamoci tutti. Ho una proposta seria per te, Regan.»

Confusa, Regan lanciò un'occhiata a Blackie.

Lui le fece un cenno rassicurante. «È un'idea molto intrigante. Ascoltate cosa ha da dire Arthur.»

Regan ansimò nervosamente e si abbassò su una delle quattro sedie dell'ufficio.

Blackie si sedette accanto a lei, rivolto verso Arthur.

«Come sono sicuro che ti hanno detto in molti, Regan, sei una donna molto bella» esordì Arthur.

«Credevo ti interessasse quello che avevo fatto nelle stanze, come le avevo arredate» rispose lei sgomenta.

«È così, è così» disse Arthur. «La mia proposta è duplice. Prima di tutto, vorrei che tu e il tuo socio proponeste delle idee per rinnovare i miei sei ristoranti di pesce della catena "Florida's Finest Restaurants" di cui sono proprietario. Mi piace quello che avete fatto e, ancora meglio, mi piace il vostro atteggiamento.»

Regan spalancò gli occhi. «Davvero? Sarebbe meraviglioso.»

«E?» lo incoraggiò Blackie.

Arthur fece un bel respiro e la guardò raggiante. «E vorrei che tu diventassi la mia testimonial, il volto, per così dire, della mia nuova campagna pubblicitaria per i Florida's Finest Restaurants.»

«Io?» Regan non sapeva cosa dire. Arthur aveva già riconosciuto la sua abilità nel decorare, quindi vedeva in lei qualcosa di più del suo viso. Tuttavia... detestava l'idea di mettersi in mostra.

«Potrebbe essere un'ottima fonte di reddito per te» le ricordò Blackie. «Io ti aiuterei a stipulare il contratto e a gestire il denaro. Sarebbe un'attività continuativa.»

«Non potrei mai fare una cosa del genere per un po'.» Regan strinse le mani mentre la sua mente andava a mille all'ora. «Dovrei aspettare che l'attività all'hotel si sistemi. Ho promesso alle mie sorelle di fare tutto il possibile per aiutarci ad avere successo.»

«Molto ammirevole» disse Arthur. «Ci vorrà un po' di tempo perché il nostro ufficio marketing faccia il suo lavoro, quindi non lo vedo come un problema. Inizieremo dopo il primo dell'anno, quando mancano ancora quattro mesi.»

«Grazie mille per l'offerta» disse Regan, ancora stordita dalla piega che avevano preso gli eventi. «Ne parlerò con le mie sorelle e ti farò sapere.»

Arthur si alzò in piedi. «Bene, signorina. Aspetterò di avere tue notizie. Ma non aspettare troppo. Ci sono altre persone che posso utilizzare, ma voglio te per questo lavoro. Darai un aspetto nuovo e rinfrescante a tutto ciò che sto facendo.»

Blackie si alzò e le mise una mano sulla spalla. «Credo che tuo zio sarebbe molto orgoglioso di te.»

Regan annuì, ricordando la frase che le aveva scritto: "La bellezza è negli occhi di chi guarda." *Lo zio aveva mai sospettato che le sarebbe capitata una cosa del genere?*

Non appena gli uomini se ne furono andati, Sheena entrò in ufficio. «Allora?»

Regan le parlò della possibilità di fare un'offerta per la ristrutturazione dei ristoranti di Arthur e poi fece una pausa.

«È tutto?» chiese Sheena, rivolgendole un sorriso malizioso.

«Vuole che diventi il volto della sua catena di ristoranti, come fanno alcune modelle per i profumi e altri prodotti.» Regan rivolse alla sorella uno sguardo penetrante. «Tu lo sapevi?»

Lo sguardo soddisfatto di Sheena era eloquente. «Io e Blackie ne abbiamo parlato. Saresti perfetta per entrambi i lavori.»

L'euforia sostituì la sorpresa persistente. «Devo chiamare Mo. Sarà così eccitato!»

Sheena rise. «Fai pure. Io resto qui in ufficio. Voglio lavorare sui dati finanziari.»

Regan si sentiva come se galleggiasse a pochi centimetri dall'erba mentre correva verso la sua stanza nell'edificio Piovanello. In testa le frullavano decine di idee. Se lei e Mo fossero riusciti a farsi una reputazione nel campo degli immobili commerciali, le opportunità in Florida sarebbero state infinite.

Per calmarsi, preparò una tazza di caffè, si sedette al tavolo della cucina e digitò il suo numero sul cellulare.

Lui rispose dopo diversi squilli. «Pronto?»

«Ciao, disturbo?» chiese lei con voce scherzosa.

«No» rispose. «È stato un viaggio deludente.»

«Perché? Non hai conosciuto persone nuove come volevi?»

Mo fece un lungo sospiro. «Ho capito che non ho dimenticato Juan. Voglio solo tornare a casa.»

«Oh, mi dispiace tanto» disse Regan. Juan aveva interrotto la relazione con Mo un paio di mesi prima, ferendolo profondamente. «Be', ho una buona notizia per noi. Conosci la catena Florida's Finest Restaurants? Vogliono che facciamo un'offerta per rifare sei dei loro ristoranti!»

«Cosa? Com'è successo?» Mo sorrise per la felicità.

«Blackie Gatto mi ha presentato Arthur Weatherman e io gli ho mostrato le stanze che abbiamo fatto. E indovina un po'? Vuole farmi apparire nella pubblicità dei suoi ristoranti. Bello, eh?»

«Molto bello, tesoro. Una bellezza come te? Alla gente piacerà, e gli piacerai tu. Ho deciso. Torno a casa. Festeggeremo insieme.»

«Speravo che lo dicessi. Non vedo l'ora di vederti!»

«E Chip? Non vorrai festeggiare con lui?»

«Ho chiuso con Chip. È finita.» Regan aspettò per un paio di secondi che Mo dicesse qualcosa.

«Bene» disse infine. «A dire il vero, non mi è mai piaciuto.»

Regan si morse l'angolo del labbro. Cos'aveva che non andava? A Sheena non era piaciuto Chip, e nemmeno a Mo. Perché lei non aveva visto quello che avevano visto loro? Non c'era da stupirsi che non avesse mai trovato l'uomo giusto. A quanto pareva, non riusciva a vederli per quello che erano veramente.

CAPITOLO 6
DARCY

Darcy era nel suo ufficio a studiare i progetti che lei e Austin avevano ideato per il ristorante. Le faceva piacere essere fidanzata con un uomo così creativo, anche se sarebbe stata la sua professione di dentista a garantire a entrambi un futuro sicuro.

Pensò alla conversazione precedente con Cyndi Jansen. Stava già pensando ad alcune idee per l'articolo che avrebbe scritto su di lei. Avrebbe voluto parlare dell'idea di scrivere un libro con Cyndi con Nick Howard, il suo vecchio mentore al giornale. Anche poche settimane dopo la sua morte per cancro, le mancava da morire. Non passava giorno che mentalmente non parlasse con lui, cercando la saggezza che aveva sempre condiviso con lei. Nick sapeva che il suo sogno era scrivere un romanzo su persone comuni in situazioni straordinarie, ma ora, di fronte alla storia vera di una persona in una situazione simile, Darcy temeva di non essere all'altezza del compito. Una rubrica era una cosa, un romanzo un'altra. E un intero libro di saggistica, un'altra ancora.

Regan entrò in ufficio di corsa. «Ciao! Hai sentito la mia buona notizia?»

Darcy notò l'espressione di gioia sul volto della sorella. «Cos'è successo?»

Regan si sedette e la informò della proposta che le aveva fatto Arthur. «Cosa ne pensi?»

«È fantastico» disse Darcy. «Sono felice per te, ma mi chiedo cosa significherà per la nostra sfida. Se tu sei in affari per conto tuo e io scrivo il mio romanzo, Sheena resta con l'albergo. So che dice di voler rimanere sul progetto, ma sarà in grado di gestirlo da sola? Credo sia il caso di iniziare a cercare un direttore d'albergo che possa lavorare per noi a gennaio, dopo aver vinto la sfida.»

«Che ne dici di Casey Cochran? Ci ha fatto un ottimo lavoro di consulenza. Sarebbe perfetto.»

«Sono d'accordo, ma mi chiedo se possiamo convincerlo a farlo. È così bravo che potrebbe voler gestire qualcosa di più grande, di più sofisticato.»

Regan le agitò contro un dito. «Non si sa finché non si prova.»

Darcy non riuscì a trattenere la risata che le sfuggì dalle labbra. Dopo aver sofferto per essere stata fatta sentire stupida per la maggior parte della sua vita a causa di un disturbo dell'apprendimento, la sua sorellina stava diventando sempre più sicura di sé.

«Già che sei qui, Regan, vorrei un consiglio sui colori del mio matrimonio. La maggior parte dei matrimoni di San Valentino è caratterizzata dal rosso, dal rosa o da entrambi. Io voglio qualcosa di diverso. Che ne dici del bianco?»

«Per i fiori? Per gli abiti? Per cosa?»

Darcy sentì un filo di eccitazione crescerle dentro. «Pensavo che tu, Sheena e Meaghan potreste indossare abiti bianchi di qualsiasi stile vogliate. Io, naturalmente, avrò un abito bianco lungo, niente di troppo elaborato, ma comunque... un abito da sposa. I fiori possono essere un mix di rose bianche, tulipani, gigli e simili. Le foglie aggiungeranno un po' di colore verde.»

«E i ragazzi?» chiese Regan.

«Possono indossare pantaloni grigi e camicie bianche. Che ne pensi?»

Regan la guardò pensierosa. «Potrebbe funzionare bene se

gli unici tocchi di colore fossero il tortora e il verde delle foglie dei fiori. Ma, come hai detto tu, vorrai avere molte varietà per creare interesse. Sarebbe sobrio, ma molto bello.»

«Visto che il matrimonio sarà al tramonto sulla spiaggia, voglio che la natura faccia parte della cerimonia.»

«Sì, mi piace!» Regan la guardò raggiante.

«Non posso credere di essere io a sposarmi» dichiarò Darcy. «Austin è perfetto per me, e non solo lui, ma anche la possibilità di viaggiare e scrivere.» Sentì il pizzicore delle lacrime e sbatté rapidamente le palpebre per evitare che le riempissero gli occhi. «Come posso essere così fortunata?»

Regan le diede un rapido abbraccio. «Anche lui è fortunato. Ricordalo, Darcy.»

Regan annuì, ma Darcy sapeva che tra loro due era lei ad avere un motivo in più per essere grata.

Dopo che Regan ebbe lasciato l'ufficio, i pensieri di Darcy si rivolsero ancora una volta a Cyndi Jansen. Avevano concordato di incontrarsi il mattino seguente per un'intervista per l'articolo di giornale che Darcy voleva scrivere su di lei. Cyndi aveva parlato del disturbo da stress post-traumatico (o PTSD) e di come questo influisse sulla sua vita con Tom, e Darcy voleva saperne di più.

Online, Darcy lesse che il PTSD può influenzare la vita quotidiana di una persona in molti modi. Alcuni dei sintomi più comuni del PTSD erano i ricordi ricorrenti o gli incubi dell'evento, l'insonnia, la perdita di interesse, l'intorpidimento, la rabbia, l'irritabilità o la costante vigilanza. A volte questi sintomi si manifestavano solo dopo mesi o addirittura anni dal verificarsi dell'evento o dopo il ritorno dalla missione. Potevano anche andare e venire, persistere e disturbare la vita quotidiana.

Darcy continuò a leggere e imparò che i militari e le donne potevano avere la sensazione che la loro vita o quella degli altri fosse in pericolo o non avessero alcun controllo su ciò che succedeva. Mentre erano nell'esercito, potevano aver assistito al ferimento o alla morte di persone, o potevano aver subito loro stessi danni fisici.

Persa nei suoi pensieri, Darcy ricordò la conversazione che aveva avuto con il nonno di Austin sul servizio militare in Vietnam. Aveva detto che l'uomo che gli aveva salvato la vita si era suicidato. Era una conseguenza del disturbo da stress post-traumatico? Si chiese se qualcuno avesse mai affrontato questi problemi con lui all'epoca.

Chip Carson entrò in ufficio. «Ho pensato che sarebbe stato meglio programmare una messa a punto del sistema informatico per la prossima settimana, per vedere come vanno le cose da quando avete aperto.»

«Buona idea» disse Darcy, felice che Chip stesse dietro ai loro sistemi informatici.

Lui si sedette su una sedia e si rivolse a Darcy con un'espressione preoccupata. «Immagino di aver sprecato la mia occasione con Regan, eh?»

Lei lo studiò e sentì il bisogno di proteggere la sorella. «In realtà, come mi ha detto mia sorella, voi due non siete mai stati sulla stessa lunghezza d'onda su molte cose. Inoltre, non hai perso un minuto per chiedere ad Alex di uscire.»

Chip le lanciò un'occhiata imbarazzata. «Dai, dacci un taglio. È una storia da fine settimana. Volevo divertirmi un po'.» Un sorriso soddisfatto gli incurvò le labbra. «E ad Alex piace divertirsi.»

Darcy schioccò la lingua, sentendo crescere dentro di sé vecchi risentimenti nei confronti di Alex. Li accantonò e si sforzò di mantenere il rapporto con Chip su un piano professionale. «Perché non ci vediamo giovedì pomeriggio per discutere dei computer?»

Lui si alzò. «Va bene. Ci vediamo allora.» Si avviò verso la porta, si fermò e si voltò. «Voi sorelle Sullivan siete proprio particolari.»

Darcy non poté evitare il senso di orgoglio che la pervase. «Immagino di sì.» C'era voluta la sfida dello zio Gavin, vivere e lavorare insieme, per dare a lei e alle sue sorelle la possibilità di conoscersi. Meglio ancora, stavano imparando a piacersi. Per questo Darcy gli sarebbe sempre stata grata.

La giornata trascorse senza alcuna crisi, a parte i teli da piscina e da spiaggia esauriti e la necessità di altre sdraio da spiaggia. Mentre Darcy stava dietro il bancone della piscina con Sheena, controllando le scorte di asciugamani, tenne d'occhio Cyndi e Tom Jansen sdraiati sulle sdraio accanto alla piscina. Fu sorpresa di vedere la protesi di Tom infilata sotto la sdraio e la sua gamba danneggiata in mostra a tutti.

Sheena notò che la stava fissando e le diede una gomitata. «Ti fa apprezzare quello che alcune persone passano per aiutare a proteggere il nostro paese, eh?»

Darcy annuì.

«Ecco Alex» disse Sheena in tono sommesso.

Darcy rivolse la sua attenzione ad Alex, che indossava un bikini quasi inesistente. Su di lei stava bene, ma a Darcy sembrò che il costume striminzito fosse una specie di campagna pubblicitaria.

Alex si avvicinò e si appoggiò al bancone. «Ciao, Darcy. Volevo solo farti sapere che Chip mi ha chiesto di nuovo di uscire. Spero che la tua sorellina non si arrabbi con me.» La sua espressione preoccupata aveva un che di finto.

«No, non le dispiacerà affatto. Immagino che Chip non abbia detto che Regan lo ha scaricato» disse Darcy con piacere.

Alex inarcò le sopracciglia. «Per colpa mia?»

«No, perché ha capito di avere ben poco in comune con lui. Ma sono certa che voi due vi divertirete insieme.»

«Oh, be', volevo essere sicura» disse Alex. Si girò e si allontanò, ondeggiando i fianchi in una camminata seducente che metteva in risalto le natiche nude.

«Santo cielo» disse Sheena. «Ma è seria?»

Darcy rivolse alla sorella uno sguardo torvo. «Sì, ed è peggio che mai. Mi chiedo cosa stia facendo Nicole, tutta sola.»

«Prima ha parlato con Cyndi e Tom Jansen. Sembra che il fratello di Cyndi arrivi oggi pomeriggio. Da solo.»

«Pensi che...?»

Sheena rise. «Sì, Cyndi mi ha detto che ha chiesto a Nicole se era libera questa sera per uscire in quattro. Mi piacerebbe vedere Alex avere il giusto castigo. Finora non mi è sembrato che le importi niente di Nicole.»

Darcy ridacchiò. «Se c'è giustizia, almeno sarà un bravo ragazzo.»

CAPITOLO 7
SHEENA

Sheena lasciò Darcy e si diresse verso la suite dove alloggiava la sua famiglia. Lei e Tony stavano per costruire la loro casa in un quartiere poco distante, ma non sarebbe stata completata fino a dopo l'anno nuovo, un tempismo perfetto. A quel punto sarebbe stata libera di non vivere più in albergo, come previsto dal testamento dello zio Gavin.

Attraversando il prato dell'hotel, Sheena pensò ai suoi figli. A diciassette anni e bello come suo padre, Michael insisteva a essere considerato un adulto. In realtà, era un adolescente con gli ormoni impazziti e poco buon senso. Ma era un bravo ragazzo, se non si contavano i due episodi estivi di droga e alcol con il suo amico Randy Jessup. Ma con l'inizio della scuola e la possibilità di far parte della squadra di football, Michael aveva deciso che era più importante fare sport che mettersi nei guai.

Meaghan la salutò dalla piscina, dove stava nuotando con una nuova amica. I suoi figli potevano usare la piscina dell'hotel quando non la usavano gli ospiti. Sorridendo, Sheena ricambiò il saluto, felice di vedere la figlia ambientarsi bene nella sua nuova vita in Florida.

Combinando entrambi i genitori, con la carnagione più scura di Tony, gli occhi nocciola e i capelli ramati di Sheena, Meaghan stava diventando una giovane donna bellissima. Tre anni più giovane di Michael, stava diventando la dolce ragazza che era stata un tempo. Lontana dalle amiche ricche di Boston che pensavano di avere diritto a tutto, Meaghan aveva imparato la lezione di dover lavorare sodo per ottenere qualcosa. Sheena doveva ringraziare Gracie per questo. A nessuno di quelli che lavoravano al ristorante era permesso di poltrire sul lavoro e, con il ristorante così affollato, anche una cameriera come Meaghan doveva dare prova di sé.

Sheena aprì la porta della suite e si fermò sorpresa. Michael e una ragazza che lei non conosceva erano sdraiati sul piccolo divano che Sheena aveva recuperato da un'altra suite.

«Che succede?» chiese Sheena, inspirando di nascosto in cerca di segni di fumo di sigaretta o peggio.

Michael saltò in piedi. «Ciao, mamma! Stiamo solo rilassandoci, guardando la televisione o altro.»

L'*altro*, da quanto poteva vedere Sheena, era pomiciare, com'era evidente che stessero facendo fino al suo arrivo. Sheena studiò la ragazzina dalle guance rosse e dai capelli castani, che indossava pantaloncini così striminziti che Sheena poteva quasi vederne l'inguine. «Sono la mamma di Michael. E tu chi sei?»

«Questa è Kaylee Kendall» disse Michael, sorridendo a Kaylee in un modo che sapeva di guai adolescenziali.

Sheena tese la mano. «Piacere di conoscerti, Kaylee. È una bella giornata per la spiaggia. Vi consiglio di uscire e di godervi la giornata.»

Michael di nascosto fulminò Sheena con lo sguardo, ma poi un sorriso imbarazzato gli attraversò il viso. «Va bene. Vieni, Kaylee.» Le porse la mano. Lei la prese e si alzò in piedi.

«Piacere di conoscerla, signora Morelli» disse Kaylee con dolcezza mentre Michael si affrettava a farla uscire dalla stanza.

Sheena li guardò andare via, pensando che fosse giunto il momento di parlare di nuovo con Michael.

###

Sheena stava preparando le lasagne preferite di Tony quando lui entrò dalla porta.

«Ciao, tesoro! Cosa c'è per cena?» chiese, avvicinandosi e dandole un bacio. Quando fece un passo indietro, guardò le lasagne e sorrise. «Mmmh.»

«Ho pensato che potessero piacerti» disse lei, rivolgendogli un sorriso caloroso.

Lui prese una birra dal frigorifero, la aprì e si sedette al tavolo della cucina. «Che c'è di nuovo? L'hotel sta andando bene?»

Sheena posò il cucchiaio che stava usando. «L'hotel funziona bene. Ma, Tony, credo che dovremmo parlare di nuovo di sesso con Michael. Oggi pomeriggio sono tornata a casa per un minuto e lui e una ragazza di nome Kaylee Kendall stavano ovviamente pomiciando. Giuro che i pantaloncini di lei lasciavano vedere tutto quello che aveva, e Michael era eccitato. È troppo giovane per cacciarsi in questo genere di guai.»

Lo sguardo castano di Tony si posò su di lei. «Come noi?»

«No, tesoro, non intendevo in quel senso. Michael non ha ancora finito il liceo. Ha un futuro brillante davanti a sé. Potrebbe anche avere diritto a una borsa di studio sportiva se gioca bene qui come in Massachusetts.»

Tony si alzò e si avvicinò a lei. «Sheena, so che ci siamo sposati perché sei rimasta incinta, ma non riesco a immaginare la mia vita senza di te. Ti amo tantissimo.»

Sheena appoggiò la testa contro il suo ampio petto e inspirò l'odore virile che era solo suo. Quando le sue braccia la avvolsero, le sfuggì un sospiro. Lo amava, ma non poteva fare a meno di pensare alla giovane ragazza i cui sogni di diventare infermiera erano stati infranti dalla notizia inaspettata della sua gravidanza. Non voleva che accadesse a nessuno dei suoi figli.

Michael entrò nella stanza e si fermò. «È una bella giornata per la spiaggia. Vi suggerisco di andare fuori a godervi la giornata» disse in tono canzonatorio.

Sheena si staccò da Tony e si rivolse al figlio. «Papà e io stavamo parlando di te e della situazione in cui ti ho trovato oggi pomeriggio. Michael, sappiamo bene cosa significhi desiderare qualcuno, ma vogliamo che tu stia attento.»

«Be', mi hai messo in imbarazzo, mamma. Kaylee penserà che sono un bambino.»

«Ne dubito» disse Sheena, senza riuscire a nascondere il suo sarcasmo. «Devi stare attento per il suo bene e per il tuo.»

«Oh, mamma...»

Tony mise una mano sulla spalla di Michael e lo guardò fisso. «Siamo seri, figliolo. È una cosa importante. Sicuramente saprai come usare le dovute precauzioni, non che stiamo incoraggiando qualcosa. Sai come la pensiamo.»

Una sfumatura di rosa illuminò le guance di Michael. «Accidenti! Stavamo solo pomiciando, ok?» Uscì di corsa dalla stanza.

Sheena e Tony si scambiarono uno sguardo preoccupato.

«Mi sembra che protesti troppo» disse Sheena, citando erroneamente Shakespeare.

«Ci parlerò da uomo a uomo più tardi» disse Tony, aggrottando le sopracciglia. «Dopo essermi assicurato di sapere di cosa sto parlando.»

Sheena rise. Lei e Tony si erano sempre divertiti a letto.

CAPITOLO 8
REGAN

Regan era sedate davanti al computer a controllare la catena di ristoranti di Arthur Weatherman. Specializzati in fast-food a base di pesce, la catena aveva ottenuto buoni risultati, soprattutto grazie al cibo buono e fresco che faceva tornare i clienti più volte. I ristoranti in sé non erano molto entusiasmanti: un tema esagerato basato sulle barche da pesca.

Studiando le loro foto, Regan pensò che forse lei e Mo avrebbero potuto affrontare la loro offerta su un piano completamente diverso. Non vedeva l'ora di parlarne con Mo. Avevano programmato di incontrarsi la mattina seguente per discuterne.

Nel frattempo, anche lei, come le sue sorelle, stava aspettando l'arrivo del fratello di Cyndi Jansen, Kenton Stanislowski. Darcy aveva confermato che Nicole aveva accettato di unirsi a Tom, Cyndi e suo fratello per cena, e tutti morivano dalla voglia di vederlo.

###

Regan stava ripulendo l'armadio delle scorte quando il campanello sopra la porta dell'ufficio tintinnò, segnalando la presenza di un nuovo cliente. Lei si raddrizzò e si affrettò a raggiungere il banco del check-in. Si trovò davanti un uomo con gli occhiali da sole e un cappellino da baseball tirato giù sulla fronte.

«Posso aiutarla?» chiese Regan.

«Prenotazione per Ken Stanislowski» disse lui con una voce soave e cadenzata che a Regan sembrò un po' straniera. Gli sorrise. «La stavamo aspettando. Cyndi e Tom sono in piscina. So che saranno felici di vederla.»

«Ottimo» disse lui. «Non vedo l'ora di incontrarli.»

Regan gli consegnò la chiave della sua stanza. «La accompagno in camera. Ha delle valigie?»

Lui indicò lo zaino che teneva a tracolla. «Solo questo.»

Mentre Regan si dirigeva verso l'edificio Airone, non riusciva a togliersi di dosso la sensazione di conoscerlo, ma non aveva senso. Il nome non era riconoscibile. Studiò i suoi jeans blu, i mocassini d'importazione, il costoso orologio al polso.

Lui le restò al fianco mentre lei apriva la porta della sua stanza. «Speriamo che si troverà bene qui.»

«Sono sicuro di sì» disse Kenton, seguendola all'interno.

«Nel mini frigorifero ci sono due bottiglie d'acqua in omaggio e ora vado a prendere del ghiaccio.»

Uscì dalla stanza con il secchiello del ghiaccio.

Quando tornò, si fermò e fissò il loro ospite. Si era tolto il cappello, gli occhiali da sole e la camicia. «Tu... tu... sei Kenton Standish?»

Lui le rivolse un sorriso per cui le donne sbavavano da anni. «Sì, a quanto ne so. Non mi hanno ancora licenziato.»

Kenton Standish era un attore di un programma via cavo molto amato dal pubblico, soprattutto dalle donne. Nel ruolo di un eroe scozzese di un'epoca passata, il suo petto muscoloso aveva suscitato milioni di sospiri in tutto il mondo. Con occhi azzurri abbinati a capelli color sabbia, era piuttosto bello.

«Ben... benvenuto al Salty Key Inn. Speriamo che il suo soggiorno sia piacevole.» Regan sentì il tremito nella voce e si rimproverò per essere stata così sciocca. «Se ha bisogno di qualcosa, non esiti a chiamare la reception.»

Imbarazzata per il suo sciocco comportamento, praticamente fuggì dalla stanza.

Più tardi, quando raccontò l'accaduto a Darcy e Sheena, loro si misero a ridere. «Aspetta che Alex scopra chi con chi esce Nicole. Gli starà addosso.»

Darcy alzò la mano. «Non parlarne con nessuno. Se Alex lo scopre, rovinerà la serata a Nicole.»

«E, come albergatrici, dobbiamo rispettare la privacy altrui.» L'espressione seria di Sheena esplose in un sorriso. «Ma ci credete? Forse, se gli piace il soggiorno, aiuterà la nostra attività.»

Darcy scosse la testa. «Non voglio essere crudele, ma perché uno come lui dovrebbe scegliere il Salty Key Inn invece di un hotel di lusso, per esempio a South Beach?»

Sheena si raddrizzò indignata. «Perché il Salty Key Inn è un luogo familiare, dove accogliamo ogni ospite con la stessa cura di tutti gli altri.»

«Giusto» disse Regan. «Questo fa una grande differenza per molte persone. Anche per quelle famose. Darcy, quando domani intervisterai Cyndi, scopri cosa pensa di questo posto.»

Il telefono della reception squillò. Regan alzò la cornetta.

«Sono tornato» disse Mo. «Possiamo vederci stasera a cena? Offro io.»

«Mi sembra una buona idea. Aspetta. Sento le mie sorelle.» Si rivolse a Darcy e Sheena. «Va bene se stasera ceno con Mo? Tecnicamente finisco il turno alle sei.»

Darcy guardò Sheena. «Non credo che sia giusto, e tu?»

«Niente affatto.» Sheena cercò di lanciarle un'occhiata severa, ma finì per sorriderle. «Stiamo scherzando. Vai. Divertiti. Ci pensiamo noi qui.»

Regan rise. «Voi due!» Tornò alla telefonata. «Ok, alle sei.»

«Visto che sarai l'unica con cui esco questo weekend,

perché non andiamo al Key Pelican? Sarà una coccola per entrambi.»

«Mi sembra una splendida idea.»

«Passo a prenderti. Grazie, tesoro.»

Mo riattaccò prima che lei potesse rispondergli. Ci pensò su. Mo sembrava così depresso. Probabilmente trovare un partner era difficile per lui come lo era per lei.

Regan si prese tutto il tempo necessario per vestirsi. Mo aveva sempre un bell'aspetto e sapeva che lui sarebbe stato contento. Il tubino viola intenso che aveva acquistato di recente faceva risaltare il violetto dei suoi occhi. Quando Darcy l'aveva vista provarselo indosso, aveva dichiarato che doveva comprarlo. Ora Regan era contenta di averci speso così tanto. Una semplice collana di conchiglie aggiungeva il tocco giusto. Così come gli orecchini pendenti abbinati.

Quando Mo venne a prenderla, Regan non poté evitare il sorriso che le si formò in viso. Giurava che loro due avevano una sorta di telepatia mentale. Mo indossava una camicia elegante color lavanda, un papillon giallo e pantaloni color crema. Aveva un aspetto, be'... accattivante. Come al solito.

Il suo viso bruno e fine si illuminò quando la vide. «Mi piace molto il tuo vestito» disse, sorridendo.

«Anche tu stai bene» rispose lei. Pur essendo di corporatura esile, Mo era un uomo di bell'aspetto e di grande presenza.

Lui le tese il gomito e Regan fu felice di prenderlo a braccetto, pensando che fosse la persona perfetta per lei.

Mo la condusse alla sua vecchia Nissan 300 ZX bianca e, una volta sistemati all'interno, si diressero in confortevole silenzio verso il ristorante. Il Key Pelican era il tipo di ristorante che lo zio Gavin aveva voluto per il Salty Key Inn.

In ossequio allo zio, avrebbero dato il suo nome al ristorante in costruzione. Quello di Gavin sarebbe stato diverso all'esterno, ma all'interno sarebbe stato elegante come il Key Pelican.

Mo accostò l'auto all'ingresso del ristorante. L'edificio turchese, bordato di rosa, aveva sorpreso Regan quando l'aveva visto per la prima volta. Ma aveva imparato ad amare i colori stravaganti degli edifici di questa zona della costa del Golfo della Florida.

Un portiere aiutò Regan a scendere dall'auto.

Mentre aspettava Mo, Regan studiò la colorata statua in legno intagliato di un pellicano appollaiato su un pezzo di legno accanto all'ingresso. Sculture di quel tipo erano un tema decorativo tipico della zona. Il ristorante di Gracie ne aveva una di un pirata che chiamavano Davy.

All'interno, le pareti rivestite di legno del piccolo ristorante emanavano una calda luce marrone. L'ingresso in piastrelle color sabbia lasciava spazio a una sala ricca di moquette blu e verde. I tavoli erano coperti da lenzuola rosa e contenevano bicchieri di cristallo scintillanti e argenteria pesante. Al centro di ogni tavolo, c'erano fiori di ibisco colorati incastonati in un contenitore di vetro a forma di fiore.

A Regan sfuggì un sospiro di piacere. Sperava che l'interno del futuro ristorante intitolato allo zio Gavin fosse altrettanto elegante.

«Bello, eh?» disse Mo, dopo che si furono seduti a un tavolo in un angolo, con vista su un piccolo giardino.

«Sì» disse Regan. «Non vedo l'ora che sia finito il ristorante all'hotel. Puntiamo ancora alla metà di dicembre.»

«Penso che saremo soddisfatti di ciò che abbiamo scelto per l'arredamento degli interni. Ora, parliamo della proposta di Arthur Weatherman.»

Arrivò la cameriera e, dopo aver ordinato da bere, Regan

raccontò a Mo tutto ciò di cui lei e Arthur avevano discusso. «Ho fatto delle ricerche e penso che dovremmo provare un approccio diverso dalle altre proposte che potrebbero essere presentate. Sospetto che tutti faranno una barca, un pesce o un tema acquatico. Proviamo qualcosa di unico.»

Mo si chinò in avanti. «Ok. Che cos'hai in mente? I suoi ristoranti sono noti per i loro piatti di pesce.»

Regan fece un profondo respiro, improvvisamente insicura di sé. «Perché non facciamo diversi temi legati ai luoghi da cui provengono le voci del menu? Il New England per le aragoste? Il Nord-Ovest per i granchi Dungeness o il Maryland per i granchi dal guscio morbido?

Un sorriso increspò il bel viso bruno di Mo. «Mi piace. Possiamo lavorarci insieme e trovare idee concrete. Ma è buono.»

Regan sentì le spalle rilassarsi per il sollievo. Dopo essere stata considerata stupida per tanti anni, faceva tesoro di piccoli trionfi come quello. Se anche lei e le sue sorelle non avessero mai vinto la sfida di Gavin e il denaro che ne sarebbe seguito, il tempo trascorso in Florida sarebbe comunque stato prezioso.

Si chinò in avanti e gli prese la mano. «Ok, ora, Mo, parliamo del tuo viaggio alle Keys. Che cos'è successo?»

Lui scosse la testa con disappunto. «Niente. Assolutamente niente. Mi sono reso conto che non mi interessava sbattermi per incontrare un'altra persona. Credo di aver bisogno di tempo per guarire dal fatto che Juan mi ha mollato. E, come te, volevo stare con qualcuno che mi rendesse felice. Capisci cosa intendo?»

«Sì, io finalmente ho scaricato Chip. Mi merito qualcuno che rispetti i miei desideri. Posso trovare di meglio di lui. E conosci la vecchia compagna di appartamento di Darcy, la ragazza di cui ti ho parlato? Alex Townsend? È uscita con Chip ieri sera e ci uscirà di nuovo stasera.» Un rumore all'ingresso attirò la sua attenzione.

«Che succede?» disse Mo, voltandosi a guardare.

«È Kenton Standish» sussurrò Regan. «Alloggia all'hotel. E la sua accompagnatrice è Nicole Coleman, l'altra vecchia compagna di appartamento di Darcy, quella simpatica.»

Nicole, una bionda attraente, era splendida col suo abito di lino bianco e sandali con il cinturino. Osservando la facilità con cui conversava con Kenton, Regan si rese conto di quanto si fosse comportata in modo sciocco con lui. Kenton era un bell'uomo... ok, un fusto, ma in fondo era un essere umano.

Cyndi la notò e si avvicinò al suo tavolo. «Oh, ciao, Regan. Non mi aspettavo di vederti qui. Grazie per esserti occupata della prenotazione di mio fratello. Ci stiamo divertendo molto. Ho detto a Darcy che il Salty Key Inn è il posto perfetto per una piccola riunione di famiglia. La prossima volta cercheremo di portare anche i ragazzi.»

«Grazie. Cyndi, voglio presentarti Mosè Greene, il miglior designer d'interni che conosca. E Mo, questa è Cyndi Jansen e suo marito Tom, che sono ospiti dell'hotel.»

Mo si alzò in piedi. «Piacere di conoscerti.»

Kenton si avvicinò al loro tavolo. «Tu non sei la donna che mi ha aiutato a fare il check-in?» chiese a Regan.

Regan sentì le guance avvampare. «Sì. Cyndi mi ha detto che ti stai godendo il soggiorno.» Indicò Mo. «Ti presento Mosè Greene, un mio amico e un designer d'interni di talento.»

Kenton tese la mano. «Piacere, mi chiamo Kenton Standish.»

Un sorriso illuminò il volto di Mo, che gli strinse educatamente la mano.

Cyndi tirò Kenton per il braccio. «Se non vuoi che la gente ti riconosca, è meglio che andiamo al nostro tavolo.»

«Giusto» disse lui, strizzando l'occhio a Regan. Fece un cenno di saluto a Mo e se ne andò.

Regan e Mo sospirarono entrambi quando Kenton raggiunse gli altri a un tavolo poco distante.

CAPITOLO 9
DARCY

Darcy era sola in ufficio quando fece irruzione Alex. «Perché non mi hai detto che Nicole usciva con Kenton Standish? E perché non sono stata invitata?»

Cercando di controllare la rabbia, Darcy fece un bel respiro. «Prima di tutto, non sapevamo che il fratello di Cyndi Jansen fosse Kenton. In secondo luogo, avevi già programmato di uscire con Chip Carson.»

«Davvero? Be', Chip mi ha dato buca e ora sono rimasta da sola senza programmi.»

«Come hai fatto tu con Nicole l'altra sera» non poté fare a meno di dire Darcy.

Alex si accasciò su una sedia e la fissò. «Non ti sono mai piaciuta, Darcy. Non credere che non lo sappia.»

Darcy fissò Alex con uno sguardo severo. «Cosa dovrebbe piacermi? Hai sempre fatto commenti sprezzanti sulla mia famiglia e su di me. Non mi hai mai nemmeno dato una possibilità.»

«Be', devi ammettere che la tua famiglia non è esattamente dell'alta società» disse Alex. «Come la mia.»

«E questo cosa fa di te? A parte una ricca stronza?» Darcy sapeva di stare comportandosi in modo infantile, ma non riusciva a trattenersi. Alex aveva ferito i suoi sentimenti così spesso in passato che era bello dire alcune delle cose che si era tenuta dentro.

Alex saltò in piedi. «Pensi di essere molto meglio di me ora che sei fidanzata con un uomo bello e benestante. Ma, Darcy, non lo sei. E non m'importa se ce la farai o meno con questo hotel. Non tornerò mai più qui.»

Darcy non fece niente per impedire ad Alex di andarsene.

Una volta che fu di nuovo sola in ufficio, Darcy si lasciò cadere su una sedia. Il cuore le batteva forte in petto. Come faceva sempre, Alex aveva giudicato Austin dalle dimensioni dell'anello di fidanzamento che le aveva regalato. Lei era ben consapevole che avrebbero avuto una vita meravigliosa insieme, con opportunità che lei non aveva mai avuto crescendo, ma lui non era ricco se non di spirito, amore e gentilezza.

Sheena entrò, le diede un'occhiata e disse: «Cosa c'è?»

«È Alex. È furiosa perché non le ho detto che Nicole usciva con Kenton Standish. Chip ha rinunciato all'appuntamento con lei e lei è rimasta da sola. Inoltre, dice che non tornerà mai più qui.»

«Bene. Ho fatto cenare presto la mia famiglia. Posso chiudere l'ufficio al posto tuo se vuoi vederti con Austin.»

Darcy sorrise alla sorella. «Grazie. È molto gentile da parte tua.» Si alzò, diede un rapido abbraccio a Sheena e si allontanò. «Mi dispiace di averti odiata per tanti anni per avermi lasciata ad aiutare a prendermi cura di Regan quando la mamma era così malata. Ora capisco quanto sia stato egoista.»

«Abbiamo dovuto tutte starci dietro a vicenda quando la mamma aveva uno dei suoi devastanti mal di testa. Ma sono felice che tu capisca che avevo il diritto di andarmene da casa per l'università. Peccato che non sia andata come avevo previsto.»

«Sì, ma quello che hai con la tua famiglia è molto meglio di quello che abbiamo avuto noi crescendo. Cosa farete tu e Tony quando entrambi i ragazzi non ci saranno più?»

Gli occhi di Sheena si illuminarono di gioia. «Ci

divertiremo. Come si dice: "Il meglio deve ancora venire".»

Darcy rise. «Spero che io e Austin ci sentiremo ancora così quando saremo sposati da tanti anni come te e Tony.»

«Tenere insieme un matrimonio non è sempre facile, ma ne vale la pena se c'è vero amore. Andrà tutto bene. Non preoccuparti.»

«Ho raccontato a Regan quali sono i miei progetti per la cerimonia di nozze. Vuoi sentirli?»

«Certo» disse Sheena. «Sputa il rospo.»

Darcy spiegò a Sheena i dettagli, aggiungendo qualche idea sul tipo di musica che voleva per il ricevimento. «Voglio il primo ballo con Austin e, Sheena, voglio fare un ballo padre-figlia con papà. Non eravamo molto uniti quando stavo crescendo, ma è importante per me. Pensi che parteciperà al mio matrimonio?»

«Sono sicura che non vorrebbe perderselo» disse Sheena. «Ti vuole bene.»

«Sì, lo so» disse Darcy. «Ma significa che vedrà tutto quello che Gavin ha fatto per noi, e questo non gli piacerà.»

Sheena guardò Darcy negli occhi e annuì. «Forse è ora che risolva questi rancori. Non sta diventando più giovane.»

«Credi che la mamma fosse davvero innamorata di Gavin come pensiamo?»

«Non ne sono sicura, ma forse sì» disse Sheena con un tono definitivo che Darcy non poté ignorare. Studiò Sheena, chiedendosi perché sembrasse così ansiosa di chiudere la conversazione.

###

Darcy e Austin erano seduti sul divano a guardare la televisione quando Regan tornò dall'appuntamento con Mo.

«Ti sei divertita?» chiese Darcy.

«Sì, e non indovinerai mai chi abbiamo visto. Nicole e

Kenton stavano cenando con Cyndi e Tom al Key Pelican. Lei stava benissimo e loro sembravano a loro agio insieme. Bello, vero?»

«Molto bello» disse Darcy. «Alex è furiosa di non essere stata invitata, soprattutto dopo che Chip le ha dato buca.»

Regan scosse la testa. «Le sta bene. Ha scaricato Nicole il prima possibile per uscire con Chip.»

«A Mo sono piaciuti i tuoi progetti con Arthur Weatherman?»

«Molto» disse Regan. «Proveremo qualcosa di nuovo per i temi decorativi dei suoi ristoranti. E pensa che sarò un ottimo testimonial per lui.»

«Sembra che avrai un sacco da fare» disse Austin. «Buona fortuna per tutto.»

«Grazie. Bene, adesso vi lascio soli, piccioncini, e vado in camera mia. Voglio prendere qualche appunto finché ho le idee in mente.»

Dopo che Regan fu uscita dalla stanza, Austin si rivolse a lei. «Piccioncini, eh? Mi sembra una buona idea.» Le sue labbra si incurvarono in un sorriso allusivo che lei adorava. «Vieni qui.»

Darcy ridacchiò, si avvicinò di più e gli appoggiò la testa sulla spalla. Amava quest'uomo che la faceva sentire così bene, così degna di amore.

Il mattino seguente Darcy si alzò presto per la sua solita passeggiata mattutina sulla spiaggia, ansiosa di vedere come sarebbero andati gli ultimi due giorni del fine settimana di vacanza. Finora la situazione era rimasta abbastanza tranquilla, a parte le continue richieste della sua coinquilina.

Mentre attraversava il parco dell'hotel per raggiungere la spiaggia, sentì gli aromi deliziosi che provenivano dal ristorante di Gracie. Li inspirò e si impose di continuare a muoversi. Aveva scoperto che una passeggiata sulla spiaggia era un ottimo modo per iniziare la giornata, le permetteva di contemplare il romanzo che voleva scrivere.

Attraversò Gulf Boulevard e scese lungo la passerella fino alla sabbia. Si tolse i sandali, li appoggiò da una parte e mise piede sulla superficie morbida. Il freddo della notte era ancora attaccato ai granelli di sabbia e la sensazione era piacevole. Come faceva di solito, Darcy si diresse verso il punto dove le onde lambivano la riva. Il vento era fermo, il che permetteva all'acqua di muoversi avanti e indietro al rallentatore, facendola meravigliare della coerenza della natura.

Alcune persone vagavano per la spiaggia in lontananza, alla ricerca di conchiglie. A Darcy piaceva la sensazione di essere sola. Per lei, questo ambiente magico era il modo perfetto per dare il benvenuto a un nuovo giorno. Dopo la morte di Nick, e dopo essersi fidanzata con Austin, Darcy cercava di prendersi un momento ogni mattina per iniziare la giornata con gratitudine.

Sentendo dei passi si voltò.

«Buongiorno» disse Nicole.

Darcy sorrise. «Non mi aspettavo di vederti in piedi così presto dopo il tuo appuntamento con Kenton Standish.»

Lei rise. «È un ragazzo molto gentile. Siamo stati bene, ma non è scattata la scintilla tra noi.»

«Oh? Niente da scrivere in un diario?» la prese in giro Darcy.

Nicole sorrise. «No, ma non farlo sapere ad Alex. È arrabbiatissima perché non l'ho informata dell'appuntamento.»

«Mi dispiace per tutto il casino con Alex» disse Darcy seriamente. «Spero che non abbia rovinato il tuo soggiorno in albergo.»

Nicole scrollò le spalle. «Non mi ero mai resa conto di quanto tu fossi un cuscinetto tra me e Alex. Credo che per me sia arrivato il momento di cambiare. Tu e le tue sorelle avete bisogno di un buon addetto al marketing?»

Darcy nascose la sua sorpresa. «Potremmo avere bisogno di una persona come te in futuro ma, al momento, non possiamo permettercelo. Per vincere la sfida di mio zio, abbiamo fondi molto limitati.» Mise una mano sulla spalla di Nicole. «Ma grazie per l'offerta. Per me significa più di quanto possa dire.»

Nicole le fece un sorriso genuino. «Auguro il meglio a te e alle tue sorelle, Darcy. È un posto stravagante, ma a me piace il Salty Key Inn e piacerà anche ad altri.»

Camminarono insieme lungo la spiaggia e poi Darcy disse: «Devo tornare indietro. Sarà un'altra giornata impegnativa.»

«Ok, ci vediamo dopo» disse Nicole. «Io continuo a fare due passi.»

Mentre tornava all'albergo, Darcy pensò a tutte le volte che Alex l'aveva sminuita e si ripromise di non permetterlo mai più. Con l'avvento dei social media, ai prepotenti e alle persone come Alex era stato concesso di farla franca in molti casi.

Darcy si affrettò a tornare nella sua suite per fare la doccia e cambiarsi. Doveva incontrare Cyndi per colazione. Poi si sarebbero sedute per l'intervista e, forse, per parlare del libro di Cyndi.

Quando Darcy entrò da Gracie, incrociò Alex, che stava uscendo dal ristorante con Brian.

«Ciao» disse Darcy, chiedendosi se fossero insieme.

Brian si fermò. «Alex vuole che controlli di nuovo il loro condizionatore. Se non funziona bene, dovremo pensare di sostituirlo.»

«Capisco. Dopo aver controllato, perché non ci vediamo in ufficio? Mando un messaggio a Sheena e Regan per avvisarle.»

«Buona idea» disse Brian, ignaro del cipiglio che si era formato sul volto di Alex. Darcy non aveva dubbi che il condizionatore d'aria fosse a posto, che quello fosse un altro stratagemma di Alex per stare con lui.

Cyndi fece un cenno a Darcy da un tavolo vicino e Darcy si affrettò a raggiungerla, ansiosa di vedere cosa avrebbe prodotto questo incontro.

Maggie O'Neill, infermiera e la più giovane tra la gente di Gavin, venne a prendere gli ordini. «Cosa prendete, signore? Le uova alla Benedict sono la specialità di questa mattina.»

«Oh, le prendo, insieme a una tazza di caffè» disse Cyndi. «E tu, Darcy?»

Darcy sorrise. «Perché no? Sono deliziose.» Aveva deciso che non sarebbe stata una di quelle spose che si riducevano alla fame prima del matrimonio. Inoltre, aveva diversi mesi prima del grande giorno.

Mentre Cyndi versava la panna nel caffè e lo mescolava, Darcy la studiò. Sebbene Cyndi desse l'impressione di essere forte, dalla conversazione precedente Darcy sapeva che aveva bisogno di sostegno.

«Sei d'accordo se inizio l'intervista?» le chiese. «Scrivo rubriche su varie persone della comunità, raccontando la loro storia, offrendo spunti di riflessione. Ho pensato che potesse essere un buon modo per esprimere alcune delle tue preoccupazioni.»

Cyndi le fece un cenno deciso con la testa. «Sarebbe fantastico. Voglio che le altre consorti di militari sappiano che possiamo unirci per ottenere aiuto per i nostri uomini e le nostre donne. Tornano a casa dalla battaglia con ferite visibili e non. Vivere con una persona affetta da PTSD non è facile.» Smise di parlare quando Maggie tornò al loro tavolo con il cibo.

Darcy osservò le lacrime negli occhi di Cyndi. «Godiamoci la nostra colazione e poi, forse, ti andrebbe di fare una passeggiata fino alla baia. Vi abbiamo sistemato alcune sedie e panchine, quindi sarà un buon posto per parlare in privato.»

«Buona idea» disse Cyndi. «Scusa, se mi commuovo così tanto per queste cose.»

«Non c'è bisogno di scusarsi» disse Darcy. «Parlami dei tuoi figli. Hai detto che hanno sei e dieci anni?»

Sul volto di Cyndi si formò un sorriso. «Mia figlia Kate ha dieci anni, e mio figlio TJ ne ha sei.»

«Che cosa gli piace fare?» chiese Darcy, cercando di mantenere l'atmosfera leggera.

«Kate ha rinunciato all'idea di fare la ballerina e ora è decisa a giocare a baseball. TJ è diventato un demone in bicicletta. Sono bravi ragazzi. Attivi, competitivi e ancora capaci di farsi abbracciare.»

«Io e il mio fidanzato stiamo ragionando di mettere su famiglia. A volte vorrei una casa piena di bambini, ma poi mi preoccupo di non essere una buona madre e penso che forse non dovremmo averne.»

Cyndi liquidò l'idea sventolando la mano. «Non preoccuparti. Tutte le madri hanno momenti in cui non sono al meglio, ma la maggior parte delle volte ce la caviamo. Finché ci provi, stai facendo bene.» Tirò fuori il cellulare. «Vuoi vedere le foto dei miei due?»

Darcy annuì e aspettò che Cyndi caricasse le immagini sul suo schermo.

Studiando le foto, Darcy si entusiasmò all'idea di mettere su famiglia. I figli di Cyndi erano adorabili. Kate aveva i codini e a TJ mancavano un paio di denti davanti.

Finirono di mangiare e poi Darcy condusse Cyndi alla baia passando per il giardino dell'hotel. Il loro molo era in fase di riparazione e, se le vendite fossero andate bene, alla fine avrebbero avuto una vera e propria attività sul lungomare insieme al Key Hole accanto. Al momento, potevano offrire agli ospiti l'uso di due kayak e di sdraio comode accanto alla riva della baia che formava il confine orientale della loro proprietà.

Cyndi si accomodò su una sedia prendisole rivolta verso l'acqua. Darcy accostò una sedia alla sua e si mise a sedere.

«Dimmi com'era Tom prima di andare all'estero» chiese Darcy.

Cyndi si rivolse a lei con un sorriso. «Io e Tom avevamo un rapporto magico. Era divertente e premuroso. Addirittura sensibile. Ma dopo la sua prima missione, tornò a casa chiuso e arrabbiato. Andammo da uno psicologo e ci facemmo aiutare, così almeno abbiamo passato qualche bel momento. Ma, ovviamente, non era la stessa cosa.»

«È stato difficile lasciarlo tornare in guerra una seconda volta?» disse Darcy.

Cyndi si tamponò gli occhi e annuì. «La cosa peggiore in assoluto, perché sapevo che anche se fosse tornato a casa, le cose sarebbero state molto più difficili.»

«E quando è tornato a casa questa volta?»

«Perdere la gamba è stato terribile, ma non quanto il silenzio tra noi. Non so mai chi apparirà: il Tom arrabbiato e amareggiato o quello che cerca di sdrammatizzare. Voglio condividere con altre mogli di militari questo sforzo di convivere con questa situazione. Voglio creare una sorta di manuale che possano usare.»

«Ovviamente, vorrai coinvolgere degli esperti per parlarne. Ma, Cyndi, forse la cosa da fare è chiedere ad altri coniugi militari di condividere le loro esperienze, in modo che tutti possano trarne beneficio. Potresti chiamarlo "Lettere dal cuore" o qualcosa di simile.»

Cyndi si alzò di scatto dalla sedia e abbracciò Darcy. «Oh mio Dio! Penso che sia perfetto. Così non sarei solo io a fingere di poter o non poter gestire una situazione. Potremmo tutti condividere come vivere con qualcuno che è ferito in tutti i modi. Mi aiuterai a farlo?»

Sapendo di dover essere sincera, Darcy fece un profondo sospiro. «Non posso. Devi parlare con il vostro psicologo, con i medici e con le altre persone coinvolte, persone con le competenze per aiutarti a esaminare tutto il materiale che riceverai da altri coniugi di militari. Non sono un'esperta del settore e non ho modo di giudicare ciò che hanno scritto gli altri. Posso però chiedere a qualcuno del giornale di aiutarmi ad assisterti nella ricerca di un editore quando sarà il momento.»

Cyndi spalancò gli occhi. «Lo faresti?»

«Sì» disse Darcy. «Penso che sia importante che tu e le altre lo facciate.» Aveva pensato di scrivere un libro con Cyndi, ma sapeva di non essere pronta o in grado di affrontare un progetto del genere e di rendergli giustizia. Col tempo, dopo aver imparato di più sul mestiere di scrivere, avrebbe affrontato qualcosa di grande, qualcosa che sarebbe piaciuto a tutti.

Cyndi si rimise a sedere e si voltò verso Darcy. «Apprezzo la tua onestà. Ora, cosa posso dirti per il tuo articolo sul giornale?»

Tornata nel suo ufficio, Darcy si sedette alla scrivania, con la testa piena di idee. Scriveva articoli su persone comuni che diventavano angeli per gli altri.

Alla fine, Darcy iniziò a scrivere.

"Gli angeli hanno forme e dimensioni diverse. Alcuni non fanno mistero di voler fare del bene. Altri vivono in sordina, a volte in silenzio, preoccupati per gli altri. Come faccio a saperlo? Oggi ho incontrato una donna che ha intenzione di aiutare gli altri infrangendo il loro silenzio, un silenzio che dev'essere rotto.»

Quando Darcy finì la prima stesura dell'articolo, era in lacrime. La storia di Cyndi, così simile a quella di altre persone, era piena di dolore, che tutti potevano capire. Per questo motivo Darcy voleva che la storia di Cyndi fosse raccontata. Perché tutti, uomini e donne, hanno bisogno di amore e comprensione.

CAPITOLO 10
SHEENA

Sola nella sua stanza, Sheena studiava la moneta d'oro che lo zio Gavin le aveva regalato da bambina. Le sue sorelle non ne sapevano niente. In realtà, era stato un segreto tra sua madre e lei dal giorno in cui era caduta dalla scimmia di peluche che Gavin le aveva regalato. Dopo averle mostrato la moneta d'oro, la madre le aveva sussurrato: «Non parlarne con nessuno. È molto preziosa. Un giorno potrebbe servirti. Fino ad allora, la terrò al sicuro per te. Tuo zio ti vuole molto bene.»

Sheena pensava di poter usare la moneta per aiutarle, se necessario, ma qualcosa di più prezioso avrebbe aiutato le sue sorelle e lei ad affrontare la sfida di Gavin: il legame d'amore che si era formato tra loro. Inoltre, aveva seri motivi per credere che Gavin potesse essere suo padre e non suo zio, come tutti credevano. E se così fosse, il suo nuovo rapporto con le sorelle avrebbe potuto essere distrutto, insieme ai ricordi di famiglia, se mai avesse mostrato la moneta a qualcun altro. E poi, che importanza aveva se Gavin era suo padre? Patrick Sullivan l'aveva cresciuta come se fosse sua e aveva fatto del suo meglio. E Gavin aveva dato a lei e alle sue sorelle la possibilità di guadagnarsi la cospicua ricompensa che aveva messo da parte per loro.

Decisa a mantenerne segreta l'esistenza, Sheena avvolse la moneta d'oro nel fazzoletto di sua madre e la fece scivolare sotto i vestiti in un cassetto dello scrittoio. Mentre lo faceva, si chiese, come spesso aveva fatto, se l'infelicità di sua madre fosse dovuta al fatto che era sposata con il fratello dell'uomo che amava davvero. Al pensiero, le sfuggì un sospiro.

«Mamma? Sei qui?»

Meaghan irruppe nella stanza. «Va bene se ora vado in spiaggia? Ho finito il turno da Gracie e devo incontrare dei ragazzi.»

Sheena annuì e sorrise. «Mi sembra una buona idea. Torna per le cinque. Andiamo a cena fuori.»

«Ok, ci vediamo a quell'ora.»

Sheena entrò in soggiorno e si fermò accanto alla porta scorrevole di vetro che dava sul patio. Ben presto avrebbero festeggiato il quindicesimo compleanno di Meaghan. Guardando sua figlia attraversare il parco dell'hotel diretta verso la spiaggia, Sheena si chiese dove fosse finito il tempo. Lei e Tony erano genitori giovani, ma vedere i suoi figli adolescenti la faceva sentire vecchia.

Tony entrò nella suite. «Ho pensato di fare una pausa e di tornare a casa per pranzo.»

«Sei arrivato giusto in tempo» disse Sheena. «Come procede il solaio per la casa?»

Lui la prese tra le braccia. «Penso che ne sarai soddisfatta. Dovremmo essere in grado di fare il getto a breve. Visto che ci ho lavorato tanto io, la costruzione della casa richiederà più tempo del dovuto, ma questo ci dà la possibilità di permettercela e di realizzarla esattamente come vogliamo. Ho dei progetti aggiornati da farti vedere.»

«A me basta che ci siano molti bagni» disse Sheena ridendo. «Dopo aver condiviso un bagno vecchio stile con due sorelle per alcuni mesi, ho deciso che quando arriverà il momento, voglio avere il mio spazio privato.»

Tony sorrise. «Aspetta di vedere come sarà la camera da letto principale. Voglio che sia un parco giochi privato per te e per me.»

Allo sguardo sexy di lui, Sheena sentì le guance avvampare.

Forse essere ancora giovani senza più figli in casa non sarebbe stato così male, dopo tutto.

Dopo pranzo, Sheena si affrettò a tornare all'ufficio della reception, che era diventato il cuore pulsante dell'attività dell'hotel. Gli ospiti andavano e venivano con le loro domande e da lì Sheena poteva osservare le attività in piscina e oltre, fino al campo da bocce e al lungomare.

Quando arrivò, Darcy era alla scrivania.

«Dov'è Regan?» chiese Sheena. «Pensavo che dovesse essere qui.»

«Ci siamo scambiate i turni, così stasera io e Austin possiamo uscire. Ha detto che non le importa perché non ha intenzione di uscire con nessuno per un po' di tempo.»

«Sì, giusto. Che altro sta succedendo? Hai fatto l'intervista a Cyndi?»

«Sì. E dopo aver ascoltato la realtà della sua vita, scriverne la storia mi ha fatto piangere. Con tutti gli sconvolgimenti della vita familiare che i militari subiscono, il problema del coniuge affetto da PTSD mi sembra il più grave. Non riguarda solo loro due, ma anche i loro figli e persino altri membri della famiglia allargata.» Fece una pausa. «Ti ricordi quanto era difficile papà a volte, crescendo?»

«Me lo ricordo molto bene. Pensi che abbia sofferto di qualcosa del genere dopo essere stato in Vietnam? A volte sbraitava e si arrabbiava e poi beveva troppe birre, il che non faceva che peggiorare la situazione. Ma aveva un lavoro fisso come pompiere.»

«Sì, ma anche così era difficile» disse Darcy. «Ripensando alla situazione ora, ricordo che sembrava eccitato quando lavorava su un incendio, cosa che causava angoscia alla mamma.»

«È buffo, non è vero? Come noi, da bambini, non vediamo mai i genitori come persone reali con problemi reali.»

Darcy le rivolse uno sguardo complice. «Scrivendo i miei articoli, imparo molto sulle persone e su come hanno gestito i problemi che hanno dovuto affrontare.»

«Stai facendo un buon lavoro, Darcy» disse Sheena. «Sono sicura che la mamma ne sarebbe contenta. Anche lo zio Gavin. Ti ha lasciato quel biglietto, ricordi?»

«Sì, all'epoca non capivo cosa significasse. "Darcy, tu non sei chi pensiamo che tu sia". Tu sei più vicina a capire cosa significa il suo messaggio per te?»

Sheena scosse la testa, senza voler dire a Darcy che era sempre più sicura che lo zio Gavin fosse suo padre. Ma, come aveva deciso prima, che differenza faceva? Sia lui che sua madre erano morti e lei non avrebbe fatto nulla per distruggere suo padre o la famiglia che conosceva come sua.

«Vado a controllare la situazione degli asciugamani in piscina» disse Sheena. «Bernice e il suo personale di pulizia stanno cercando di tenere il passo con la richiesta di asciugamani puliti per la piscina e la spiaggia, ma abbiamo sottovalutato l'uso che se ne fa.»

Darcy la guardò accigliata. «Ce la faremo? Ogni volta che otteniamo qualche entrata, c'è un motivo in più per spendere soldi.»

«Faremo del nostro meglio assicurandoci che le persone abbiano un soggiorno confortevole» disse Sheena più bruscamente di quanto avesse voluto, perché era preoccupata quanto Darcy. «L'apertura del ristorante aggiungerà una dimensione necessaria alla proprietà e porterà più soldi» disse con un tono più morbido. «Graham Howard passerà questo fine settimana per controllare i progressi della costruzione. Sono felice che abbia accettato di essere il nostro chef. E dopo il primo dell'anno, se assumiamo Casey Cochran, potrà aiutarci a formare il personale del ristorante e a supervisionarlo.»

All'idea, Darcy sorrise. «Nick sarebbe molto contento che suo nipote lavori per noi. Una volta Nick pensava che io e Graham dovessimo metterci insieme.»

«Mi sembra che Graham e Regan siano più adatti a stare insieme di te e Graham.» Il morale di Sheena si sollevò. «Forse possiamo dargli una spintarella in quella direzione.»

Darcy rise. «Stiamo giocando a fare le sensali, vero?»

«Forse» disse Sheena, a cui l'idea piaceva sempre di più.

CAPITOLO 11
REGAN

A Regan non dispiaceva fare il turno di sera in ufficio. In una piccola azienda come la loro, di solito l'attività rallentava subito dopo le sei, il che rendeva facile chiudere l'ufficio tenendo aperta una linea di emergenza.

Mentre chiudeva la porta, Regan notò che alcuni dei loro ospiti stavano rientrando dalla spiaggia. Altre due coppie si stavano dirigendo verso il Key Hole. Altri ancora li si poteva vedere rilassarsi nei loro patii.

Regan osservò l'attività con soddisfazione. Una visita alla spiaggia e il Salty Key Inn sembrava funzionare per i loro ospiti.

Mentre si dirigeva alla sua suite dall'altra parte del giardino, Regan decise di controllare i progressi del nuovo ristorante. Lei e Mo avevano dato un grande contributo alla sua progettazione e ora, mentre si avvicinava, era pervasa da un senso di orgoglio. I muri e il tetto dell'edificio erano già stati costruiti. Anche in questa fase iniziale, poteva immaginare come le piante e i piccoli giardini avrebbero migliorato l'esperienza culinaria e la vista di chi si sarebbe seduto accanto alle numerose finestre interne.

«Sarà bello, eh?» disse una voce alle sue spalle.

Regan si girò di scatto. «Oh, Graham, non ti avevo visto!»

Lui la guardò divertito con quei suoi occhi verdi. «Mi dispiace. Di solito è difficile non notarmi.» Alto oltre un metro e ottanta, era una persona che aveva una presenza naturale e massiccia. Senza contare la sua voce profonda e ricca.

Le labbra di Regan si incurvarono in un sorriso. «Credo di essere stata troppo impegnata a pensare a come sarà il posto quando sarà finito. Io e Mo abbiamo già scelto le finiture interne.»

«È la cucina che mi preoccupa. Devo assicurarmi di avere a disposizione tutto ciò che mi serve se vogliamo ottenere il successo che tutti pensiamo possa avere.»

«Io e le mie sorelle siamo molto felici che tu abbia deciso di venire» disse Regan con sincerità. «Dovrebbe darti una grande opportunità di mettere in mostra il tuo lavoro.»

«Spero di sì. Ho già creato delle ricette speciali, solo per il Gavin. Ti va di cenare con me un giorno? Puoi provare un paio di nuovi piatti.»

Regan esitò e poi annuì. «Grazie. Mi sembra una buona idea. Se non ti dispiace, chiederò alle mie sorelle di unirsi a noi. Sono sicura che anche a loro piacerebbe fare una degustazione.»

«Non c'è problema. Sono in una casa in affitto in fondo alla spiaggia. Fatemi sapere quanti siete e quando venite, e vi farò trovare tutto pronto.»

Regan gli mostrò un pollice in su. «Okay. Vuoi dare un'occhiata in giro con me?»

«Certo. Come ho detto, voglio dare un'occhiata anche alla cucina.»

All'interno, i montanti delle pareti erano stati messi su e la maggior parte dei cavi elettrici era stata installata, dando un'idea iniziale di come sarebbero stati gli spazi.

Regan si avvicinò a una delle finestre e guardò fuori, immaginando i giardini che avrebbero arricchito il panorama.

«Mi piace la disposizione» commentò Graham, indicando lo spazio. «Una semplice stanza rettangolare può essere molto noiosa, ma con tutti questi angoli e fessure, questo spazio è intrigante.»

«L'abbiamo progettato così Mo Greene e io» disse Regan, sorridendogli con un senso di soddisfazione.

Fecero un giro in cucina, nei vari corridoi e nelle stanze più piccole, poi salirono le scale che portavano al secondo piano.

«Che cos'avete intenzione di fare quassù?» chiese Graham. «I progetti non mostrano niente.»

Regan scosse la testa. «Non lo so. Probabilmente non possiamo farci niente adesso. Non con i fondi che abbiamo.»

«Immagino che lo scoprirai. Grazie per avermi fatto fare un giro.»

Quando Regan si voltò per andarsene, Graham la fermò. «Stavo per andare al Key Hole. Ti va di unirti a me?»

«Non sei già impegnato?» chiese Regan, chiedendosi perché un uomo sexy come Graham fosse da solo in un fine settimana di festa nazionale.

«Naah, sono single. È difficile trovare qualcuno disposto a sopportare gli orari normali di uno chef e, dopo aver rotto con la mia ragazza, ho deciso di lasciar perdere per un po'.»

«Già, anch'io» disse Regan. «Ok, andiamo a mangiare qualcosa di normale e a bere qualcosa. Una delizia olandese.»

«Mi sembra una buona idea.» Graham le offrì scherzosamente un braccio e Regan lo prese, felice per la possibilità di socializzare senza alcun obbligo oltre a quello di mangiare con un bravo ragazzo.

Mentre Regan e Graham erano al bar a ridere insieme, entrarono nel ristorante Alex e Nicole. Notarono Regan e andarono da lei.

Alex la osservò accigliata. «Pensavo che non uscissi con nessuno.»

Regan scrollò le spalle. «No, infatti. Ti presento Graham Howard. Sarà il nostro chef al Gavin quando aprirà. Graham, ti presento Alex Townsend e Nicole Coleman, vecchie compagne di appartamento di Darcy a Boston.»

Sul volto di Alex comparve un sorriso, poi si rivolse a Graham. «Uno chef? Una specie di Gordon Ramsay o altri chef famosi?»

«Non esattamente» disse lui sorridendo.

«Che ne dici se ti offro da bere per festeggiare e poi magari facciamo qualcosa insieme?»

Graham studiò Alex per alcuni lunghi secondi che la misero a disagio. «Mmmh, non credo.»

Alex si gettò i capelli dietro le spalle. «Oh, be', comunque volevo dare un'occhiata a qualche altro posto dove andare a bere.» Si voltò verso Nicole. «Vieni?»

Nicole scosse la testa. «Vai pure. Io resto qui.»

«Davvero?» Alex le lanciò un'occhiataccia. «Va bene, allora. Ci vediamo dopo.» E se ne andò senza voltarsi.

«Puoi sederti con noi» propose Regan, quando Nicole rimase da sola.

«Mi dispiace per Alex» disse Nicole a Graham, scivolando su uno sgabello del bar accanto a lui.

«Non preoccuparti» disse Graham. «Come ti trovi al Salty Key Inn?»

«La nostra camera è fantastica, e avere la piscina vicina e la spiaggia proprio di fronte è molto bello. E, naturalmente, a chi non piace il ristorante di Gracie?» disse Nicole con un sorriso.

«Sono contento che ti piaccia» disse Graham.

«Sì, è un bel posto dove venire a riposare. Ho conosciuto persone interessanti e sono davvero felice che Darcy, Regan e la loro sorella abbiano questo tipo di opportunità» disse Nicole.

Graham le sorrise. «Sono contento che tu sia qui. Cosa posso offrirti da bere?»

Mentre chiacchieravano, Regan si accorse che Nicole si stava interessando a Graham. Si alzò. «Domani per me sarà un'altra giornata impegnativa. Spero non vi dispiaccia se vi lascio soli.»

Nicole sorrise a Regan, facendole capire che aveva preso la decisione giusta.

Più tardi, nella sua suite, Regan era seduta sul divano a guardare un film quando apparve Darcy.

Ho appena visto Nicole e Graham salire in macchina e andarsene. Che cosa sta succedendo? Come si sono conosciuti?»

«Li ho presentati io. Perché?» disse Regan, stupendosi del cipiglio che increspava la fronte di Darcy.

«Perché io e Sheena pensiamo che tu e Graham stareste benissimo insieme.»

Regan fulminò la sorella con lo sguardo. «Darcy, non sono interessata a nessuno in questo momento. Ho la possibilità di lavorare per Arthur Weatherman e, tra questo e il lavoro all'hotel, sono troppo impegnata per pensare a uscire con qualcuno.»

«Va bene» disse Darcy, «ma Sheena rimarrà delusa.»

Regan scosse la testa. «Le sorelle maggiori. Sono sempre così invadenti?»

Darcy rise. «Ora che viviamo tutte insieme, devi sopportarci.»

«Vi voglio bene, ma posso trovare un uomo da sola. Per tua informazione, Graham è davvero un bravo ragazzo. Se mi chiede di uscire, ci andrò, perché anche lui non è interessato a fare sul serio con nessuna.»

«Mmmh, vedremo» disse Darcy, schivando il cuscino che Regan le lanciò.

Più tardi, sdraiata a letto, Regan pensò a Graham. Sarebbe stato bello uscire con uno come lui, senza doversi preoccupare che volesse portarsela a letto. Sarebbe stato un altro amico maschio. Come Mo. Si chiese perché Mo non l'avesse chiamata come aveva detto che avrebbe fatto. Forse aveva trovato un nuovo partner, pensò. Qualcuno da cui non doveva preoccuparsi di restare ferito. Lo sperava. Era un ragazzo così dolce.

###

La mattina dopo, Regan se ne stava seduta a un tavolo da Gracie sorseggiando tranquillamente il suo caffè, osservando gli ospiti dell'hotel che ovviamente si stavano godendo i loro pasti. Tutti, tranne una coppia, sarebbero partiti quel giorno, tornando senza dubbio alla loro routine abituale, ora che il weekend del Labor Day stava per finire. Non vedeva l'ora di sapere com'era andato l'hotel dal punto di vista finanziario. L'apertura era solo l'inizio di quella che tutti speravano sarebbe stata una campagna autunnale di successo.

Darcy entrò nel ristorante e si diresse verso il tavolo "di famiglia" nell'angolo della sala dov'era seduta Regan.

«Oggi ci sono molti ospiti in partenza. Sei sicura che Bernice sarà in grado di gestire tutte le camere?» chiese Darcy.

«Immagino che lo scopriremo. Un paio di stanze possono aspettare, se necessario. Ma non sono preoccupata. Bernice è stata fantastica finora.»

Alzarono lo sguardo quando Nicole si avvicinò al loro tavolo.

«Posso sedermi?» chiese.

Regan e Darcy annuirono all'unisono.

«Ho riflettuto molto mentre ero qui e ho deciso di trasferirmi in Florida. Dopo aver parlato con Graham ieri sera e con Brian Harwood l'altro giorno, credo di poter trovare un buon lavoro nel marketing qua in zona.» Si rivolse a Darcy. «Per ringraziarti del bel soggiorno, voglio offrirti i miei servizi per aiutarti a vincere la sfida di cui mi hai parlato. È anche un modo per dirti che mi dispiace di non essermi fatta sentire quando Alex è stata cattiva con te. Ora capisco che è stato un errore lasciarmi influenzare da lei e farle credere che andasse bene come si comportava.»

Regan si sentì sorpresa quanto Darcy.

«Accidenti» disse Darcy. «Quello che hai detto significa molto per me.»

«Non è del tutto disinteressato da parte mia» disse Nicole. «Aggiungerò il vostro progetto al mio portfolio da presentare alle aziende qui in giro.»

«Una campagna di marketing? Sarebbe fantastico» disse Regan.

Nicole scrollò le spalle. «Ti sei fatta molti amici qui. Tutti mi hanno detto quanto vi siete impegnate per cercare di vincere la sfida di vostro zio. Ho pensato di potervi aiutare.»

A Darcy brillarono gli occhi. «Andiamo a trovare Sheena. Dobbiamo essere tutte e tre d'accordo su una cosa del genere, ma sono abbastanza sicura che sarà eccitata quanto me. Non dire niente ad Alex di tutto questo. Prima devo avere la possibilità di spiegare tutto a mia sorella.»

Quando Nicole si alzò in piedi, Darcy le gettò le braccia al collo. «Grazie, Nic.»

Nicole tornò a sorridere. «Non c'è di che..»

Si recarono tutte e tre alla reception. Due coppie stavano facendo il check-out.

«Sheena, ti sostituisco io» disse Regan, mettendosi dietro la scrivania. «Darcy e Nicole hanno qualcosa da dirti.»

Sheena le lanciò un'occhiata perplessa, ma si fece da parte e seguì Darcy e Nicole nell'ufficio sul retro.

Mentre preparava le fatture finali, Regan chiacchierò con gli ospiti, assicurandosi che sapessero che l'hotel avrebbe subito ulteriori ristrutturazioni e cambiamenti.

Una coppia di anziani del Tennessee diede un'occhiata all'opuscolo che gli aveva consegnato. «Avete intenzione di offrire affitti a lungo termine per i pensionati come noi?» chiese la donna.

«Speriamo proprio di sì» rispose Regan, chiedendosi se fosse possibile. «Restate in contatto e sono certa che riusciremo a trovare una soluzione.»

«La gente pensa che il Tennessee sia il sud, ma i nostri inverni possono essere brutali» disse la donna.

«Non è affatto il sud» disse il marito. «Grazie per il bel soggiorno. E buona fortuna a tutte voi. È una bella storia.»

Regan aveva appena finito di fare il check-out alla seconda coppia quando apparve Alex. «Hai visto Nicole? È quasi ora di andare via, ma non riesco a trovarla.»

Mentre Alex parlava, Nicole, Darcy e Sheena entrarono insieme in ufficio.

«Che succede?» chiese Alex, con aria perplessa.

«Sto solo facendo dei progetti» rispose Nicole. «Te ne parlerò più tardi. Adesso è meglio che facciamo check-out. Non mi ero accorta che fosse così tardi.»

«Mi occuperò io di voi» disse Regan, richiamando il loro conto sul computer. In pochi minuti, ognuna aveva pagato la sua parte.

«Grazie ancora» disse Nicole.

Alex annuì. «Spero che ce la facciate. C'è molto da fare qui.»

Regan evitò di guardare Darcy. Alex riusciva a far sembrare sgradevole anche qualcosa di piacevole.

Dopo che se ne furono andate, Sheena si rivolse a Darcy e Regan. «È stato un fine settimana sorprendente sotto molti aspetti, ma niente è stato più sorprendente della visita di Nicole e Alex.»

«Ti va bene l'offerta di Nicole di aiutarci?» chiese Regan.

Sheena annuì. «Oh sì. Ora che il fine settimana è finito, noi, care sorelle, avremo bisogno di tutto l'aiuto possibile.»

CAPITOLO 12
DARCY

Darcy era da sola in ufficio quando Cyndi entrò per fare check out.

Si avvicinò a Darcy e l'abbracciò. «Come potrò mai ringraziarti per questo soggiorno così piacevole? Poter parlare con te del libro del mio cuore ha fatto la differenza. Ora ho un progetto valido su cui lavorare. Non solo mi terrà occupata, ma sarà un'ottima fonte per aiutare altre persone.»

«Sarà fantastico. Ti manderò una copia dell'articolo del giornale che ho scritto su di te e sulla tua causa, e voglio che resti in contatto. Quando sarà il momento, troveremo qualcuno che ti aiuti a contattare gli editori.»

«Grazie. Che ne dici di darmi un bel po' di opuscoli? Parlerò dell'hotel con le altre mogli di militari che conosco. È meraviglioso che permettiate alle coppie di militari di soggiornare qui a una tariffa così speciale.»

«Siamo felici di farlo» disse Darcy con sincerità. Aveva intervistato diverse persone che avevano prestato servizio nell'esercito e si era resa conto dei sacrifici che avevano fatto per servire la nazione.

Un'altra coppia entrò in ufficio. Cyndi firmò il conto, prese gli opuscoli e se ne andò.

Darcy lavorò costantemente per occuparsi dei check-out. A mezzogiorno, tutti gli ospiti di cui era prevista la partenza erano andati via o avevano preso accordi per rimanere fino a tardi.

Mentre Bernice e il suo staff erano impegnati a pulire le

camere, Sheena lavorò ai conti dell'albergo e Regan supervisionò Michael mentre puliva la piscina e sistemava i mobili sul ponte. Avevano deciso di affidargli il lavoro di addetto alla piscina per pagare la benzina e le altre spese, a patto che facesse un buon lavoro.

Darcy sfogliò le prenotazioni per i giorni successivi. Le si seccò la bocca vedendo il numero di camere vuote.

Una settimana dopo, Darcy stava finendo di controllare gli ospiti del fine settimana quando Austin entrò in ufficio.

Aspettò che gli ospiti se ne andassero e poi le chiese: «Come va?»

«Abbastanza bene. Il sistema su cui abbiamo lavorato io e Chip è buono. Ma, Austin, dobbiamo essere in grado di riempire le stanze o non ce la faremo.»

«Consegno un opuscolo a ogni mio paziente» disse lui seriamente. «Ma dammene di più e li porterò in tutti gli altri uffici dell'edificio.»

L'entusiasmo del suo fidanzato la fece sorridere. Anche se avevano parlato di viaggiare e del romanzo che lei voleva scrivere in futuro, Austin sapeva quanto l'hotel fosse importante per lei.

«Come vanno le cose nell'appartamento?» gli chiese. Lui aveva comprato un appartamento di buone dimensioni a St. Petersburg, in un quartiere ben avviato, ricco di alberi e di un paesaggio lussureggiante, che offriva ombra e privacy. Stava costruendo delle librerie nello studio e cambiando i mobili della cucina.

«Stanno andando bene, ma, Darcy, non vedo l'ora che tu venga a vivere con me in via definitiva. Farti rimanere in albergo è una delle sfide dello zio Gavin che non mi piace affatto.»

Lei rise. «È strano, ma credo che ci fosse un motivo per cui voleva tutte le sorelle Sullivan insieme. Ancora qualche mese e la sfida sarà finita, e allora non riuscirai a farmi lasciare te e l'appartamento.»

Lui la attirò a sé e abbassò le labbra sulle sue.

«Sto interrompendo qualcosa?»

Darcy si girò e vide Brian Harwood che le sorrideva.

«Scusa, pensavo fossimo soli» disse Darcy, incapace di impedirsi di arrossire. «In che cosa posso aiutarti?»

«In realtà sono qui per parlare con Austin. Sto dando un'occhiata a delle moto. Vuoi venire con me?»

A Austin si illuminarono gli occhi per l'entusiasmo. «Sì, grazie. Sarebbe bello.»

Darcy scosse la testa. «Austin, promettimi che non ne comprerai una. Sono pericolose.»

Austin rise. «Guardo e basta, ok?»

Lei annuì. «Va bene. Ci vediamo dopo.»

Darcy controllò l'orologio, si assicurò che tutto fosse in ordine e chiuse l'ufficio in anticipo. Alle quattro, con una sola coppia registrata, non c'era bisogno di restare aperti.

Mentre si dirigeva verso l'edificio delle suite Piovanello, Meaghan la raggiunse.

Darcy le mise un braccio sulla spalla. «Dove sei stata? In spiaggia?»

Meaghan sorrise. «Sì, ci siamo riuniti in tanti.»

«Hai deciso quale ragazzo ti piace di più?»

Meaghan spalancò gli occhi. «Come lo sai?»

«Certe zie hanno dei poteri speciali per sapere queste cose» la prese in giro Darcy. «Allora, è il ragazzo carino con i riccioli scuri o quello dai capelli rossi come me?»

Meaghan distolse lo sguardo e poi rivolse a Darcy un

timido sorriso. «Quello dai capelli rossi. Si chiama Rob Wickham ed è il capitano della squadra di football della Junior Varsity.»

«Sembra un buon partito» disse Darcy.

Meaghan alzò una mano. «Non dirlo a mamma o a papà, e soprattutto a Michael. Non voglio che mi chiedano di lui. Va bene?»

Darcy la guardò dritto negli occhi. «Ok, ma non è una buona idea tenere nascoste le cose ai tuoi genitori. Non dovrebbe essere un problema, a meno che tu non stia facendo qualcosa che a loro non piacerebbe. Giusto?»

Meaghan annuì. «Non sta succedendo niente di male. È solo che mi piace. Tutto qui.»

«Darcy! Aspetta!» gridò Regan.

Mentre Darcy si fermava e aspettava Regan, Meaghan proseguì il cammino. Osservando Meaghan andare via, Darcy si chiese come sarebbe stato avere dei figli suoi. Si sarebbe preoccupata per loro come Sheena?

«Che succede?» chiese Regan. «Sembrava che tu e Meaghan steste facendo una conversazione seria.»

Darcy scrollò le spalle. «Stavamo solo chiacchierando. Tutto qui. E tu cosa stavi facendo?»

«Ho appena finito di fare l'inventario degli asciugamani. Non so cosa stia succedendo, ma ne mancano diversi. Dovremo sicuramente ordinarne di nuovi. Ho anche controllato le camere per verificare che tutto sia in ordine.»

«Parleremo dell'acquisto degli asciugamani con Sheena» disse Darcy e si fermò quando sentì il rombo di una moto. Si voltò e vide Brian entrare nel parcheggio dietro le suite su una grossa moto nera. Austin era dietro di lui.

Lei e Regan si affrettarono a raggiungerli.

«L'hai comprata» disse Darcy a Brian. Mise le mani sui fianchi e si rivolse ad Austin. «Tu no, vero?»

Lui scosse la testa. «Volevo parlarne con te prima di fare la mossa. Ma, Darcy, sono fantastiche ed è molto divertente.»

«Non mi piacciono» disse Darcy con fermezza.

«E tu, Regan?» chiese Brian. «Hai il coraggio di fare un giro con me?»

Regan studiò la moto, studiò lui e annuì. «Ok, la provo. Ma non andrai molto veloce, vero?»

«Lo prometto» disse lui.

Austin le passò il casco. «Buon viaggio.»

CAPITOLO 13
REGAN

Il casco era troppo grande per lei. Mentre se lo infilava, Regan si rimproverò per aver accettato la sfida negli occhi di Brian. Anche a lei, come a Darcy, non piacevano le moto. Erano rumorose e non molto comode.

Scivolò sul sedile dietro Brian e gli cinse la vita con le braccia. «Ricorda, non troppo veloce» lo avvertì.

Lui annuì, le mostrò il pollice in su e avviò il motore.

Il rombo della moto le riempì le orecchie. E quando lui accese il motore, un brivido le attraversò le spalle. Non faceva niente di così pericoloso da molto tempo, da quando era salita in macchina con Johnny Pizzolo in una pseudo gara di accelerazione al primo anno di liceo. All'epoca aveva avuto una paura folle. E ne aveva anche adesso.

Quando uscirono dal parcheggio, salutò Darcy e Austin. Scorse Sheena e Tony e salutò anche loro. Poi si sistemò contro la schiena di Brian e lasciò che la spinta del vento prendesse il sopravvento.

Brian impostò un ritmo di guida costante e ragionevole. Ben presto Regan si sentì abbastanza coraggiosa da aprire gli occhi e guardare la spiaggia. Era una bella giornata. Nella tranquillità del tardo pomeriggio, la gente oziava sulla spiaggia, nuotava o passeggiava lungo la riva. Chiuse gli occhi e fece un sospiro soddisfatto. Andare in moto era piuttosto divertente.

Fece un bel respiro e tornò a osservare la spiaggia. *Che meraviglia.* Il suo interesse si spostò su un camioncino che usciva dal vialetto di un ristorante di fronte a loro.

«Attento!» gridò e strattonò il braccio di Brian.

Lui si voltò indietro a guardarla.

Sotto lo sguardo impotente di Regan, continuarono la corsa tra il rumore stridente degli pneumatici.

Brian schiacciò la leva del freno a destra sul manubrio, schiacciò il pedale destro e sterzò la moto cercando di evitare il camion, ma, ironia della sorte, quando il camion cercò di evitarli, gli sbarrò la strada.

Regan osservò inorridita Brian che sbandava contro il camion e poi fu sbalzata dalla moto. Il casco le si staccò dalla testa e il mondo divenne nero.

Diverse ore dopo, Regan sentì dei suoni intorno a sé, e un odore che non le era mai piaciuto. Cercò di aprire gli occhi, ma ebbe l'impressione che ci fossero dei pesi sopra.

Si agitò inquieta.

«Dove sono?» chiese, gemendo per il dolore causato dal tentativo di parlare.

«Regan? Oh mio Dio, Regan? Sono Sheena, tesoro. Andrà tutto bene.»

«Sei in ospedale» disse la voce di Darcy. «Hai dormito a causa dell'anestesia, ma starai bene.»

«Bri... n?» chiese con le labbra così gonfie che non era sicura che le sorelle potessero sentire il suo discorso confuso.

«Brian è in sala operatoria adesso» disse Sheena con tono calmo, anche se Regan percepì un tremito nella sua voce.

Un'infermiera entrò di corsa nella stanza. «La nostra paziente è sveglia?»

Regan si costrinse ad aprire gli occhi e poi si sforzò di non farli richiudere. Una donna in una specie di uniforme la fissò, controllò quella che era una flebo che Regan teneva in mano e studiò il monitor a cui era collegata.

«Sa dove si trova? E può dirmi il suo nome?» chiese la donna, che ora Regan riconobbe essere un'infermiera.

Regan annuì e gemette. «Os ... ped ... ale. Regan.» Fissò i lampi verdi e le linee in movimento sullo schermo del monitor. Aveva un male cane, ma, grazie a Dio, era viva. Lo sguardo si spostò su Sheena e Darcy al suo fianco.

«Bri?» riuscì a dire.

«Ti faremo sapere di Brian non appena avremo notizie» la rassicurò Sheena. «Ti ricordi cosa ti è successo?»

«Moto... camion...» Al ricordo di Brian che volava in aria, si chiese come potesse essere vivo. Cercò di tirarsi su a sedere, ma fu costretta a ricadere contro il cuscino. Con cautela, per non fare danni, Regan mosse le braccia, flettendo le dita. *Bene.* Provò con le gambe e mosse le dita dei piedi. *Bene. Allora perché ho così tanto dolore?* si chiese.

Sheena sembrò percepire la sua domanda. «Non hai ossa rotte, probabilmente perché sei atterrata sul lato della strada coperto d'erba. Ma hai diversi graffi sulle braccia e sulle gambe. E...»

Fece una pausa, sembrando a disagio.

Regan si portò una mano al viso. Un'enorme benda le copriva il mento. Con le dita trovò bende più piccole sulle guance e una lunga benda sulla fronte. Si sentì frastornata al pensiero di quello che significavano quei bendaggi.

«Il viso?» chiese, costringendosi a dire la parola.

Sheena e Darcy le presero una mano ciascuna.

«Ci sono stati dei danni» disse Darcy, «ma la chirurgia plastica può fare miracoli con ferite come le tue. Per fortuna hai conservato la tua assicurazione, che dovrebbe coprirla.»

«Sì, col tempo nessuno saprà che hai avuto un incidente come questo» disse Sheena.

Stupita, Regan studiò le lacrime sul volto delle sorelle e si chiese se qualcuno l'avrebbe mai più definita bella.

Qualche tempo dopo, un medico entrò nella sua stanza. Sheena si alzò dalla sedia su cui stava riposando e si mise accanto al letto di Regan.

«Come sta?» chiese il medico, tastandole il polso e fissandola negli occhi. «Sono il dottor Milford, il suo chirurgo plastico.» Sorrise. «Sta cercando di mettermi alla prova, vero?» Le strinse la mano. «Non si preoccupi. Lei è una giovane donna molto fortunata. A quanto pare, è atterrata su una superficie più morbida di quella del suo amico e i tagli e i graffi che ha dovrebbero guarire facilmente. Tornerà bella in un attimo.»

Regan lo studiò. I corti capelli scuri bordati di grigio circondavano un viso dagli occhi intelligenti. Emanava una sicurezza che la tranquillizzò mettendo a tacere i pensieri che le affollavano la mente. Tuttavia, le divennero fredde le dita quando immaginò il danno arrecato al suo viso.

«Cicatrici?» chiese.

«Niente che si noti veramente. Il nervo facciale non è stato reciso, ma è stato gravemente danneggiato. Col tempo sapremo quanto ci metterà a guarire.»

«Cosa significa, dottore?» chiese Sheena.

«Non sapremo quali sono gli effetti della lesione finché il gonfiore non sarà diminuito. Allora avremo un'idea più precisa» disse con calma.

«E quando sarà?» insistette Sheena mentre un'infermiera li raggiungeva.

«Tra una settimana circa, esamineremo le parti che sono state corrette chirurgicamente e vedremo cosa la natura ha iniziato a guarire da sola.»

«Non si preoccupi» disse l'infermiera. «Il dottor Milford è il miglior chirurgo plastico della Florida. Fa sempre un ottimo lavoro.»

Regan rimase a letto ad ascoltare la conversazione come se stessero parlando di un'estranea. Non le piaceva quello che stavano dicendo e non le piaceva l'idea di rimanere in ospedale più del dovuto. «Casa?» mormorò, rivolgendo al medico uno sguardo implorante.

«La terremo un giorno o due per assicurarci che non ci sorprenda qualcosa di inaspettato; poi la manderemo a casa. Al giorno d'oggi, non teniamo i pazienti in ospedale più a lungo del necessario a causa del rischio di infezioni. Inoltre, i pazienti guariscono meglio a casa.»

«Ci assicureremo che riceva cure eccellenti» lo rassicurò Sheena, regalando a Regan un sorriso che lei apprezzò.

Il dottor Milford sorrise. «Il dottor Hollister, che ha in cura il vostro amico, la visiterà domattina e io la vedrò più tardi in giornata. Si riposi e cominci a guarire. Il suo corpo ha subito un forte trauma.»

Dopo che il medico se ne fu andato, l'infermiera controllò i parametri vitali di Regan. «Cerchi di riposare un po'. E ci faccia sapere se vuole mangiare o bere qualcosa. Anche se non vogliamo forzarla, le è consentito mangiare qualcosa di tenero e facilmente deglutibile, che non danneggi le suture.»

Quando Sheena e Regan furono di nuovo sole nella stanza, Regan disse: «Grazie per essere qui, Sheena. Dov'è Darcy?»

«All'hotel, per coprire noi due. Perché non ti riposi adesso? Vado alla caffetteria per un caffè, ma sarò qui quando ti sveglierai.»

Gli occhi di Regan si chiusero di loro spontanea volontà e ben presto fu presa da strani sogni.

Quando finalmente si svegliò, la luce del mattino illuminava la stanza. Regan lanciò un'occhiata alla sedia accanto al letto. Sheena dormiva profondamente, con la testa rovesciata all'indietro russando sommessamente con la bocca aperta. L'affetto per la sorella la travolse.

Temendo di disturbarla, Regan chiamò l'infermiera.

«Sì? Cosa posso fare per lei?»

«Bagno» disse Regan, svegliando Sheena.

«Posso portarla io» disse Sheena, alzandosi in piedi.

L'infermiera annuì. «Mi chiami se ha bisogno di me.»

Sheena aiutò Regan a trascinare l'asta della flebo in bagno e le rimase a fianco quando Regan si abbassò a fatica sulla tavoletta del water.

Quando ebbe finito, Regan si alzò e andò al lavandino per lavarsi le mani.

Quando vide il suo volto martoriato nello specchio, emise un gridolino. Lividi viola circondavano gli occhi gonfi. Linee scure dove la pelle era stata cucita qua e là le davano un aspetto spaventoso, da Halloween. Ma la spessa benda che le copriva il mento e la parte inferiore del viso la portò ad afferrare il bordo del lavandino e a tenersi forte.

Sheena la prese per il gomito e la sostenne. «Vieni, lascia che ti aiuti a tornare a letto. Ti porto una salvietta per le mani.»

Reggendosi in piedi nonostante le gambe vacillanti, Regan permise a Sheena di condurla a letto. Sdraiata, Regan fissò il soffitto, chiedendosi cosa le riservasse il futuro.

Sheena tornò con una salvietta calda e insaponata per le mani e le lavò delicatamente le dita.

Regan la studiò. «Cosa mi è successo? Dammi tutti i dettagli.»

Sheena aggrottò la fronte e scosse la testa. «Non sono sicura che sia una buona idea. Non voglio che ti turbi.»

«Ti prego, Sheena.»

Sheena fece un profondo respiro. «Va bene. Quando ti hanno trovata, subito dopo l'incidente, ti si era sfilato il casco ed eri priva di sensi. All'ospedale hanno controllato che non ci fossero lesioni cerebrali, e per fortuna non ce ne sono. Il mento ha subito l'impatto più forte con la caduta, anche se sei scivolata sul bordo erboso, e questa è stata una fortuna. Poteva andare molto peggio. Darcy e io siamo arrivate in ospedale mentre ti stavano portando in sala operatoria. Ti ricordi di essere stata sveglia e di averci parlato?»

Regan cercò tra i ricordi e scosse la testa. «Non proprio. È tutto piuttosto nebbioso.»

«Il dottor Milford ti ha ricucito dove ha potuto.»

«E il nervo facciale di cui ha parlato?» chiese Regan.

«Ne sapremo di più nei prossimi giorni» disse Sheena. «Vogliamo portarti a casa e curarti il prima possibile. Allora avremo tutti un'idea più precisa.»

Regan afferrò la mano di Sheena. «Devo vedere Brian, Sheena. Devi aiutarmi. Devo sapere che sta bene. L'incidente è stato colpa mia.»

«No, tesoro, non è stata colpa tua. È stato solo un incidente.»

Regan si lasciò cadere contro il cuscino. Ricordando i momenti precedenti all'incidente, lungo le guance livide e doloranti le scesero le lacrime. Se non avesse tirato Brian per il braccio, forse l'incidente non sarebbe accaduto.

Vedendo la sua angoscia, Sheena disse: «Lasciami parlare con l'infermiera e vedrò cosa posso fare per aiutarti a raggiungere la stanza di Brian.»

Regan annuì inebetita.

Qualche istante dopo, Sheena tornò con una sedia a rotelle. «Ok, posso portarti al suo piano, ma devi salire qui e dobbiamo tenere la flebo attaccata.»

«Grazie» disse Regan, troppo commossa per dire molto di più. Scese dal letto, si sedette sulla sedia a rotelle e aspettò che la sorella appendesse la sacca della flebo al gancio dell'asta attaccata alla sedia. Il bisogno di dire "mi dispiace" non era l'unica forza trainante dietro il suo desiderio di vedere Brian.

Doveva assicurarsi che stesse bene.

Uscirono dalla stanza, salirono su un ascensore e scesero di due piani fino al reparto di chirurgia. Quando Sheena spinse Regan fuori dall'ascensore, videro Holly Harwood nella vicina sala d'attesa.

«Holly, sono felice di averti trovata» disse Sheena, spingendo la sedia a rotelle di Regan verso di lei.

Quando Sheena abbracciò Holly, Regan osservò le lacrime che le sgorgavano dagli occhi. Ebbe un sussulto al cuore.

«Brian è...» Si fermò, rendendosi conto che con le bende e le labbra gonfie non potevano sentirla o capirla.

Holly si rivolse a Regan. «Oh, tesoro. Mi dispiace tanto. Guarirai?»

Regan guardò Sheena e fece un cenno a Holly. «Immagino di sì.»

Sheena le rivolse un sorriso luminoso. «Sì, si riprenderà bene. Ha un ottimo chirurgo plastico.»

Holly la studiò ed emise un lungo respiro. «Ho detto a Brian che non volevo che prendesse una moto, ma non è più un bambino e deve prendere le sue decisioni. Mi dispiace davvero tanto che sia successo a te, Regan.»

«Come... sta...?»

«Come sta Brian?» chiese Sheena, parlando per lei. «Regan dice che ha bisogno di vederlo.»

«Gli interventi alle braccia e all'anca destra sono andati bene, mi dicono. Ma ci vorranno diverse settimane, se non mesi, perché guarisca. Non so cosa farà. Per un po' non potrà lavorare.» Le si riempirono gli occhi di lacrime. «E per le prossime settimane non vedo come potrà nutrirsi o fare molte altre cose normali che diamo per scontate.»

Regan fece un movimento con il braccio per indicare alla sorella di spingerla in avanti.

Sheena chiese: «Regan può vederlo?»

Holly annuì. «Entra ed esce da un sonno profondo a causa delle medicine che gli sono state somministrate dopo l'intervento, ma certo, andate pure. Mentre siete con lui, io vado al bar a mangiare un boccone. Grazie al cielo, è aperto 24 ore su 24, 7 giorni su 7.»

Regan fece un profondo respiro, preparandosi all'incontro con Brian. Come si faceva a dire scusa per una cosa del genere?

CAPITOLO 14
SHEENA

Sheena spinse la sedia a rotelle di Regan fino alla porta della stanza di Brian e si fermò a sbirciare. Brian era sdraiato sul letto e sembrava più un bambino che l'uomo bello e robusto di cui tutte si erano un po' innamorate. Tubi, monitor e ingessature, sia dure che morbide, lo facevano sembrare così vulnerabile che le mancò il fiato.

Quando lui la notò, le sue labbra si incurvarono abbastanza da farle capire che stava cercando di sorridere.

«Va bene se entriamo?» gli chiese lei piano. «Regan vuole vederti e anch'io voglio assicurarmi che tu stia bene.»

Al suo cenno di assenso, Sheena tornò alla sedia a rotelle, spalancò la porta e spinse la sorella nella stanza.

Alla vista di Brian, Regan emise un grido sommesso e si nascose la testa tra le mani.

Sheena spinse la sedia a rotelle fino al letto di Brian e si rivolse a Regan. «Devo lasciarvi un po' di privacy?»

«No» disse Regan, sollevando il volto rigato dalle lacrime. «Voglio che tu senta. Mettimi più vicino.»

Sheena spinse la sedia a rotelle più vicina a Brian, girandola in modo che Regan potesse parlargli direttamente.

«Bri ...an. Mi dispiace molto. È colpa mia. Il tuo braccio... Ho tirato...»

Brian scosse la testa. «No, è stata colpa mia. Il tuo viso?»

«Ha un buon chirurgo plastico» disse Sheena, desiderosa di dare conforto a entrambi.

Brian sbatté le palpebre assonnato. «Sempre bella»

mormorò e chiuse gli occhi.

###

Sheena si stava chiedendo se avrebbe dovuto passare il resto della mattinata in ospedale quando apparve Darcy. Vedendola, Sheena si sentì sollevata. Quello era un giorno importante per entrambi i suoi figli: la selezione per entrare nella squadra di football per Michael e le selezioni per diventare cheerleader per Meaghan... e doveva parlare con Tony delle ferite di Brian. Tony aveva lavorato a tempo pieno per Brian, ma se la sua attività fosse stata rallentata o temporaneamente interrotta, lei e Tony avrebbero avuto problemi di soldi.

«Come sta?» le chiese Darcy, facendo un cenno con la testa in direzione di Regan.

«Sta dormendo e sta meglio. Ha mangiato una zuppa e dei cracker teneri. La mascella non è rotta, ma le fa male e fa fatica masticare.»

«Guarirà davvero?» chiese Darcy a bassa voce, rivolgendo a Regan uno sguardo preoccupato.

«Sì» disse Sheena, «solo che si sta dando la colpa dell'incidente e delle ferite di Brian.»

«Intendo il viso. Andrà tutto bene? Potrebbe non essere in grado di lavorare come testimonial di Arthur Weatherman. Che effetto avrà su di lei?»

Sheena sospirò e scosse la testa. «Non lo so.»

###

A casa, i ragazzi si stavano preparando per uscire quando Sheena entrò in casa.

Meaghan saltò in piedi. «Come sta la zia Regan? Si riprenderà? Darcy ha detto che si è fatta male al viso.»

«Avrà bisogno di un intervento di chirurgia plastica, ma il medico è ottimista sul fatto che si riprenderà.»

«Come sta Brian?» chiese Michael.

«Si è rotto alcune ossa in entrambe le braccia e ha un'anca rotta. Considerando quello che è successo, direi che è un ragazzo molto fortunato ad aver evitato qualcosa di peggio.»

«Sei riuscita a parlargli?» chiese Tony, con aria preoccupata.

«Solo per pochi minuti. Continuava a perdere conoscenza dopo gli interventi chirurgici per riparare le ossa. Abbiamo visto Holly per un attimo, ma non abbiamo ottenuto alcuna informazione medica oltre al discorso delle ossa rotte.»

Lei e Tony si scambiarono uno sguardo allarmato.

«Come farà a lavorare?» chiese Michael, dando voce alla loro preoccupazione.

«Me lo sono chiesta anch'io» rispose onestamente Sheena. «Sono sicura che vorrà parlare con i suoi collaboratori, compreso te, Tony, quando sarà il momento di valutare la situazione.»

Tony annuì. «Cercherò di andare a trovarlo più tardi, per assicurarmi che stia bene. Gli chiederò se c'è qualcosa che posso fare per lui, oltre a supervisionare gli operai come sto già facendo.»

«Ok, grazie. Mike, hai bisogno che faccia qualcosa per te oggi? Sono le prove finali della squadra di calcio. Giusto?»

«Sono pronto.»

«E tu, Meaghan?» disse Sheena. «Vuoi che venga a vedere le selezioni per le cheerleader questo pomeriggio?»

«No, mamma. Grazie comunque, ma mi renderebbe più nervosa di quanto non lo sia già.»

«Ok, voi due. Vado a letto. È stata una notte molto lunga e sconvolgente.»

«Li accompagno io» si offrì Tony, «e poi ti raggiungo.»

Sola nella sua stanza, Sheena si tolse il prendisole che aveva indossato il giorno prima per andare al lavoro. Dopo essersi sentita schiavizzata dalla sua famiglia, il fatto che nessuno sembrasse più avere bisogno di lei la feriva un po'. Era questo il suo futuro? Essere una persona di cui la gente aveva sempre meno bisogno?

Sentendosi combattuta, Sheena andò in bagno e fece una doccia veloce. I muscoli le dolevano per la tensione che aveva provato per tutta la sera e la notte. Si stava lavando i denti quando sentì le mani di suo marito sulla schiena. Tony iniziò automaticamente a massaggiarle la pelle.

«Ah, che bella sensazione» mormorò lei. Si sciacquò la bocca e si girò verso di lui.

Tony le sorrise. «Lo immaginavo. Ora vieni a sdraiarti e a riposare, e parliamo di Brian. Cosa pensi che dovrei fare con lui? E con l'azienda?»

Lei sorrise. «Cosa ne penso? Penso che dobbiamo parlarne più tardi. Adesso è meglio che mi baci.»

I suoi occhi scuri si illuminarono di piacere. «Be', ora posso fare questo e altro.»

«Che ne dici di limitarti al "questo" per ora?» disse lei ridacchiando.

«Ok» disse lui e la tirò a sé.

Le loro labbra si incontrarono e un'ondata di energia la travolse. Era bello sentirsi così vivi dopo essere stati tra malati e feriti.

Quando si separarono, le sfuggì un sospiro soddisfatto. Era quello di cui aveva bisogno.

Quel pomeriggio, Sheena aspettò con ansia che lo scuolabus facesse scendere Meaghan. Si era offerta di andare a prenderla a scuola, ma ancora una volta Meaghan le aveva detto di no, dicendo che avrebbe preso l'autobus come al solito.

Seduta nel patio del ristorante di Gracie, Sheena attese di nascosto l'arrivo della figlia, sperando di ricevere buone notizie.

Quando finalmente arrivò l'autobus, Sheena si rannicchiò sulla sedia, sperando che Meaghan non la vedesse e non la accusasse di essere una mamma troppo zelante.

Da lontano, osservò Meaghan scendere dall'autobus, seguita da un ragazzo dai capelli rossi. I due rimasero a parlare mentre l'autobus si allontanava. Meaghan rise di qualcosa detto dal ragazzo, poi si sporse in avanti e gli diede un rapido bacio sulla guancia.

«Ci vediamo dopo, Rob!» disse, spostando lo zaino sulla spalla. Poi si voltò e passò di corsa davanti al ristorante, dirigendosi verso le suite.

Sheena si affrettò a rialzarsi, depositò il bicchiere di tè freddo sul bancone e uscì dal ristorante, impaziente di sapere com'era andata la giornata di Meaghan. A giudicare da quello che aveva visto, Sheena pensò che doveva essere stata una buona giornata.

Quando entrò in cucina, trovò Meaghan al cellulare.

Sua figlia la salutò con la mano e parlò al telefono. «È arrivata mia madre. Ci sentiamo più tardi.»

Quando la telefonata finì, Sheena chiese: «Com'è andata alle selezioni?»

Meaghan la guardò raggiante. «Ce l'ho fatta, proprio come mi avevi detto. Mamma, è fantastico perché a volte possiamo andare in trasferta con la squadra di football.»

«Oh, conosci molti ragazzi della squadra?» chiese Sheena, sperando di ottenere qualche informazione sul ragazzo dai capelli rossi che sua figlia aveva baciato poco prima. Per esperienza, sapeva che se avesse indagato troppo a fondo, Meaghan non le avrebbe confidato niente.

Meaghan scrollò le spalle. «Un po'. Vado a mettermi il

costume da bagno. Mi vedo con Tara in spiaggia. Anche lei è entrata in squadra.»

«Va bene. Torna per le cinque.»

«Ok.»

Con l'aria di chi sta per fare la ruota, Meaghan uscì di corsa dalla cucina per poi rientrare rapidamente. «Oh, dimenticavo. Puoi lavare il mio vestito da cheerleader? Mi serve domani.»

Sheena fissò la figlia.

Meaghan le rivolse uno sguardo imbarazzato. «Per favore? La prossima volta lo farò da sola. Lo prometto.»

Sheena le rivolse un sorriso. «Così va meglio.»

Mentre Meaghan usciva, arrivò Michael.

«Com'è andata?» chiese Sheena, sospettando dalla sua espressione cupa che ci fossero dei problemi. «Sei entrato in squadra?»

Lui annuì. «Sì, tutto a posto. Ma, mamma, io sono il quarterback di seconda scelta. Jésus Sanchez è il numero uno. Mi fa incazzare. Sono bravo quanto lui.»

«Non giochi molto?» Sheena comprendeva quanto sarebbe stato straziante per lui.

«Sarò un wide receiver nella maggior parte delle partite, ma non è giusto. Volevo fare il quarterback.»

«Michael, ne so abbastanza di football da capire che essere un wide receiver è una posizione ideale per te, e che tu e Jésus dovrete collaborare per vincere. A me sembra che ti sia andata molto bene.»

«Oh, mamma, non capisci. Io voglio essere la star.»

«Alcune stelle non brillano come altre, ma sono stelle lo stesso. Pensaci, figliolo. Ora, che ne dici di uno dei tuoi snack preferiti?»

«Biscotti d'avena?» chiese lui, con l'aria speranzosa del ragazzino di una volta. Michael poteva pensare di essere cresciuto, ma lei era di altro avviso.

Come disse in seguito a Tony, vivere con degli adolescenti era come andare sugli autoscontri di un luna park. L'euforia, la paura e la gioia si mescolavano in una miscela tumultuosa mentre si guardava sia davanti che dietro di sé.

CAPITOLO 15
REGAN

Due giorni dopo, Regan se ne stava seduta nella sua stanza d'ospedale, cercando di nascondere l'impazienza mentre Darcy parlava di ciò che stava accadendo all'hotel. Voleva bene a sua sorella ed era grata per le attenzioni, ma riusciva a pensare solo ad andare da Brian. Quella mattina un'infermiera le aveva detto che era stato trasferito al suo piano. Sperava che ora fosse più sveglio e che lei potesse saperne di più sulle sue ferite e su ciò che gli avrebbe comportato. Era stato uno shock enorme vederlo così ferito.

«Grazie per essere venuti» disse Regan durante una pausa della conversazione. «Penso che farò un sonnellino, così sei libera di andare. Sheena verrà a prendermi quando il dottore mi dimetterà.»

«Sei sicura?» chiese Darcy. «Sono disposta a rimanere fino a quando avrai bisogno di me.»

Regan cercò di sorridere e, non riuscendo a sentire quella parte del viso, sollevò una mano sulla benda prima di lasciarla cadere. «Tranquilla. Tu e Sheena non potete stare sempre con me. Avete le vostre vite da condurre. Tanto vale che io vada avanti con la mia, così com'è.» Sentì la nota di amarezza nella sua voce e si disse che era fortunata ad essere viva.

Darcy si alzò, le si avvicinò e le diede un leggero bacio sulla guancia. «Va bene. Chiamami se hai bisogno di me. Posso portarti qualcosa prima di andare?»

Regan scosse la testa. «No, ma grazie.»

Appena Darcy se ne fu andata, Regan si alzò a fatica dalla

sedia su cui era seduta e chiamò l'infermiera.

Qualche istante dopo, una delle infermiere si affacciò nella stanza. «Sì?»

«C'è qualche possibilità di sistemare la flebo in modo che io possa fare due passi? Il medico mi ha detto che mi farebbe bene.»

L'infermiera entrò, controllò la cartella e disse: «Non vedo perché no.»

Dopo aver sistemato la flebo su un'asta con le rotelle, Regan si strinse addosso la vestaglia. «Va bene se vado a trovare il mio amico? È molto importante per me.»

L'infermiera le controllò il polso, le studiò il viso e annuì. «Va bene, ma quando tornerà dovrò collegarla di nuovo al monitor. Dobbiamo continuare a controllarla finché il medico non firmerà le sue dimissioni. D'accordo?»

Regan annuì: «Affare fatto.» Avrebbe fatto di tutto per andare da Brian.

###

Fuori dalla stanza d'ospedale di Brian Regan deglutì per il nervoso. Prima aveva cercato di dirgli che le dispiaceva, ma lui era troppo drogato per rispondere, il che l'aveva lasciata con un profondo bisogno di assicurarsi che lui avesse capito.

Bussò alla porta della stanza privata e infilò la testa dentro.

Un uomo in camice bianco era in piedi accanto al letto di Brian. Lei fece per chiudere la porta ma sentì una voce che disse: «Va tutto bene. Entri pure.»

Regan fece un respiro profondo e riuscì a far passare l'asta della flebo attraverso la porta.

Il medico la aiutò ad avvicinarsi al letto. «Chi abbiamo qui?» chiese a Brian.

«Questa è la ragazza che sposerò» disse Brian con un tono assonnato da cui si capiva che non era del tutto sveglio.

Il medico le sorrise. «Vedo che se l'è cavata un po' meglio di questo ragazzone qui.» Indicò Brian con un cenno della testa. «Ma non si preoccupi, entrambi potrete festeggiare in grande stile tra qualche mese. Quando è il matrimonio?»

Regan fissò il medico a occhi spalancati. «Brian dev'essere drogato. Non c'è nessun matrimonio.» Si voltò verso Brian. Gli si erano chiusi gli occhi e respirava profondamente.

«Posso aiutarla a tornare nella sua stanza?» le chiese gentilmente il medico.

Regan scosse la testa, non sapendo se ridere o piangere. *Lei e Brian sposati? Impossibile!*

Quando tornò in camera, Regan fissò sorpresa l'enorme mazzo di rose rosa in un vaso di cristallo sopra il comodino. Si avvicinò e prese il biglietto regalo. Aprì la busta, estrasse il biglietto e lesse: «Regan, tesoro, mi dispiace tanto per l'incidente. Sono via, ma ci vediamo appena torno. Rimettiti presto! Con affetto, Mo.»

Regan posò il biglietto e si lasciò cadere sul letto, con mille pensieri in testa. Come avrebbe fatto a dire a Mo che avrebbero potuto perdere il lavoro con Arthur Weatherman? Arthur sicuramente non sarebbe stato interessato ad avere una donna come lei a rappresentare la sua azienda. Forse non avrebbe nemmeno voluto che partecipassero alla gara d'appalto a cui stavano lavorando per ristrutturare i suoi ristoranti.

Copiose lacrime le scesero lungo le guance. Era in un tale casino, e tutto questo perché non poteva permettere a Brian Harwood di pensare che avesse troppa paura per andare in moto. Cieca rabbia verso di lui, verso sé stessa, verso il destino le ribollì dentro. Spesso vedeva motociclisti correre pericolosamente lungo le autostrade, sfrecciando dentro e fuori dal traffico, facendo preoccupare gli altri. Lei e Brian stavano semplicemente percorrendo la strada lungo la spiaggia in modo molto prudente. Perché erano stati loro a farsi male? Perché Brian? Perché lei?

Un'infermiera entrò nella sua stanza. «Il medico ha firmato le sue dimissioni. Può prepararsi per andare a casa. Ha dei vestiti puliti?»

«Sì, li ha portati mia sorella. La chiamo subito.»

L'infermiera le sganciò la flebo, le compilò la cartella clinica e la aiutò a prendere la borsa dei vestiti puliti dall'armadio. «Immagino che sua sorella abbia portato a casa gli altri vestiti.»

Regan annuì. Non voleva vederli mai più.

L'infermiera le consegnò un mucchio di fogli. «Ecco le istruzioni per la cura a casa. Dovrà vedere il dottor Milford tra un paio di giorni. È tutto scritto. Ho solo bisogno della sua firma su un paio di questi moduli.» Studiò Regan. «Come si sente? È pronta a tornare a casa e ad affrontare il processo di guarigione? Potrebbero volerci diverse settimane.»

Regan decise di non trattenersi. «Come mi sento? Sono piuttosto incazzata. Stavamo procedendo tranquilli quando un camion ci ha tagliato la strada. E poi io...»

L'infermiera le pose una mano sulla spalla. «È normale attraversare un periodo di rabbia. La vita non è giusta e gli incidenti capitano. Ma lei ha il miglior chirurgo plastico che conosca. La farà tornare perfetta come prima. Alcuni pazienti dicono che li rende perfino più belli.»

Regan emise un lungo sospiro. Come aveva detto l'infermiera, la vita non era sempre giusta. Almeno lei e Brian erano vivi e, secondo lui, stavano per sposarsi. Sperava che lui non ricordasse di aver detto una cosa del genere, perché non riusciva a immaginare che si sarebbero mai sposati, soprattutto dopo tutto questo.

Regan aveva appena finito di vestirsi quando Sheena entrò nella stanza.

«Sei pronta per andare a casa?» chiese Sheena, facendole un sorriso smagliante.

Regan annuì. «Pronta come non lo sarò mai.»

L'infermiera portò una sedia a rotelle. «Non posso lasciarla uscire dall'ospedale senza farla sentire come una regina» scherzò.

Sentendosi a pezzi, Regan vi si sedette con riluttanza.

Sheena le consegnò il pacchetto di documenti e prese in mano il bouquet. «Da parte di chi sono questi?»

Regan cercò di sorridere e si fermò. «Mo.»

«Gli ho lasciato un messaggio. È venuto a trovarti?»

Regan scosse la testa. «È via.»

Sheena le rivolse uno sguardo comprensivo. «Be', sono sicura che verrà a trovarti appena possibile. Sapevo che avrebbe voluto sapere dell'incidente.»

«Grazie.» Regan avrebbe voluto sentire la bocca muoversi e formare meglio le parole. C'erano così tante altre cose che voleva discutere con sua sorella.

###

L'umore di Regan crollò quando entrarono nel parcheggio dietro le suite Piovanello. Non voleva che nessuno la vedesse così. La fasciatura e i lividi sul viso erano spaventosi. Quello che c'era sotto la benda era ancora più spaventoso.

Sheena fece il giro per mettersi dal lato passeggero dell'auto e rimase in attesa che Regan scendesse.

«Presto» disse Regan, camminando il più velocemente possibile con il corpo dolorante.

Meaghan le vide e scese di corsa giù per il vialetto per accoglierle.

«Zia Regan? Stai bene?»

Regan si trattenne dal dire un sarcastico *Certo*.

«È indolenzita e piena di lividi, ma si riprenderà» rispose Sheena con una fermezza che Regan riconosceva fin dall'infanzia.

Tony si trovava all'ingresso dell'edificio. «Vi ho viste arrivare.» Il suo sguardo si posò su Regan. «Sono contento di averti a casa.»

Gli occhi di Regan si riempirono di lacrime. Casa, per quel che era, era molto meglio dell'ospedale. I suoi pensieri andarono a Brian. Quando sarebbe potuto tornare a casa? Darcy le aveva detto che con l'infortunio all'anca sarebbe stato costretto a fare riabilitazione per un po'.

Sheena accompagnò Regan nella suite che condivideva con Darcy.

«Sorpresa!» gridarono insieme Darcy e Mo.

Le lacrime che prima minacciavano di uscirle dagli occhi traboccarono. Si sentì tremare le ginocchia.

Sheena le afferrò il braccio e la condusse verso il divano. «Siediti. Ora, cosa posso portarti? Acqua? Uno spuntino? Quello che vuoi. Ho preparato gelatina, uno stufato di purè di patate e formaggio che ti piaceva da bambina, e ti ho comprato del gelato. Tutte cose tenere.»

«Grazie. Che ne dici di un po' d'acqua?» disse Regan, troppo inquieta per pensare al cibo in quel momento.

Mo venne a sedersi accanto a lei. «Ho deciso di tornare subito a casa. Dovevo vederti e assicurarmi che stessi bene.»

Regan annuì. «Ne saprò di più tra un paio di giorni. Dove sei stato?»

Mo lanciò un'occhiata agli altri ed esitò.

Sheena disse: «Ok, famiglia, andiamo nella mia suite per dare un po' di privacy a Regan e Mo.»

Quando furono soli, Mo le strinse la mano. «Oh, tesoro, ero così preoccupato per te.»

«Ho un aspetto orribile, eh?» disse Regan, sapendo che le avrebbe detto la verità.

«Al momento fai un po' paura, ma Darcy ha detto che hai un ottimo medico.»

«Dove sei stato?» chiese Regan.

«Kenton mi ha chiesto di andare in California. Così sono andato.»

«Kenton?»

«Sai, Kenton Standish. Dal weekend del Labor Day abbiamo passato molto tempo a parlare al telefono, per conoscerci meglio.»

Pur essendo priva di sensibilità alla mascella, Regan restò a bocca aperta. «Tu e Kenton state insieme?» Il fratello di Cyndi Jansen era un ragazzo estremamente bello e simpatico. Non c'era da stupirsi che tra Kenton e Nicole non ci fossero state scintille di vero interesse. Era gay.

«Shhh, per ora è un segreto» disse Mo. Gli brillavano gli occhi di felicità. «Kenton mi ha chiamato un paio di giorni fa e mi ha chiesto di raggiungerlo in California, per passare un po' di tempo insieme come amici. Nessuno dei due vuole affrettare le cose, ma dopo aver trascorso un paio di giorni con lui e aver visto che persona gentile è, penso che potrebbe diventare una cosa seria. Siamo davvero compatibili. Ama cucinare e mi ha portato a una mostra d'arte dove l'ho aiutato a scegliere un quadro per la casa sulla spiaggia che sta ristrutturando.»

Regan gli mise una mano sul braccio. «Stai attento, Mo. Juan ti ha spezzato il cuore. Non voglio che si spezzi di nuovo. Kenton vive una vita molto diversa.»

«Lo so» disse Mo. «Me lo sono ripetuto durante il volo di ritorno a casa. E, Regan, anche se è gentile e sincero come penso, ma poi cosa faccio? Non posso lasciare la Florida, la mia famiglia e te.»

Regan abbassò la testa e si strinse le mani. Doveva essere sincera e la verità faceva male. Si sforzò di far uscire le parole attraverso labbra che non sentiva. «Non credo che Arthur Weatherman vorrà che io gli faccia da testimonial dopo questa storia. E forse non vorrà nemmeno che presentiamo un'offerta. Quindi, potresti essere libero di andare.»

Lo sguardo sorpreso di Mo si trasformò in uno sguardo determinato. «Regan, guardami. Il tuo talento non è nel viso, ma nella testa. Smettila con questi discorsi. Andremo avanti con la nostra offerta, e spingeremo perché tu sia la sua testimonial come voleva lui. La campagna non inizierà prima del primo dell'anno, e quattro mesi sono un periodo lungo per guarire.»

Regan rimase in silenzio, chiedendosi se poteva credere all'ottimismo nella voce di Mo.

«Come sta Brian?» chiese Mo nel silenzio.

«Deve fare riabilitazione per un'anca rotta e ha entrambe le braccia ingessate. Non ho ancora tutti i dettagli del recupero.» Si appoggiò ai cuscini, esausta per le sue preoccupazioni.

«Stai bene?» chiese Mo a bassa voce.

Lei si tirò su a sedere e lo fissò. «L'incidente è stato colpa mia. Gli ho strattonato il braccio e poi abbiamo perso il controllo.»

Mo scosse la testa. «Tesoro, è stato un incidente. Dubito che l'abbia causato tu. Mi hanno detto che Brian ha sterzato per scansare un camion e non ha potuto evitare di andarci addosso. Non sentirti in colpa per questo. Nemmeno Brian dovrebbe. È stato un incidente. Capito?»

Regan annuì. «Grazie. Avevo bisogno di sentirmelo dire da qualcuno che non fossero le mie sorelle.»

«Credi a loro. Credi a me» disse Mo.

«Ti voglio bene, Mo» disse Regan, commossa dalla sua

evidente preoccupazione. «Sei il mio migliore amico. Grazie per essere venuto a trovarmi. Kenton ha capito?»

Il sorriso di Mo era pieno di soddisfazione. «Te l'ho detto, è il miglior ragazzo che abbia mai conosciuto.»

«Be', allora ti auguro che funzioni. E il programma televisivo in cui lavora Kenton?»

«Questa è l'ultima stagione. Dopo di che, non è sicuro di cosa farà.»

Sheena bussò alla porta. «Ecco la tua acqua, Regan. Mo, posso portarti qualcosa?»

Mo si alzò. «No, grazie. È meglio che vada. Regan ha bisogno di riposare e io devo fare delle telefonate.»

«Grazie» disse Regan, così stanca da non riuscire a spiccicare parola.

CAPITOLO 16
SHEENA

Dopo che Mo se ne fu andato e i suoi figli si furono sistemati, Sheena aiutò Regan a mettersi a letto. Seguendo i suggerimenti del foglio di cure domiciliari che l'infermiera aveva dato a Regan, mise degli asciugamani morbidi intorno alla testa di Regan per evitare che si girasse sul fianco e peggiorasse le ferite sul viso. Le mise anche degli impacchi di ghiaccio sul mento e su ogni lato del viso.

«Quando si può togliere la benda?» chiese Regan con voce confusa.

«Ci hanno suggerito di lasciare le bende fino alla visita del medico.»

Regan prese la mano di Sheena con uno sguardo turbato nei bellissimi occhi violetti. «E se il dottore non riuscisse a rimettermi in sesto come prima? Che ne sarà di me?»

Sheena strinse la mano di Regan, prendendosi un momento per pensare a una buona risposta. «Sarai sempre quello che sei. Il tuo viso potrà guarire completamente o meno, ma questo non cambierà te e tutto ciò che puoi fare della tua vita.»

«Ma io voglio...»

Sheena la fermò. «Ti sei sempre lamentata che la gente ti giudica per il tuo aspetto, non per quello che sei. Questa è l'occasione per dimostrare il contrario. Un'opportunità che non ti avrei mai augurato, ma che è comunque un'opportunità. È la bellezza interiore che è importante. E, Regan, tu sei davvero bella dentro.»

Reagan chiuse gli occhi.

Sheena le posò un tenero bacio sulla guancia. «Buonanotte, sorellina. Darcy e io saremo qui ad aiutarti domattina.»

«Dov'è Darcy?»

«Con Austin. Portano il nonno a cena fuori per il suo compleanno. Io resto qui con te finché non torna.»

«Grazie» disse Regan.

«È a questo che servono le sorelle» disse Sheena, sentendo la voce di sua madre nella testa. La madre aveva sempre voluto che andassero d'accordo, ma c'era voluta la sfida dello zio Gavin perché ciò accadesse. Ora non riusciva a immaginare la propria vita senza che le sue sorelle vi partecipassero attivamente.

Quando Darcy tornò nella suite, Sheena andò nella stanza accanto, quella che condivideva con la sua famiglia.

Quando entrò in salotto, Tony alzò lo sguardo dal divano e abbassò il volume della televisione. «Come sta?»

Sheena gli si sedette accanto. «Credo che la cosa più difficile che dovrà affrontare sarà il cambiamento del suo aspetto. La cicatrice sotto il mento si estende un po' oltre il mento su entrambi i lati. E anche se il dottor Milford ha fatto un ottimo lavoro per farla sembrare una piega del mento e del collo, si vede.»

«Cos'ha causato un taglio del genere? Non volevo dire niente, ma sembra che qualcuno l'abbia colpita con una spada.»

«Pensano che fosse una conchiglia rotta sul ciglio della strada. Una di quelle strane situazioni in cui ci si trova nel posto sbagliato al momento sbagliato. La cosa positiva è che il resto del viso e del corpo dovrebbero guarire naturalmente, e che quei suoi bellissimi occhi sono a posto.»

«Viene da chiedersi cosa sarebbe potuto accadere se fossero andati più veloci» disse Tony.

Sheena scosse la testa. «Non voglio pensarci e non voglio che nessuno dei nostri figli vada in moto.»

«Sono d'accordo» disse Tony con sorprendente rapidità. «Troppo pericoloso. Averli quasi persi in un incendio mi ha spaventato a morte. Non voglio che gli succeda nient'altro.»

«Meaghan ha un ragazzo di cui non vuole parlare. E Michael e la sua ragazza ci daranno abbastanza pensieri.» Sheena si alzò e gli offrì la mano. «Andiamo, vecchio mio. Andiamo a letto. Domani sarà un'altra giornata impegnativa.»

Lui le sorrise. «Il miglior suggerimento della giornata.»

La mattina dopo, Sheena andò a vedere come stavano Regan e Darcy e poi si precipitò alla reception. Due camere degli ospiti erano occupate. Anche se Holly le aveva assicurato che di solito non c'era molta gente in spiaggia subito dopo il Labor Day, Sheena era preoccupata. L'eccitazione per l'apertura era finita, e avevano davanti un lungo cammino. Sperava che Nicole Coleman fosse sincera rispetto all'idea di trasferirsi in Florida e di fare una campagna pubblicitaria per l'hotel. Ne avevano un disperato bisogno.

Stava controllando i dati sul computer quando uno degli ospiti entrò in ufficio.

Sorridendo, gli chiese: «Posso aiutarla?»

L'uomo, il marito di una coppia del Connecticut, le rivolse uno sguardo torvo. «Rivoglio i miei soldi. Questo hotel non è nemmeno completato.»

«Sì» disse Sheena lentamente, «pensavo che glielo avessimo spiegato ieri al momento del check-in. È per questo che la tariffa per soggiornare qui è bassa. Le abbiamo anche offerto uno sconto al bar accanto.»

«Be', io e mia moglie abbiamo deciso che non ci piace. Vogliamo indietro i nostri soldi. Ce ne andiamo.» La fissò con un'espressione di sfida.

Sheena aveva già avuto a che fare con clienti difficili dell'azienda di Tony in passato e fece un profondo respiro, pronta a combattere educatamente. Il più delle volte persone come queste cercavano di non pagare. «Mi dispiace che la pensi così. Non posso restituirle i soldi, ma di certo non le farò pagare la cancellazione della prenotazione entro le ventiquattro ore. Può saldare il suo conto e andarsene.»

Lo sguardo sorpreso dell'uomo fu indicativo. «Be', forse posso convincere mia moglie a rimanere un'altra notte.»

«Lo spero» disse Sheena. «Dovrebbe essere una bella giornata per andare in spiaggia. E se siete interessati alla pesca, sembra una buona giornata anche per quello.» Gli porse un opuscolo di una società di pesca situata a St. John's Pass.

All'uomo si illuminarono gli occhi. «Cercherò di convincere mia moglie a restare. Scusi per la confusione.»

Mentre lo osservava uscire dall'ufficio, Sheena aggrottò la fronte pensierosa. Aveva fatto il check-in lei stessa a quei due e sapeva benissimo di aver illustrato le condizioni attuali dell'hotel e i piani di ristrutturazione futuri. Mise un post-it accanto al computer per ricordare a tutti di spiegare la situazione agli ospiti quando arrivavano.

Controllò l'orologio, sperando di poter tornare alla suite per parlare con le sorelle. Avere la reception aperta durante l'orario di lavoro era un problema.

Più tardi, quando Darcy arrivò per darle il cambio, Sheena avanzò l'idea di chiedere a uno della gente di Gavin di aiutarli.

«Ma a chi?» domandò Darcy. «L'unica persona che non ho intervistato per il mio nuovo libro è Sally Neal. Sembra così timida che ho pensato di aspettare a chiederlo, ma forse è arrivato il momento. Cercherò di contattarla oggi pomeriggio.»

«Fantastico. Ho promesso a Regan che l'avrei accompagnata all'ospedale per vedere Brian. È impaziente di parlargli.»

Darcy scosse la testa. «Buona idea. Credo che voglia il perdono di Brian. Si sta ancora dando la colpa per l'incidente.» Sospirò. «Sheena, pensi che il viso di Regan tornerà mai a posto? Ha un aspetto orribile.»

«Lo so» disse Sheena, «ma forse il dottore è bravo come dice. Lo spero.»

CAPITOLO 17

REGAN

Un paio di giorni dopo, Sheena aiutò Regan a salire in macchina per andare a trovare Brian. «Comoda?»

Regan scrollò le spalle. «Per quanto posso esserlo. Grazie.» Sapeva che non sarebbe stata a suo agio per un po' di tempo, con Brian, con gli altri, con sé stessa.

Mentre percorrevano l'autostrada che portava a Tampa, Regan si chiese come comportarsi con Arthur Weatherman.

Come se avesse letto i suoi pensieri, Sheena le diede una piccola pacca sul ginocchio. «Non c'è ancora bisogno di parlare con Arthur Weatherman dell'incidente. Tu e Mo dovreste andare avanti e presentare la vostra offerta per i progetti del ristorante. Tra qualche settimana o poco più, saprete meglio come sarà il futuro con lui. Può darsi che, dopo questo periodo di convalescenza, tutto vada bene.»

«E se non è così?» Regan sbatté le palpebre per non far cadere le lacrime.

«Sono sicura che tu e Mo avrete altre occasioni di fare offerte per altri progetti» disse Sheena, rivolgendole un sorriso incoraggiante.

«Intendo con la mia faccia» disse Regan.

«Andrai avanti come hai sempre pensato, lavorerai con Mo.»

Regan voleva dire a sua sorella di Mo e Kenton Standish, ma non poteva tradire Mo. «E se Mo decidesse per qualche motivo di non lavorare con me? Cosa faccio?»

«Allora troverai qualcun altro con cui lavorare finché non

sarai in grado di mettere in piedi la tua attività» disse Sheena con inconfondibile fermezza. «Non permetteremo che questo incidente ti rovini il futuro.»

Regan guardò fuori dal finestrino. Una psicologa al liceo aveva ricordato ai suoi studenti che solo loro potevano dare forma al proprio futuro. Allora era sembrato così facile. Ora sembrava un compito enorme.

«Regan, tu sei molto più intelligente e più dotata di quanto tu creda. Non scivolare nell'insicurezza che ti ha frenato in passato.» Le parole di Sheena, pronunciate con gentilezza, sembravano punte di coltello che la punzecchiavano.

Regan inspirò profondamente, trasalendo un po' per il dolore, e annuì. Si sarebbe ripresa... dopo aver parlato con Brian.

Sheena accompagnò Regan all'ingresso principale dell'ospedale. «Parcheggio l'auto e ci vediamo di sopra, nella stanza di Brian.»

«Lasciami un po' di tempo da sola con lui, ok? Poi, vieni su.»

Sheena la guardò dritta negli occhi e annuì. «Ok, ci vediamo tra poco.»

Regan entrò nell'atrio e si diresse verso gli ascensori. Mentre aspettava che ne arrivasse uno, si studiò nella superficie lucida delle porte dell'ascensore. I bordi esterni della lunga cicatrice erano ben visibili e si estendevano oltre la fasciatura. Le escoriazioni sul viso erano diventate croste scure, dando al suo volto lo strano aspetto di chi è stato sbranato da un mostro dai lunghi artigli. I cerchi neri sotto gli occhi contenevano già una traccia di verde e giallo.

L'ascensore si aprì e ne uscì Holly Harwood che le sorrise quando la vide.

«Ciao! Come va?»

«Un po' meglio, grazie» disse Regan. «Come sta Brian?»

«È piuttosto indolenzito» ammise Holly. «Senti, forse puoi farmi un favore. È quasi ora di pranzo. Puoi aiutarlo a mangiare? Io devo tornare al bar.»

«Certo, ne sarei felice» disse Regan. Era sollevata di sapere che poteva fare qualcosa per lui, per togliersi un po' di senso di colpa.

Prese l'ascensore fino al piano di Brian e scese, ripassando a mente le scuse che voleva porgergli.

Quando raggiunse la porta della sua stanza, bussò piano e la aprì.

La televisione trasmetteva un evento sportivo di qualche tipo. Brian, sdraiato sul letto, si girò verso di lei e le sorrise. «Ciao, bellezza.»

Ingoiando il nervosismo, Regan fece un passo avanti. «Mentre siamo soli e tu sei vigile, devo dirti quanto mi dispiace per l'incidente. So che è stata colpa mia e voglio rimediare.»

Brian la guardò accigliato. «Cosa intendi per colpa tua? Dovrei essere io a scusarmi con te. Non sono riuscito a impedire che andassimo a sbattere contro il camion. Ci ho provato, ma non sono riuscito a sterzare la moto.»

«Ma...»

Brian liquidò la sua preoccupazione sventolando la mano e trasalì. «Ahi! Maledizione!» Il braccio destro era ingessato dalla parte superiore del braccio fino al polso per tenere fermo il gomito. L'altro braccio era ingessato dal gomito al polso e lo teneva in un'imbragatura legata al collo. «Non è stata colpa di nessuno. Sono cose che succedono, e sono successe a noi. Capito?»

Regan annuì. «Tua madre mi ha chiesto se potevo aiutarti con il pranzo. Le ho detto che l'avrei fatto. Va bene?»

Un sorriso gli illuminò il volto. «Mi darai da mangiare?»

Regan si sentì avvampare le guance. «Immagino che, dopo

tutto, tu non sia così imbottito di farmaci. Sei più te stesso.»

Lui si fece serio. «Sto prendendo qualcosa per il dolore, ma non roba pesante. Ti permettono di prendere quella roba solo per un paio di giorni.»

«Per quanto tempo resterai in ospedale?» chiese lei.

«Domani mi trasferiranno al centro di riabilitazione. Mi aiuteranno con le lesioni al braccio e all'anca.»

«Cosa gli è successo esattamente?»

«Vuoi tutto il gergo tecnico?» Quando lei fece di sì con la testa, lui continuò. «Ok, per dirla come i medici, il gomito destro era fratturato. Anche l'ulna e il radio dell'avambraccio sinistro erano fratturati. In entrambe le braccia, le ossa spostate sono state ridotte e sono tenute in posizione con fili e viti. Lo stesso vale per l'anca. Con una lesione all'anca, sono sotto anticoagulanti. Spero di poter togliere il catetere domani.»

L'attenzione di Regan si concentrò automaticamente sul suo corpo.

Lui le sorrise. «Mi spiace, non si vede niente.»

Regan si sentì arrossire violentemente. *Dio, provocava sempre!*

Sentì bussare alla porta, e poi vide entrare Sheena, così si allontanò dal letto di Brian, felice della tregua.

«Come sta questo paziente?» chiese Sheena con tono allegro.

«Ho un male cane, ma sopravviverò» disse Brian. «E Regan si è offerta di aiutarmi con i pasti. Questo mi farà sentire molto meglio.»

Sheena le rivolse uno sguardo interrogativo.

«Ho incontrato Holly di sotto. Mi ha chiesto di aiutarlo a mangiare il pranzo di oggi.»

«E se è brava, la tengo» disse Brian, strizzando l'occhio a entrambe.

Sheena sorrise e annuì. «Buona idea. Per entrambi.»

«Niente ossa rotte?» le chiese Brian.

Regan scosse la testa. «Tagli e graffi e questo.» Indicò la benda sotto il collo. Le lacrime le pungevano gli occhi. Anche se cercò di scacciarle sbattendo le palpebre, la vista rimase offuscata. Imbarazzata, si voltò.

Nel silenzio che seguì, Sheena disse: «Il dottor Milford è un chirurgo plastico meraviglioso. Sono sicura che Regan tornerà presto alla normalità.»

Un colpetto alla porta interruppe la loro conversazione.

Il dottor Hollister, il chirurgo ortopedico che si occupava del caso di Brian, entrò nella stanza. «Ah, mi scusi se la disturbo, ma volevo assicurarmi che avesse capito il programma di riabilitazione. Ho appena firmato gli ordini.» Sorrise a Sheena e si rivolse a Regan. «Come sta oggi la fidanzata di Brian?»

«Fidanzata?» disse Sheena. Guardò Regan a occhi spalancati e si rivolse a Brian. «Che cos'è questa storia?»

Brian sembrava sorpreso quanto Sheena. «Non ... non ne sono sicuro.»

Si girarono verso Regan. Deglutendo nervosamente, lei disse: «Sotto farmaci, Brian ha detto al dottor Hollister che mi avrebbe sposata. Ho cercato di spiegare al dottore che Brian era solo intontito dalle medicine.»

Al sorriso che si allargò sul volto di Brian, Regan desiderò che il pavimento si aprisse e la inghiottisse. Si voltò verso Sheena per avere un sostegno morale, ma Sheena aveva lo stesso sorriso smagliante di Brian.

Regan si tirò su. «Brian sa che non succederà. Vero, Brian?»

«Vedremo» disse lui ridacchiando.

«Torno tra un minuto» disse Regan. «È ora di andare alla toilette.»

«Ricordati che devi aiutarmi col pranzo» disse Brian.

La sua risata sommessa la seguì fuori dalla stanza.

Pochi istanti dopo, in piedi davanti allo specchio del bagno delle donne, Regan fissò il volto pieno di lividi e tagli che la fissava e capì che Brian, nel suo solito modo, stava solo scherzando. Non andavano bene insieme, non erano mai andati bene insieme e non sarebbero mai andati mai andati bene insieme. E con tutte le donne che gli cadevano ai piedi, lei non poteva comunque competere.

Dopo aver preso questa decisione, Regan tornò nella stanza di Brian molto più tranquilla. Non si sarebbe lasciata ingannare da una simile sciocchezza.

CAPITOLO 18
DARCY

Quando Sheena arrivò alla reception, Darcy alzò lo sguardo dalla scrivania e sorrise. «Regan è riuscita a vedere Brian?»

«Sì, ed è ancora con lui. Holly le ha chiesto di aiutare Brian con il pranzo. Quel povero ragazzo non è in grado di nutrirsi da solo.» Un sorriso le attraversò il viso. «Non ci crederai! Mentre Brian era sotto l'effetto dei farmaci, ha detto al suo medico che avrebbe sposato Regan. Sono rimasta scioccata quanto Brian quando si è reso conto di quello che aveva detto. Ma, Darcy, loro due insieme sarebbero fantastici.»

«Lo penso anch'io, ma Regan ha giurato più di una volta che non si farà coinvolgere, che è troppo playboy. E Jill? Brian è tornato con lei, vero?»

Sheena le rivolse uno sguardo pensieroso. «Mi chiedo quanto sia seria la cosa. Ma hai ragione, non dovremmo insistere su una cosa del genere. Sono davvero persone molto diverse.»

«Io in compenso ho buone notizie, spero» disse Darcy. «Sally Neal mi ha confermato di avere esperienza in ufficio e ha accettato di farsi intervistare.»

«Ottimo» disse Sheena. «Dobbiamo trovare aiuto per questo ufficio. E a proposito, hai più saputo qualcosa da Nicole?»

«Le ho mandato un'email, ma non ho ancora ricevuto risposta. Forse trasferirsi in Florida è stato un pensiero passeggero.»

«Tuttavia, spero che non abbia rinunciato all'idea di fare

una vera campagna pubblicitaria per noi. Dobbiamo riempire le camere, sono preoccupata.»

Darcy annuì. «Anch'io.»

Darcy era seduta di fronte a Sally Neal nel suo piccolo appartamento al secondo piano dell'edificio che ospitava il ristorante di Gracie, l'ufficio amministrativo dell'hotel e altre strutture di supporto. L'appartamento era sorprendentemente accogliente e ben arredato, con quadri appesi alle pareti o stampe incorniciate su una scrivania e un tavolino. Mentre studiava un acquerello raffigurante una serena scena lacustre, la curiosità di Darcy crebbe.

«So che sei un'amica dello zio Gavin, altrimenti non saresti qui» disse Darcy, sperando di dare a Sally la possibilità di iniziare la conversazione. Sally era una donna piccola e tranquilla, con gli occhi grigio-azzurri e i capelli corti e castani che, a prima vista, la facevano apparire un po' timida. Ma la situazione cambiava quando parlava con le persone: i suoi occhi brillavano di intelligenza e arguzia. Mentre la maggior parte delle altre donne del gruppo si dedicava al lavoro al ristorante di Gracie, il ruolo di Sally all'hotel era quello di fare la governante per gli uomini di Gavin e di aiutare in altri modi in qualsiasi momento.

«Tutto ciò che dirò rimarrà tra noi, vero?» disse Sally a bassa voce.

«Sì, a meno che non accetti che alcune informazioni generali vengano inserite nell'articolo del giornale che scrivo senza fare nomi» aggiunse Darcy. Aveva imparato che alcune persone non volevano che si facesse il loro nome, ma erano contente che le loro storie venissero pubblicate.

Sally annuì. «Ok, è giusto. Volevi sapere se avevo esperienza in ufficio. Ce l'ho, o dovrei dire, ce l'ho avuta. È così che ho conosciuto tuo zio.»

«Lavoravi per lui?» chiese Darcy.

Sally ridacchiò. «Magari. Mi avrebbe creduto.»

«Che cos'è successo?»

«Ho lavorato per diversi anni in una nota società di investimenti di Tampa. In quel periodo, io e il mio capo siamo rimasti coinvolti.»

«Vuoi dire che avete avuto una relazione?» chiese Darcy gentilmente.

«Sì, fu davvero notevole. Era così bravo in tanti modi.» Sally smise di parlare e sventolò la mano. «Non intendevo... era... un adulatore. Gavin gli ha persino dato del figlio di puttana bugiardo in faccia, ma sto andando avanti con la mia storia.»

Bevve un sorso d'acqua. «Comincerò dall'inizio. Mio marito mi aveva lasciato con due figli adolescenti, costringendomi a lavorare. Mi sentivo sola quando feci il colloquio per il lavoro alla società di investimenti e Bob, lo chiamo con un nome inventato, e io siamo entrati in sintonia fin dall'inizio. Diversi anni dopo, l'ho visto per l'uomo manipolatore e avido che era, ma, all'inizio, ero rimasta totalmente colpita dal suo interesse per me e dalla gentilezza che mostrava ai suoi clienti.»

«Ma non è durato?»

«No. Dopo alcuni anni di lavoro con lui, ho iniziato a sospettare che ci fosse qualcosa che non andava in alcuni conti. Il denaro veniva prelevato e reinvestito in modi che non sembravano adatti al cliente. Ovviamente gliene chiesi conto, ma Bob mi disse di farmi gli affari miei, che era lui l'investitore, non io. E non potevo negare che tutti fossero contenti di come stavano andando le cose. I clienti inviavano regolarmente dei regali a me e a Bob, ringraziandoci per il nostro lavoro.»

«E poi?»

«Tutte le cose belle finiscono. Giusto?» disse Sally, rivolgendo a Darcy uno sguardo amaro.

Darcy annuì e aspettò che Sally continuasse.

«E può sembrare che le cose brutte durino per sempre.» Sally sospirò. «Non sapevo quanto fosse grave o quanto lo sarebbe diventato.»

«Stai parlando di uno schema Ponzi?» chiese Darcy, impaziente di sentire il resto della storia.

Sally le rivolse uno sguardo torvo e annuì. «Tutti abbiamo sentito e letto storie sui grandi di New York e Wall Street. Ma anche i piccoli come... Bob... possono rovinare vite. E molte persone hanno perso i loro risparmi. Stava per succedere anche a Gavin.»

«Come andò?»

«Poco prima che tutto precipitasse, Gavin ritirò i suoi soldi dalla nostra società. Aveva conosciuto Blackie Gatto e aveva deciso di aiutarlo ad avviare la sua attività. Ma io e Gavin eravamo già diventati amici, quindi mi conosceva abbastanza bene da sapere che non volevo ottenere soldi in quel modo.»

«Ma, poi, cos'è successo?»

Sally fece un profondo respiro e fissò fuori dalla finestra una palma vicina prima di voltarsi verso Darcy.

«Bob mi fece firmare diverse lettere per lui, indicando che stavo suggerendo ai nostri clienti di investire in una certa cosiddetta società. In seguito, quando cercai di spiegare a una giuria che non sapevo cosa significasse firmare quelle lettere, fui quasi spedita fuori dall'aula tra le risate. A quel punto Gavin assunse un avvocato per aiutarmi. Anche allora fu una lotta. Ma l'avvocato fu abbastanza bravo da farmi scontare solo cinque anni di carcere.»

Darcy sentì il respiro abbandonarla di colpo. «Cinque anni? Ma tu non eri coinvolta, vero?»

«Non proprio, ma era difficile convincere gli altri di questo quando avevo una bella casa, una macchina nuova, bei gioielli e altre cose costose. Me li ha dati Bob, ovviamente. Pensavano che fosse la rivincita per aver tenuto la bocca chiusa.» Sally sospirò. «È stato un casino.»

«E i tuoi figli?»

Gli occhi di Sally si riempirono di lacrime. «Quando è successo, sono andati a vivere con il padre e la sua nuova moglie. Puoi immaginare quanta simpatia ho ricevuto da loro e come hanno influenzato i miei figli. Ora sono cresciuti e sono completamente autonomi, ma non sono sicura che mi perdoneranno mai.»

«Cos'è successo alle persone che hanno perso i loro soldi?»

«Molti di loro hanno recuperato parte del loro denaro. La vendita della mia casa, dei miei beni e di quelli di Bob è stata sufficiente a ripagare qualcosa. Bob aveva comprato una serie di auto, uno yacht enorme, ogni genere di pazzia.»

«Quando sei uscita di prigione, cos'hai fatto?»

Le lacrime, tracce argentee di dolore, solcarono le guance di Sally. «Gavin mi ha incontrato il giorno del mio rilascio e mi ha dato un lavoro. È così che sono diventata una della sua gente.»

«Che cos'hai fatto per lui?» chiese Darcy, meravigliandosi della generosità dello zio.

Le labbra di Sally si incurvarono. «Gli ho fatto da contabile. Ecco che grande persona che era.»

Darcy si appoggiò allo schienale della sedia, con la mente che girava. Forse avrebbe scritto un articolo su come credere agli altri. Per il momento, però, doveva convincere Sally a lavorare per loro.

«Sheena, Regan e io abbiamo bisogno di aiuto alla reception per rispondere al telefono, registrare le persone e gestire eventuali problemi. Ti va di farlo e sei in grado di dedicarci alcune ore alla settimana?»

«Mi piacerebbe molto» disse Sally con una tale foga che a Darcy si formò un groppo in gola.

«Ottimo» disse Darcy. «Appena ne hai la possibilità, vieni in ufficio e una di noi ti mostrerà cosa bisogna fare.»

Sally si alzò e le diede un veloce abbraccio. «Significa molto per me che vi fidiate di me per questo incarico.»

Darcy la guardò raggiante. «Ma certo. Non solo sei una della gente di Gavin, ma sei anche un membro della nostra famiglia.»

Darcy lasciò Sally e scese al piano di sotto da Gracie. Maggie O'Neill stava pulendo i tavoli vuoti. Darcy era sempre stata incuriosita dal mistero che si celava dietro i suoi occhi.

Maggie la vide e si precipitò da lei. «Come sta Regan? Sono stata molto preoccupata per lei.»

«Sta un po' meglio ogni giorno, ma ci vorrà del tempo perché il suo viso guarisca.»

«Se posso essere d'aiuto in qualche modo, fammelo sapere» disse Maggie. «Mi sono già offerta di aiutare Brian con i pasti e gli esercizi di tanto in tanto.»

Darcy sorrise. «È gentile da parte tua. Oggi Regan lo aiuta con il pranzo.»

Maggie inarcò le sopracciglia. «Oh? Be', forse dovrei lasciare a lei il compito di dargli da mangiare.»

«Forse no» disse Darcy senza mezzi termini. «La loro relazione è un po' complicata.»

Maggie annuì. «Sì, lo so.»

Si salutarono e, mentre Darcy usciva dal ristorante, sperò di aver risparmiato a sua sorella un bel po' di strazio.

CAPITOLO 19
REGAN

Regan era seduta su una sedia nella stanza di Brian e osservava il petto di Brian alzarsi e abbassarsi mentre dormiva. Dargli da mangiare era stata una cosa sorprendentemente intima e lei era ancora emotivamente provata dall'effetto. Il modo in cui gli occhi di lui erano rimasti su di lei mentre mordeva il cibo era stato inquietante, soprattutto con il suo viso così malconcio.

Mentre aspettava che Sheena la venisse a prendere, i suoi pensieri continuarono a vorticare. Aveva sempre creduto che Brian fosse pericoloso per lei, che potesse spezzarle il cuore. Ora sapeva che era vero. La sua ragazza, Jill, stava arrivando per sollevare Regan dai suoi compiti.

Regan si alzò e guardò fuori dalla finestra. Le palme davano all'ambiente urbano un aspetto tropicale che aveva imparato ad amare. Per quanto si sentisse confusa nei confronti di Brian, era decisa a fare della Florida e del Salty Key Inn la sua casa.

Jill entrò nella stanza, un fascio di energia. «Oh mio Dio! Come sta? Mi dispiace tanto di essere stata via quando è successo. E quando ho provato, non sono riuscita a trovare un volo da Londra.» I suoi occhi si allargarono mentre studiava Regan. «La sua faccia! Che cosa orribile!» Quando si rese conto di ciò che aveva appena detto, le guance di Jill divennero rosa. «Oh, mi dispiace. Non volevo dire quello che sembrava. Starai bene, naturalmente.»

«Ehi, Jill» disse Brian, svegliandosi e facendole un ampio

sorriso. «Sei qui.»

Jill si precipitò al suo capezzale. «Certo, tesoro. Sono venuta in ospedale direttamente dall'aeroporto. I miei bagagli sono fuori dalla stanza.» Si chinò e gli diede un lungo bacio.

«Credo che aspetterò Sheena di sotto» disse Regan, ma si rese subito conto che non l'avevano nemmeno sentita. E capì il perché.

Brian e Jill insieme sembravano una pubblicità. Il corpo di Brian, alto, sodo e abbronzato, era accompagnato da un bel viso circondato da capelli castani schiariti dal sole. I suoi occhi scuri brillavano di... be', di sensualità. Jill era altrettanto attraente. Alta e magra, ma con belle curve femminili, aveva capelli biondi, occhi azzurri scintillanti e lineamenti del viso straordinari, come quelli che si trovano sulle copertine delle riviste. Avevano un'intesa perfetta, aveva sentito dire da alcuni clienti di Holly.

Quando Regan uscì dalla stanza d'ospedale di Brian, vide Sheena uscire dall'ascensore e si affrettò a salutarla.

Sheena la salutò con uno sguardo sorpreso. «Ciao, come va?»

«Jill è qui e volevo lasciare a Brian e a lei un po' di privacy. Non che a loro interessi» disse Regan, incapace di trattenere il turbamento emotivo che provava.

«Ok, sei pronta ad andare?»

Regan sospirò. «Ho dimenticato la borsa. Me la prenderesti? Sono esausta.»

Sheena la guardò dritto negli occhi e annuì. «Torno subito.»

Regan si lasciò cadere su una panchina di legno di fronte agli ascensori, sollevata dal fatto che Sheena non le avesse chiesto ulteriori informazioni. Non voleva cercare di spiegare le sue emozioni.

Sheena tornò con la sua borsa e aiutò Regan ad alzarsi.

«Dai, tesoro, andiamo a casa. È stata una lunga giornata per te e non è ancora finita.» Le mise un braccio sulla spalla. «Brian ti ringrazia e ti dà appuntamento a domani.»

«Domani?»

Sheena annuì. «Immagino che tu gli abbia detto che lo avresti aiutato con il pranzo.»

«Oh, ma non intendevo tutti i giorni!» esclamò Regan.

«Be', dovrai trovare una soluzione con lui. Nel frattempo, ti aspetta domani.»

«Va bene» disse Regan con riluttanza. «Vedrò come va.»

Dopo un lungo pisolino, Regan si svegliò più ottimista riguardo alla sua vita. Sarebbe guarita, sarebbe entrata in affari con Mo e avrebbe aiutato le sue sorelle a vincere la sfida all'hotel.

Alzandosi, andò in bagno e si mise a fare i suoi bisogni senza guardarsi allo specchio. Sapeva che quell'immagine l'avrebbe fatta crollare.

In cucina si preparò un bicchiere di tè freddo e si sedette al tavolo. Lei e Mo avevano fatto il grosso del lavoro sui progetti per Arthur Weatherman. Dovevano solo rivederli ancora una volta prima di presentarli.

Chiamò Mo, decisa ad andare avanti.

Lui rispose subito. «Ehi, tesoro! Come stai? Ti ho chiamato prima, ma non hai risposto.»

«Mi dispiace. Ero in ospedale con Brian e non devo aver sentito suonare il telefono.»

«Posso capire il perché» scherzò Mo.

«No, non è affatto così. È arrivata Jill ed è stato un po' disorientante.»

«Lui ridacchiò. «Lo immagino. L'ho incontrata una volta. È un po' un turbine. A proposito, come sta Brian?»

«Lo trasferiranno al reparto di riabilitazione dell'ospedale per lavorare con lui sul rafforzamento delle braccia e dell'anca.»

«Scommetto che non gli piacerà. Ascolta, Regan, voglio essere certo che tu sia disposta a portare avanti il progetto Weatherman. Ho pensato che se non sei sicura, potrei passare un po' di tempo in California.»

Regan si sentì sprofondare. «No, no! Voglio andare avanti. Dobbiamo almeno sottoporgli i nostri progetti, non credi? Dobbiamo rivederli un'altra volta e poi dovrai presentarli tu. Io non posso. Non con questo aspetto.»

«Ok, volevo solo essere sicuro. Kenton deve prendersi una pausa e può venire qui. Sta pensando di affittare una casa sulla spiaggia o di comprarne una.»

«Bello» disse Regan. Fece una pausa. «Mo, non è che stai correndo troppo con lui, vero? Sembra che le cose stiano accadendo molto velocemente.»

«Grazie per la tua preoccupazione, Regan, ma posso farcela» rispose Mo con voce calma e decisa.

Regan sbatté le palpebre per la sorpresa, colpito dall'irritazione di fondo. «Mi dispiace. Non voglio che tu ti faccia male. Ci vediamo domani?»

«Che ne dice delle quattro? Ho una riunione con un cliente in mattinata.»

«Certo, va bene» riattaccò Regan e fissò fuori dalla finestra le fronde di una palma vicina che frusciavano nel vento, sentendosi inquieta quanto loro.

La mattina dopo, Darcy accompagnò Regan alla visita medica.

«Sei terribilmente silenziosa, Regan. Sei nervosa?»

Regan annuì, ancora turbata dall'immagine del suo volto

allo specchio quella mattina. «La cicatrice è più brutta di quanto pensassi e il labbro mi cade da un lato.»

«Sono certa che il dottor Milford farà del suo meglio» disse Darcy con comprensione.

«Se non lo fa, il mio piano sarà rovinato. L'unico motivo per cui voglio essere la testimonial di Arthur Weatherman è quello di guadagnare un po' di soldi dopo il nuovo anno, quindi se non dovessimo vincere la sfida dello zio Gavin, potremmo comunque mandare avanti l'hotel.»

«Accidenti! È molto carino da parte tua.» Al dolce gesto della sorella, gli occhi azzurri di Darcy si riempirono di lacrime.

«Fino ad ora, questo è stato il periodo più bello della mia vita.» Regan le rivolse uno sguardo supplichevole. «Dobbiamo far funzionare le cose.»

Darcy le diede una pacca sulla spalla. «Ci proveremo.»

Il lussuoso ufficio del dottor Milford indicava il suo successo. Nella sala d'attesa principale si trovava un grande tappeto orientale nei toni del grigio e del blu. Alle pareti erano appese bellissime opere d'arte. Il personale dell'ufficio la accompagnò rapidamente in un corridoio laterale verso una stanza per gli esami, in modo da garantire la privacy, come facevano per gli altri pazienti che erano già stati operati e si trovavano in varie fasi di guarigione.

Nel suo ambulatorio privato, Regan si accomodò su una sedia fingendo di leggere una rivista, mentre osservava un certo numero di persone passare davanti alla porta che aveva lasciato spalancata.

Una bambina che veniva giù per il corridoio con la madre si fermò e indicò Regan. «Anche tu hai una stella!»

Confusa, Regan guardò la madre.

«Emily chiama le sue cicatrici "stelle". Ed è così che ci piace, con un pizzico di magia in più.»

Regan si voltò verso la bambina, che immaginava avesse circa quattro o cinque anni. Una delle sue guance aveva diverse piccole cicatrici frastagliate.

Facendo del suo meglio per incurvare le labbra a formare un sorriso, Regan si inginocchiò davanti alla bambina. «Ciao, Emily! Le tue stelle sono molto speciali. Lo vedo.»

Emily annuì con forza. «Sì, è quello che diciamo ai miei amici.»

Lacrime inaspettate riempirono gli occhi di Regan. «Che bella idea. Dovrò tenerla a mente. Sono così felice di aver avuto la possibilità di conoscerti. Ti auguro una super giornata!»

Quando Emily la salutò, sua madre disse: «Grazie!» e le due donne proseguirono per la loro strada.

Regan si alzò in piedi e fissò fuori dalla finestra, con la mente che riandava al momento in cui aveva visto il camion fermarsi davanti alla moto. La vita era così piena di sorprese. Pochi istanti prima avrebbero potuto fermare la moto o curvare.

Il dottor Milford entrò in ambulatorio. «Salve, Regan. Come andiamo oggi?»

«Non stiamo andando così bene» disse Regan, sorprendendosi dell'improvviso senso di disperazione che la colse. «Ho fatto tutto quello che mi avete detto di fare, compresi gli impacchi di ghiaccio, le medicine e tutto il resto, e ho ancora un aspetto orribile. E le mie labbra non sono normali.»

Il dottor Milford le rivolse uno sguardo d'intesa. «La sua frustrazione non è affatto insolita per una paziente come lei, che sta affrontando il suo nuovo aspetto. A volte questi sentimenti si trasformano in depressione. Non vogliamo che ciò accada. Vediamo di cosa stiamo parlando nel suo caso, che ne dice?»

Regan si sedette sul tavolo da visita, come richiesto, e si tranquillizzò mentre le dita gentili del dottor Milford le sondavano vari punti del viso. Poi le tolse la benda ed esaminò la lunga cicatrice sotto il mento.

«Il suo viso ha sbattuto contro la ghiaia e contro quello che pensiamo fosse il bordo tagliente di una conchiglia rotta che si trovava sul ciglio della strada. Ma i graffi e le abrasioni stanno guarendo bene e credo che la cicatrice sotto il mento guarirà bene. Non ci sono precedenti di cicatrici cheloidi in famiglia?»

Regan scosse la testa. «Non che io sappia. Ma, dottore, che mi dice del labbro? Cade da un lato. Sembra quasi che abbia avuto un ictus. Può curarlo?»

«Dipende dalla buona guarigione del nervo. Non è stato reciso, ma è stato danneggiato. La sto valutando come una lesione di secondo grado, o assonotmesi, che dovrebbe guarire completamente. Tuttavia, la guarigione sarà molto più lenta rispetto a una lesione di primo grado, che normalmente guarisce in tre mesi.»

«Di cosa stiamo parlando, dottore?» chiese Regan, sentendo l'acido salirle allo stomaco.

«Credo che ci vorranno dai tre ai sei mesi. Ma lo controlleremo di tanto in tanto. La buona notizia è che lei è giovane e in salute e siamo riusciti a pulire e suturare la ferita senza danneggiare ulteriormente il nervo. Gli interventi nella zona del collo possono essere difficili a causa della presenza del nervo facciale.»

«La cicatrice è molto grande» disse Regan. «Si estende un po' su ogni lato del viso.»

«A causa del suo colore scuro, appare molto più evidente di quanto non lo sia dopo la guarigione. A quel punto, dovrebbe sembrare quasi normale. Vogliamo farla sembrare una normale piega del collo.»

«E che dire delle aree in cui la cicatrice si estende sul viso?» chiese Regan.

«Le cicatrici dovrebbero svanire bene e, con l'uso del trucco, non dovrebbero essere troppo evidenti» disse il dottor Milford. Si schiarì la gola. «Sono sicuro che a lei sembra tutto molto evidente, ma prevedo che col tempo anche lei non se ne accorgerà più. Per quanto riguarda il labbro, il tempo guarirà anche quello.»

Regan abbassò la testa per nascondere le lacrime.

«Ha molta crema per le cicatrici?» chiese a bassa voce il medico. Al suo cenno di assenso, continuò: «Voglio che continui a usarla come indicato. Se si verificano cambiamenti, chiami subito lo studio. Rispondiamo 24 ore su 24, 7 giorni su 7. La vedrò tra un mese per verificare i suoi progressi.»

Si diresse verso la porta e si fermò. «Regan, andrà tutto a posto.»

Lei alzò lo sguardo sul dottore e fece un sorriso storto, sapendo che non sarebbe andato tutto bene. Aveva la terribile sensazione di non sapere più chi fosse.

CAPITOLO 20

DARCY

Darcy lasciò Regan all'ingresso dell'ospedale e parcheggiò l'auto. Era impaziente di vedere come stava Brian. Non solo a livello personale, ma anche perché lui e la sua squadra erano parte integrante della ristrutturazione dell'hotel.

All'interno dell'ospedale, Regan la stava aspettando nell'atrio.

«Pensavo che dovessi sapere che ho fatto il check-in alla reception e che Brian è già stato spostato al reparto riabilitazione. Possiamo andarci insieme.»

«Certo» disse Darcy.

Rimasero in silenzio mentre si univano agli altri in ascensore. Darcy notò il tentativo di Regan di nascondere il viso ed ebbe un moto di compassione. Regan era sempre stata la sorella bella, quella che tutti paragonavano a Elizabeth Taylor. Ora quell'immagine era in frantumi. Almeno nella mente di Regan. Darcy ricordò quello che aveva letto in rete sui pazienti come Regan che si deprimevano e mentalmente fece voto di impedire che Regan rientrasse in quella categoria.

Nel reparto riabilitazione furono indirizzati alla stanza di Brian. Darcy non credeva che sarebbe stato felice di dover rimanere lì per un periodo di tempo prolungato. Era un uomo attivo.

Darcy seguì Regan nella stanza. Sorrise a entrambi e poi il suo sguardo si posò su Regan. «Allora, mi dai il pranzo?»

Regan annuì. «Ho promesso che l'avrei fatto.»

«Speriamo che qui sia meglio che nel reparto chirurgia»

disse lui facendo una smorfia.

«La prossima volta ti porterò qualcosa dal ristorante di Gracie» disse Regan. «Là ti pensano tutti.»

«Sì, Maggie O'Neill mi aiuterà con gli esercizi e stasera mi darà la cena per mostrarmi come gestire il cibo da solo.»

Darcy notò un'espressione di disappunto sul volto di Regan, che scomparve altrettanto rapidamente. Si rivolse a Brian. «Mi vedo con Austin per pranzo e torno a prendere Regan. Posso portarti qualcosa?»

«Oltre a un modo per uscire da qui? Niente. Ma grazie. Tuttavia, ho bisogno di parlare con Tony. Puoi dargli questo messaggio? Ha gestito l'attività al posto mio ultimamente.»

«Certo» disse Darcy. «Hai idea di quanto tempo resterai qui dentro?»

«Non fino a quando non dicono che potrò uscire» brontolò con un sospiro sconsolato. «Farò qualsiasi cosa per andarmene da qui il prima possibile.»

Lei sorrise a Brian e Regan e lasciò la stanza.

###

Più tardi, parlando con Austin a pranzo nel loro ristorante thailandese preferito, Darcy espresse la preoccupazione che le arrivò addosso come una mosca fastidiosa. «Come farà Brian a mandare avanti la sua attività? Sembra che non sarà in grado di piantare un chiodo o di fare qualcosa che richieda i muscoli delle braccia per molto tempo. Tra le altre cose, stava lavorando al ristorante per noi. E, Austin, dobbiamo far funzionare il Gavin prima di Natale per avere delle entrate. È una scommessa che abbiamo fatto e dobbiamo vincerla.»

Austin le diede una stretta rassicurante alla mano. «Si risolverà tutto. Non è Tony a gestire l'azienda al posto suo, temporaneamente?»

«Sì, ma deve mettere su la sua attività di idraulico.

Lavorare per Brian era solo una parte del suo carico di lavoro.»

Austin le rivolse uno sguardo pensieroso. «Lascia che siano loro a risolvere la questione, Darcy. Entrambi i ragazzi sono piuttosto intelligenti.»

Darcy fece un cenno di assenso. «Hai ragione. È solo che non voglio che qualcosa vada storto. Voglio poter continuare a organizzare il nostro matrimonio con serenità. Non vedo l'ora!»

Austin strinse la mano che aveva continuato a tenere. «La luna di miele sarà fantastica. Ho viaggiato molto, ma stare con te farà sembrare tutto nuovo.»

«Oh, Austin, è così dolce» disse Darcy senza fiato. Si chiese, come faceva spesso, come potesse essere così fortunata ad averlo trovato.

Lui le fece un sorriso che le fece pensare a qualcosa di più di una visita turistica. E che la fece ridere di pura gioia.

Darcy stava ancora fremendo di piacere quando entrò nella stanza d'ospedale di Brian. Si fermò sorpresa. Dalle foto riconobbe Jill, che era seduta con Brian. Regan non si trovava da nessuna parte.

«Ciao, Jill! Ciao, Brian! Dov'è Regan?»

Jill le rivolse un sorriso che non raggiunse gli occhi. «Ho detto a Regan che mi sarei occupata io di dare da mangiare a Brian. Mi ha detto di dirti che sarebbe stata in sala d'attesa.»

Studiando ancora l'espressione enigmatica sul volto di Jill, Darcy annuì. «Va bene, allora. Ci vediamo dopo, Brian. E, come mi hai chiesto, dirò a Tony che vuoi vederlo.»

Lui fece un cenno con la testa. «Grazie.»

Mentre Darcy usciva dalla stanza, sentì Jill dire a Brian: «Tesoro, perché sei in affari con Tony?»

Stringendo le labbra per il tono offensivo di Jill, Darcy decise che la ragazza di Brian non le piaceva poi così tanto.

CAPITOLO 21
REGAN

Regan se ne stava seduta in un angolo della sala d'attesa, aspettando con ansia l'arrivo di Darcy. Detestava vedere Brian soffrire per una cosa di cui poteva essere responsabile lei. Aiutarlo alleviava il suo senso di colpa. Ma quando Jill li aveva interrotti mentre condividevano una battuta mentre lei gli dava da mangiare, era sembrata un serpente a sonagli pronto a colpire. Ora, seduta lì da sola nella sala d'attesa, Regan era contenta, in un certo senso, che Jill l'avesse costretta ad andarsene. Quando era con Brian, le sue emozioni oscillavano tra la felicità e la diffidenza con una tale forza che sentiva, come aveva sempre fatto, che lui era pericoloso come un tornado vorticoso.

Alla vista di Darcy, Regan fece un sospiro di sollievo.

«Pronta ad andare?» chiese Darcy.

«Oh, sì» disse Regan, saltando in piedi. «Non vedo l'ora di andarmene da qui. E sembra che non tornerò più. Di Brian si prenderanno cura Jill e Maggie.»

«Forse è meglio così» disse Darcy.

«Forse» disse Regan. «Ma sono preoccupata per lui. Cosa succederà alla sua azienda? Per un po' di tempo non sarà in grado di svolgere alcuna attività lavorativa.»

Darcy le mise una mano sulla spalla. «Ho appena avuto questa stessa conversazione con un uomo saggio e adorabile. Ha detto di lasciare che siano Brian e Tony a occuparsi della situazione. Ma non credo che Jill lo permetterà.»

«Perché?»

«Sembra che Tony non le piaccia. L'ho sentita chiedere a Brian perché lavorava con lui.» Le labbra di Darcy si assottigliarono. «Tony è un ragazzo meraviglioso.»

«Già. Meno male che Sheena non glielo ha sentito dire.»

Regan e Darcy si scambiarono una risatina. Sheena non avrebbe permesso a nessuno di fare del male a qualcuno della sua famiglia.

Tornarono in albergo in tempo per far riposare Regan prima di incontrare Mo per esaminare la loro offerta per Arthur Weatherman. Mentre era sdraiata sul letto a fissare il soffitto, Regan si interrogò sul suo futuro. Le sue sorelle l'avrebbero attaccata e chiamata sciocca, ma lei non poteva fare a meno di preoccuparsi che, con una cicatrice come la sua, nessun ragazzo si sarebbe interessato a lei. E se il labbro non fosse guarito, le cose sarebbero andate ancora peggio. Scavò dentro di sé fino a mettere a nudo i suoi sentimenti più sinceri. La verità era che, al di là di tutti i suoi discorsi sul fastidio che provava verso chi vedeva solo il suo aspetto, le era piaciuto essere considerata attraente. Certo, aveva desiderato qualcosa di più di quel tipo di attenzione, ma almeno si era adattata al ruolo che tutti le avevano assegnato. Ora, come in passato, si chiedeva chi fosse veramente.

Al suono della voce di Mo, Regan si svegliò di soprassalto. Controllò l'orologio del comodino. Le quattro. È l'ora del loro incontro.

Darcy batté alla porta e la aprì. «Regan? C'è Mo.»

«Sì, lo so. Arrivo subito.» Con fatica scese dal letto e andò in bagno. Come ormai d'abitudine, evitò di guardarsi allo specchio mentre faceva i suoi bisogni. Ma sapeva che presto avrebbe dovuto liberarsi della sua riluttanza a farlo. Come le aveva detto Brian, le cose succedono e il risultato di un giro sulla sua moto avrebbe sempre fatto parte della sua vita.

Quando arrivò in soggiorno, trovò Mo seduto al tavolo della cucina, con una serie di schizzi davanti a sé.

Quando la vide, le sorrise. «Ehi, tesoro! Come stai?»

«Meglio» disse lei, mentendo un po'.

«Ho lavorato ancora un po' su alcuni degli schizzi che abbiamo messo insieme prima. Da' un'occhiata.»

Mo spostò una sedia vuota accanto a lui e Regan si sedette.

Guardando i disegni di ciò che avrebbero presentato ad Arthur, Regan sorrise, irrigidendosi quando si accorse che le stava cadendo il labbro.

Tuttavia Mo non sembrò accorgersene. «Beh, che ne pensi?»

Lei gli pose una mano sulla spalla. «Penso che tu sia il miglior designer d'interni che conosca.» Avevano usato le planimetrie che avevano ricevuto per ogni ristorante e da lì avevano creato immagini in 3D per mostrare i murales in ognuno di essi. A seconda delle dimensioni del ristorante, esso avrebbe contenuto uno o più murales.

Regan e Mo avevano spiegato nella loro presentazione che il tema comune dei ristoranti era la presentazione delle aree in cui vivevano diversi tipi di frutti di mare. Un ristorante a tema New England aveva come soggetto l'aragosta e i colori di quel ristorante erano il rosso, il bianco e il blu. Per il dentice, il tema della Florida prevedeva il turchese, il giallo e l'arancione.

«È diverso» disse Mo, «ma credo che ad Arthur piacerà.»

«Lo spero» disse Regan. «Sarebbe un ottimo modo per avviare un'attività insieme. Sempre che tu voglia andare avanti con il nostro progetto.»

Accigliato, Mo le rivolse uno sguardo perplesso. «Perché non dovrei?»

Regan abbassò la testa, imbarazzata.

«Tesoro, dimmi che non ha niente a che fare con il tuo viso» disse Mo.

Lei sollevò la testa, sorpresa di vedervi della rabbia.

«Riesci a immaginare tutta la merda che ho dovuto ingoiare a causa del colore della mia pelle, del mio orientamento sessuale? Una cicatrice su un bel viso non è una cosa così grave come pensi tu.» I suoi lineamenti si addolcirono. «Lo capisci, vero?»

Regan annuì, rendendosi conto che doveva smettere di autocommiserarsi. La piccola Emily gestiva la sua condizione meglio di lei.

«Ti voglio bene per la persona che sei, Regan, non per il tuo viso. Ora torniamo agli affari e concludiamo tutto quello che abbiamo fatto. Ho un appuntamento con Arthur tra due giorni.»

«Grazie, Mo. Capisci che non posso andare alla riunione. Non voglio che Arthur mi veda finché non avrò avuto la possibilità di guarire un po' di più. Se riuscissi a ottenere il lavoro di testimonial per Arthur, i soldi guadagnati potrebbero aiutare me e le mie sorelle a mantenere l'albergo.»

«Ma voi tre non riceverete dei soldi da vostro zio alla fine dell'anno?»

Regan scosse la testa. «Non lo sappiamo con certezza. Dipende da come verremo giudicate rispetto a come abbiamo superato la sfida e da quali altri trucchi potrebbe aver escogitato lo zio Gavin. Tutta questa storia è stata una sorpresa dopo l'altra.»

Mo annuì lentamente. «Capisco. Bene, prendiamo questo contratto. Come dici, potrebbe essere un buon inizio per i nostri affari.»

«Come va il tuo rapporto con Kenton?»

Un sorriso attraversò il volto di Mo. «Kenton si trasferisce in Florida per stare più vicino a sua sorella e vivrà qui vicino tra un lavoro e l'altro. Sta pensando di fare un film, ma mi ha detto che è anche interessato a vedere come vanno le cose tra noi.»

«Che dolce.» Regan studiò l'espressione raggiante sul volto di Mo e gli rivolse un sorriso. Le sarebbe piaciuto vedere Mo felicemente sistemato con qualcuno.

Poco dopo Mo se ne andò con i suggerimenti per la presentazione finale, e Regan fu pronta a stare un po' da sola.

Sapendo che avrebbe dovuto aspettare ancora qualche giorno prima di fare il bagno, si diresse fuori pensando di andare in spiaggia. Scorse il ristorante in costruzione e, sentendosene irresistibilmente attratta, si avvicinò all'edificio vuoto ed entrò.

Si sedette su un paio di scatole di materiali impilate una sull'altra e si guardò intorno. Nella sala da pranzo principale, gli operai avevano iniziato a installare i pannelli. Prima dell'incidente, Brian aveva assicurato a lei e alle sue sorelle che sarebbe stato possibile aprire a metà dicembre. Si chiese se fosse ancora vero.

Una voce dietro di lei disse: «Ciao.»

Regan si girò di scatto.

Era Graham Howard. Il sorriso sul suo volto svanì quando si avvicinò. «Buon Dio! Cosa ti è successo?» chiese, rivolgendole uno sguardo preoccupato.

Alla sua schiettezza, lei si bloccò.

«Un incidente di qualche tipo, immagino» disse lui, accomodandosi accanto a lei sulle scatole con le lunghe gambe davanti a sé. La studiò apertamente. «Sembra che tutto guarirà bene. Che cos'è successo?»

«Un incidente in moto» rispose lei, resistendo all'impulso di alzarsi e scappare.

«Oh sì. Ho sentito qualcosa al riguardo. Tu e Brian Harwood, giusto? Lui come sta?»

Regan fece un profondo respiro. «Non bene. Gomito, braccio e anca rotti.»

Lo sguardo scioccato di Graham la fece rabbrividire. «Che cos'ha intenzione di fare con l'azienda? Brian stava costruendo una casa per uno dei miei amici.»

«Il marito di Sheena, Tony, gli ha gestito l'attività finora. Ma non so se continuerà.» rispose Regan, senza menzionare il disprezzo di Jill per Tony.

Graham aggrottò la fronte. «È meglio non ritardare la realizzazione di questo ristorante. Conto su una buona apertura durante le vacanze.»

«Sì, lo so» disse Regan. La paga base di Graham era integrata da una serie di possibili bonus che potevano significare molti soldi in più. Blackie Gatto aveva avuto l'idea di spostare alcune spese all'anno successivo.

«Casey Cochran e io abbiamo creato altri nuovi piatti speciali da proporre al Gavin. E sono buoni.»

«Tutta la tua cucina è deliziosa.» Regan fece un sorriso, senza curarsi del fatto che fosse un po' storto. Si sentiva a suo agio con Graham.

«E con Casey che si occupa della gestione del ristorante, non dovrò preoccuparmi del personale, del buon servizio e di tutto il resto. Potrò concentrarmi sulla cucina e sulla preparazione di un buon cibo.» I suoi occhi verdi si accesero di eccitazione. «Sarà una grande squadra.»

Regan annuì con entusiasmo. «Lo penso anch'io.»

Graham si alzò in piedi. «Credo sia meglio che vada. Non riesco a non passare di qua nei miei giorni di riposo al ristorante.»

«Quando chiudete?»

«Il giorno dopo il Ringraziamento. In questo modo avremo il tempo di prendere l'attrezzatura da cucina che volevate da quel ristorante e portarla qui. È roba buona e vale la pena trasferirla qui.» Le sorrise. «Mi è piaciuto quello che tu e Mo avete pensato per gli interni. Sarà molto bello.»

Quando lei iniziò ad alzarsi, Graham le tese una mano.

«Grazie» disse lei, prendendola. Una volta in piedi, lo fissò come se lo vedesse per la prima volta.

Per nulla turbato dalla sua cicatrice, Graham la studiò. «Tu e Brian state insieme?»

Regan scosse la testa con decisione. «No, è tornato con la sua vecchia fidanzata, Jill Jackson.»

Un sorriso gli attraversò il viso, esaltando i suoi lineamenti robusti. «Bene. Ti chiamo.»

Prima che lei potesse dire qualcosa, lui si girò e se ne andò.

Regan osservò la sua andatura disinvolta, rendendosi conto che non doveva preoccuparsi più di tanto del suo aspetto. Le persone che le piacevano non sembravano avere problemi al riguardo.

CAPITOLO 22
DARCY

Darcy cercava di dirsi di non preoccuparsi, ma le telefonate di Ed Richardson, il direttore del *West Coast News*, le mettevano sempre ansia. Soprattutto quando Ed voleva un incontro faccia a faccia con lei.

Scrivere una rubrica per il giornale era per lei un sogno che si realizzava e che non sarebbe mai diventato realtà senza l'incoraggiamento e il sostegno di Nick Howard. Anche se il giornale era piccolo e locale, rappresentava per lei un futuro luminoso.

Darcy parcheggiò Gertie, la Cadillac decappottabile degli anni '50 di suo zio, vicino agli uffici del giornale ed entrò nell'edificio. Jeremy McCarthy alzò lo sguardo dalla scrivania e le sorrise, smettendo di scrivere l'articolo a cui stava lavorando; qualcosa sullo sport, senza dubbio.

Darcy gli andò incontro. «Sai cosa vuole Ed da me?» sussurrò.

Jeremy le fece un'alzata di spalle esagerata. «Buona fortuna! Non si sa mai cos'ha in mente il nostro *caro* editore» disse con sarcasmo.

Preoccupata, Darcy lasciò Jeremy e andò a bussare alla porta dell'ufficio di Ed.

«Avanti» disse una voce profonda e ringhiosa.

Lei aprì la porta ed entrò.

Da dietro le carte impilate accanto al computer sulla scrivania, Ed alzò lo sguardo e le fece cenno di avvicinarsi a una delle sedie di legno di fronte a lui.

Darcy si accomodò su una di esse, sentendosi come se avesse di fronte il preside della scuola. «Volevi vedermi?»

Ed strinse le mani e la studiò. «Mi è piaciuto molto il tuo articolo sull'idea degli angeli che sostengono gli altri quando ogni speranza sembra perduta. Ha colpito molti dei nostri abbonati.»

La tensione che le aveva attanagliato le spalle si allentò.

«Sei brava a trovare materiale che entusiasma i lettori. Credo che sia giunto il momento di dedicarti ad altre cose.»

Darcy si sentì stringere la gola. «Intendi dire che devo abbandonare la mia rubrica?»

«Be', diciamo di renderla non così regolare. Ho bisogno che tu faccia di più. Ne sei capace e non voglio assumere nessun altro. Il giornale cartaceo è quasi un ricordo del passato. Tutti vogliono le notizie on line. Che ne dici? Sei disposta a diventare una vera giornalista?»

Darcy si insospettì. «Che cosa vuoi dire? Che cosa vuoi che faccia?»

«Voglio che tu copra gli eventi della comunità» dichiarò lui con tono deciso.

Darcy scosse la testa. «Non ho tempo per una cosa del genere. Io e le mie sorelle stiamo ancora lavorando all'albergo.»

«Come ho detto, ho bisogno di qualcuno che faccia questo lavoro. Non posso permettermi sia te che un addetto agli eventi locali.»

«Ma con la mia rubrica riesco ad attrarre nuovi abbonati e a mantenere quelli che avevamo già. Le vedi tutte le lettere che ricevo» protestò Darcy.

«Lo so. È questo il problema.»

«Non può occuparsi Laney degli eventi della comunità? È la cronista mondana.»

«Laney ha dato le dimissioni. Questo è un altro problema

che sto cercando di risolvere. La persona disposta a sostituirla dice che non può fare entrambe le cose.»

Darcy cercò di trattenere le lacrime. «Nemmeno io, Ed. Mi dispiace, ma devo continuare a fare la mia parte all'hotel, lo devo alle mie sorelle. Sai quanto sia importante per me la rubrica per via di Nick.»

Ed fece un lungo sospiro. «Dovrò riflettere sulla situazione, ma non credo che le cose cambieranno. Mi dispiacerebbe perderti, ma ho le mani legate dai proprietari che hanno difficoltà a mandare avanti il giornale.»

Non riuscendo a pensare ad altro da dire, Darcy si alzò in piedi.

«Non scrivere altri articoli finché non hai notizie da me» disse Ed, alzandosi. «Sei una brava scrittrice, Darcy, con un buon istinto. Qualunque cosa accada, continua a scrivere.»

Stordita, Darcy si limitò ad annuire, sentendosi come se un'enorme meteora avesse appena mandato in frantumi il suo mondo.

Più tardi, seduta nell'ufficio di Austin, lasciò che le lacrime che aveva trattenuto le scendessero lungo le guance. «Sai quanto sia importante per me scrivere questa rubrica, Austin. È un tributo a Nick.»

«E ad altri» le ricordò gentilmente Austin.

«Non posso lavorare a tempo pieno al giornale. Devo fare la mia parte per vincere la sfida dello zio Gavin, lo devo alle mie sorelle. Lo sai bene.»

«Certo. Senti, forse Ed cambierà idea e troverà qualcun altro che sostituisca Laney.»

Darcy rivolse ad Austin uno sguardo di sfida. «E se non lo fa?»

«Pubblicali tu stessa» disse Austin.

«Io? Come?»

Austin le rivolse uno sguardo pensieroso. «Che ne dici di autopubblicare un piccolo libro regalo sugli angeli? La moglie di uno dei miei compagni di corso ha pubblicato alcuni libri in proprio. Forse potrebbe aiutarti.»

Darcy si appoggiò allo schienale della sedia come se fosse stata colpita in pieno da un grosso masso rotolante. *Potrei fare una cosa del genere?*

Austin ridacchiò. «Vedo che il tuo cervello si sta arrovellando. È una cosa a cui pensare. Assicurati di avere i diritti sugli articoli che hai scritto e parti da lì.»

«Dovrò controllare, ma credo di avere i diritti. Blackie Gatto ha fatto in modo che il giornale avesse l'esclusiva solo per un breve periodo di tempo. Quindi, dopo, sono miei. Giusto?»

«Sembra proprio di sì» disse Austin.

«Onestamente, pensi che riuscirei a fare una cosa del genere?» chiese lei, con il cuore che le batteva forte all'idea.

Austin le sorrise con un tale affetto che a Darcy si riempirono gli occhi di lacrime. «Credo che tu possa fare quasi tutto quello che decidi di fare.»

In un impeto di gratitudine, Darcy si alzò dalla sedia e lo abbracciò. «Ti amo tanto, Austin!»

Ridendo, lui la attirò sulle sue ginocchia e le avvolse le braccia intorno. «Ti amo anch'io, Darcy.»

Un colpo alla porta la fece scattare in piedi. Austin si alzò anche lui e andò ad aprire.

«Sì?»

«È arrivato il prossimo paziente» disse Lucy, la receptionist dai capelli grigi che tutti amavano. Lanciò loro un'occhiata divertita e si chiuse la porta alle spalle.

Austin si voltò verso Darcy. «Credo sia meglio che torni al lavoro. Parleremo ancora stasera.»

«Va bene» disse Darcy. «Ma mi piace la tua idea. Questo libro non sarebbe un romanzo, ma è un inizio.»

Tornò all'albergo piena di entusiasmo. Stava facendo la cosa giusta rifiutando di lavorare a tempo pieno per il giornale. Lei e le sue sorelle avevano una sfida da vincere, e non avrebbe fatto nulla per sottrarsi a quell'impegno. E ora aveva la possibilità di fare qualcosa per conto suo che non sarebbe stato nei programmi di nessun altro.

Sentì un brivido di eccitazione in tutto il corpo.

CAPITOLO 23
SHEENA

Quando Sheena entrò nella stanza d'ospedale di Brian, fu felice di vedere Maggie O'Neill seduta accanto alla sua sedia, che lo aiutava a mangiare il pranzo.

«Stai mangiando bene?» chiese a Brian, sorridendo a entrambi.

«Solo perché Maggie mi ha portato del cibo decente» si lamentò lui.

Maggie lo aiutò a dare un morso al panino con la cernia e si rivolse a Sheena. «Siamo un po' scontrosi perché alcuni esercizi sono stati dolorosi. Ma Brian sa che deve continuare a farli se vuole uscire di qui.»

«Sì, devo tornare al lavoro. Quando viene a trovarmi Tony?» chiese Brian. «Ho bisogno di parlargli di nuovo.»

«Ha promesso di venire a trovarti stasera dopo il lavoro. Nel frattempo, mi ha fatto scrivere una relazione sullo stato di avanzamento di ogni progetto, in modo che tu non ti preoccupi.»

Maggie si alzò in piedi. «Sheena? Visto che sei qui, ti dispiace finire con Brian? Oggi siamo un po' in ritardo e devo tornare al ristorante. Rocky sta per venire a prendermi.»

«Non mi dispiace affatto. Sally si sta occupando della reception per noi.»

Maggie sorrise. «È molto gentile da parte tua affidare questo incarico a Sally. Ne è così felice.»

«Noi siamo felicissime che sia disposta a farlo. Sta anche facendo un buon lavoro.»

Maggie diede a Brian una pacca sulla spalla. «Ci vediamo domani. Continua a lavorare bene, capito?»

Lui sgranò gli occhi e annuì doverosamente. «Dio! Non vedo l'ora di uscire da qui.»

Maggie se ne andò e Sheena si occupò di aiutare Brian con il suo panino. «Quanto manca prima che tu possa nutrirti da solo?»

«Ora posso fare alcune cose da solo, ma devo ancora chiamare le infermiere per aiutarmi in altre cose. È umiliante, ma non ho scelta.»

«Il braccio e il gomito destro, quando potrai usarli?»

Brian distolse lo sguardo e poi tornò a guardarla, con un'espressione cupa sul volto. «È questo il problema. Presto potrò muovere il braccio. Anzi, vorranno che eserciti il gomito il prima possibile, per evitare che si irrigidisca. Ma per alcuni mesi non sarò in grado di battere un martello o di fare un lavoro pesante come al solito. È questo che mi preoccupa.»

Sheena si chinò verso di lui per dargli una pacca incoraggiante sulla spalla.

«Che succede?» disse una voce alle sue spalle.

Sheena fece un balzo indietro e si voltò verso Jill, che entrò nella stanza e si affrettò verso di loro.

Jill fulminò Sheena con lo sguardo. «Cosa stavi facendo?»

«Sto aiutando Brian a mangiare» rispose Sheena con calma, anche se il suo cuore aveva iniziato a battere forte davanti all'accusa che vedeva negli occhi di Jill.

«Sembrava qualcosa di più» disse Jill, in piedi accanto a Brian. «Ora sono qui io. Voi sorelle Sullivan non dovete essere sempre qui. Maggie, la madre di Brian, e io ci stiamo occupando della situazione.»

Sheena sbatté le palpebre per la sorpresa. «Sono qui per conto di mio marito.»

«E questo non è necessario. Giusto, tesoro? Parlerai con

mio cugino.»

Le sopracciglia di Brian formarono una V arrabbiata: «Ti avevo detto che me ne sarei occupato io, Jill.» Rivolse a Sheena uno sguardo dispiaciuto. «Scusa. Parleremo più tardi.»

«Ti accompagno fuori» disse Jill, spostandosi rapidamente verso la sedia di Sheena.

Sheena sentì di non avere altra scelta che alzarsi in piedi e lasciare la stanza.

Jill la seguì fuori dalla porta e poi la trattenne. «Mi dispiace se sono sembrata scortese, è solo che io e Brian stiamo cercando di ricostruire il nostro rapporto, e ogni volta che mi giro, una di voi sorelle Sullivan è qui. Ho bisogno che voi tre stiate lontane da Brian.»

«Ti rendi conto che Brian è un amico per noi, niente di più. E, volenti o nolenti, dato che siamo più o meno in affari, di tanto in tanto parleremo con lui. E questo include mio marito, Tony.»

Jill strinse le labbra. «Potrebbe non essere necessario. Brian e io abbiamo parlato di un nuovo piano per la sua azienda.»

Sheena impose alla sua voce una piacevolezza che non sentiva. «Non c'è bisogno che siamo coinvolte noi. Brian e Tony gestiranno da soli il loro rapporto, ne sono certa.»

«Forse no» disse Jill. «Ora è meglio che torni dal mio paziente.»

Sheena rimase sola in corridoio a chiedersi come avesse fatto Brian a scegliere una fidanzata dispotica come Jill. All'apparenza era un ragazzo così gentile e alla mano, ma lei sapeva quanto fosse determinato ad avere successo negli affari e quanto si fosse dedicato al nuovo ristorante. Forse, pensò con sgomento, Brian non era il bravo ragazzo che aveva pensato. E forse a Tony sarebbe stato impedito di lavorare con lui e di ottenere la licenza di idraulico per mettersi in proprio.

Incerta sul futuro, Sheena si diresse verso l'ascensore e verso casa. Di lì a nove mesi Michael avrebbe finito il liceo e sarebbe andato all'università. Ma il come, il quando e il dove rimanevano domande a cui non sapeva rispondere.

Sheena tornò all'hotel e si recò subito alla reception per sostituire Sally alla scrivania.

Quando ci arrivò, non c'era nessuno.

«Sally?»

«Sono qui» chiamò Sally dal retro dell'ufficio.

Sheena trovò Sally che stava esaminando una serie di messaggi arrivati via fax.

«Che succede?» chiese Sheena.

«Cyndi Jansen ha chiamato per dirci che sta organizzando un fine settimana di fine ottobre qui all'hotel con altre quattro coppie.» Sally la guardò raggiante. «I moduli di prenotazione stanno arrivando adesso. È piuttosto eccitante!»

Sheena ricambiò il sorriso di Sally. «Sì. Speriamo che arrivino altre prenotazioni. Siamo scesi a tre coppie stasera, solo grazie alle offerte dei giornali. Dobbiamo riempire altre stanze.»

Il sorriso di Sally svanì. «*In effetti* le cose sono andate a rilento. Cos'altro possiamo fare?»

Il cuore di Sheena si riempì di affetto per quella piccola donna che ne aveva passate tante. Sally si stava dimostrando una collaboratrice leale e flessibile che sembrava entusiasta quanto lei ogni volta che arrivava una nuova prenotazione.

«Ho pensato a una lettera da inviare alle persone che hanno soggiornato qui, per ringraziarle della loro visita. Forse dovremmo inviare delle lettere dicendo quanto siamo contenti di averli ospitati.»

Sally fece un cenno di approvazione. «Buona idea. E inviare degli opuscoli. Costruire relazioni con i clienti è importante. L'ho imparato fin dai primi giorni della mia vecchia posizione lavorativa.» Un leggero rossore le soffuse le guance. «Penso ancora a quelle persone che hanno perso i loro soldi a causa del mio vecchio capo.»

«Non riesco a immaginare quello che hai passato» disse Sheena. Era rimasta sorpresa quando Sally aveva chiesto a Darcy di raccontare a Regan e a lei il suo passato.

L'espressione di Sally si illuminò. «Ma ora sono in grado di fare buon uso di tutta la mia esperienza negli affari e di aiutarvi qui. È così che potrò rimediare a tutti i danni che ho inconsapevolmente causato in passato non dando seguito ai miei sospetti.»

Sheena rivolse a Sally un sorriso di incoraggiamento, ben consapevole di quanto la donna fosse tormentata dal suo passato. «Siamo felici che tu sia qui con noi. Mettiamoci al lavoro su quella lettera.»

Più tardi, dopo che Sally se ne fu andata ad aiutare nel ristorante di Gracie, Sheena pensò a tutto il bene che suo zio aveva fatto nel fornire un posto sicuro a Sally e agli altri del suo gruppo. Se Gavin fosse stato davvero suo padre, sarebbe stata orgogliosa di dirlo. Ma non sarebbe mai successo. Gavin e sua madre avrebbero annunciato una cosa del genere se avessero voluto, rovinando così la famiglia che lei e le sue sorelle conoscevano. Alcuni segreti di famiglia era meglio lasciarli stare, decise, contenta di lasciare che la questione dello zio e della moneta d'oro svanisse.

In quel momento arrivò Darcy. «Indovina un po'? Lavorerò a un libro tutto mio.»

«Un romanzo? Che meraviglia!» disse Sheena.

Darcy scosse la testa. «No, una raccolta delle mie storie di angeli.»

«Storie di angeli? E il giornale? Tu scrivi le storie per loro, no?»

«Forse non più. Il direttore, Ed Richardson, voleva che lavorassi a tempo pieno al giornale. Gli ho detto di no, che dovevo aiutare qui all'hotel.»

«Oh, Darcy! Mi dispiace.» Sheena sapeva quanto significasse per lei scrivere per quella rubrica.

«Potrebbe rivelarsi una cosa positiva. Ho il miglior fidanzato del mondo» disse Darcy. «È lui che mi ha incoraggiata a mettermi in proprio. Continuerò a intervistare le persone come faccio per gli articoli del giornale, ma ogni storia farà parte del mio nuovo libro.» Giunse le mani. «È come un sogno che si avvera. Un po' diverso da quello che pensavo, ma comunque un mio sogno. Forte, eh?»

«Molto bene» disse Sheena. «Chi l'avrebbe mai detto che la nostra esperta di informatica volesse davvero diventare una scrittrice?»

Darcy sorrise. «Il Salty Key Inn ha portato molte sfide e ci ha dato molte cose a cui pensare, eh?»

Sheena fece una risatina. «Hai proprio ragione!»

Sheena stava mettendo in forno uno stufato di verdure quando chiamò Tony.

«Ciao, tesoro! Cosa c'è?»

«Farò tardi a cena. Ho promesso a Brian che sarei passato dall'ospedale per vederlo.»

«Ok, nessun problema. Ma, Tony, credo che tu debba sapere che a Jill non piace l'idea che tu e Brian lavoriate insieme. Non so cosa stia succedendo, ma ha anche detto chiaramente che le sorelle Sullivan devono stare lontane da Brian.»

«Non lascerò che una persona del genere mi fermi. Brian e io dobbiamo parlare di affari.»

«Ok, tesoro, ci vediamo dopo.» Quando Sheena riattaccò,

si chiese cos'avesse in mente Brian. Lo aveva sentito dire a Jill che se ne sarebbe occupato lui. Intendeva dire che si sarebbe occupato lui di Tony?

Controllò l'orologio. Michael e Meaghan sarebbero dovuti essere già a casa. Michael aveva promesso di andare a prendere Meaghan dopo l'allenamento delle cheerleader. Prese su il telefono per chiamarlo, ma lo ripose sul bancone. Michael non aveva bisogno di un promemoria. Tra meno di un anno sarebbe andato al college e per lei era arrivato il momento di farsi da parte.

Regan bussò alla porta ed entrò nella suite. «Ti va di bere insieme una tazza di caffè, o di tè, o altro ancora?»

Sheena rise. «Ti preparo un caffè, un tè o una limonata, e io bevo un sorso di "altro ancora".»

«Immagino che dovrò aspettare di aver finito le mie medicine prima di prendere qualcosa di più forte.» Regan si sedette su una sedia della cucina e sospirò. «Io e Mo stiamo sottoponendo un'offerta ad Arthur Weatherman, ma sarà Mo a occuparsi di presentarla perché non voglio che Arthur mi veda così.»

Sheena la guardò dritta negli occhi. «Non c'è niente di cui vergognarsi, Regan. Hai avuto un incidente e il medico è molto ottimista sul fatto che la cicatrice guarisca rapidamente. Con un po' di trucco, dovresti essere in grado di procedere con le foto e il resto della presentazione.»

«Non mi preoccupa tanto la cicatrice quanto il labbro. È quello che mi impedirebbe di ottenere il lavoro di testimonial. E avevo un sacco di progetti su come usare i soldi per mandare avanti l'hotel.»

Non sapendo cosa dire, Sheena annuì e si mise a preparare le loro bevande. Aveva appena passato la limonata a Regan quando Meaghan entrò nella stanza.

«Non rivolgerò mai più la parola a mio fratello!» Meaghan

si mise a sedere su una sedia della cucina e incrociò le braccia, con l'aria di una bambina di due anni capricciosa sul punto di esplodere.

«Che succede?» chiese Sheena.

«Michael doveva venire a prendermi. Invece mi ha mandato un messaggio dicendomi di tornare a casa a piedi, che non ce l'avrebbe fatta, era impegnato con la sua ragazza.» Si lasciò sfuggire uno sbuffo di rabbia. «Non vedo l'ora di poter guidare! Poi, quando vorrà un passaggio, gli dirò di andare a piedi, che sono troppo impegnata anche solo per preoccuparmene.»

Sheena scambiò uno sguardo preoccupato con Regan.

«Dico sul serio, mamma! Prenderò la patente il prima possibile.»

Sheena non rispose. Anche se Meaghan avrebbe presto ottenuto una patente da principiante con l'arrivo del suo quindicesimo compleanno, Sheena sperava di rimandare quel momento il più a lungo possibile. Il pensiero della figlia chiacchierona e facilmente distraibile alla guida la spaventava.

Prese il telefono per chiamare Michael che proprio in quel momento entrò di corsa nella stanza. «Scusate il ritardo.»

Meaghan saltò in piedi. «Dovevi venirmi a prendere, Michael!»

«Non sono riuscito ad arrivare, va bene?» le gridò.

«E perché non sei riuscito ad andare a prendere tua sorella?» chiese Sheena con voce ingannevolmente calma.

«Perché io e Kaylee stavamo guardando la fine di un film» disse Michael con aria di sfida. «Era anche bello.»

«Pensavo che stessi studiando» disse Sheena, trovando difficile mantenere la calma quando aveva l'impulso di scuoterlo.

«Abbiamo studiato davvero... per un po'» ammise Michael.

«Se succede di nuovo una cosa del genere, Michael, ti togliamo la macchina» disse Sheena.

«Perché sono tutti così nervosi? In fondo Meghan ha solo fatto due passi!» disse lui, uscendo dalla stanza.

Meaghan iniziò a seguirlo, ma Sheena la trattenne. «Io e papà parleremo con Michael dopo che tuo padre sarà tornato a casa. Perché non inizi a studiare? La cena è stata rimandata.»

Meaghan emise un rumoroso sospiro, prese una mela dal frigorifero e uscì dalla stanza con la borsa dei libri per andare nella stanza accanto, dove era alloggiata con Regan e Darcy.

Osservandola andar via, Sheena si trovò a non vedere l'ora che arrivasse il momento in cui avrebbero avuto una vera casa in cui tutti e quattro avrebbero potuto vivere insieme come una famiglia.

«Che fa Tony?» chiese Regan. «Come se la cava con l'azienda di Brian?»

Sheena si sedette di fronte a Regan. «È molto impegnato, ovviamente, e tutti i loro cantieri proseguono. Ma sono preoccupata per il futuro suo e di Brian. Jill non vuole che Brian lavori con Tony.»

Regan emise un sospiro di disgusto. «Per il bene di Brian, ho cercato di essere gentile con Jill, ma l'ho trovata difficile. Il denaro, il prestigio e il controllo sembrano molto importanti per lei. E non penso affatto che Brian sia così.»

«Gli opposti si attraggono» disse Sheena, «ma non credo che sia la base per una buona relazione. E, come dici tu, Jill è difficile. Ho cercato di spiegarle che nessuna di noi è interessata a lui nel modo in cui lei pensa, ma continua a non volere che tu, Darcy o io gli giriamo intorno.»

«Non intendo farlo» disse Regan. «Guarda in che guai mi ha messo.» Sheena annuì. Forse era meglio che stessero tutte alla larga.

CAPITOLO 24
REGAN

Regan si svegliò e si vestì in silenzio, facendo attenzione a non disturbare Meaghan che dormiva nel letto accanto al suo. Anche se era ancora buio, Regan era troppo inquieta per rimanere a letto, incapace di dormire. Oggi Mo doveva incontrare Arthur Weatherman per presentare i loro progetti di ristrutturazione dei suoi ristoranti.

Pensando al passato, quando le era stato detto in modi discreti e meno discreti, che non era intelligente, gli occhi di Regan si riempirono di lacrime. All'inizio, il disegno e la pittura erano stati uno sfogo. Durante il liceo, aveva sperato di poter usare le sue capacità in quell'ambito per studiare decorazione d'interni, una materia che trovava entusiasmante. E quando aveva saputo della Rhode Island School of Design, aveva intravisto il suo futuro. Ma dopo aver fallito i test di ammissione, il suo sogno era andato in frantumi.

Venire al Salty Key Inn aveva cambiato tutto. Davanti alla possibilità di svolgere un lavoro significativo con Mo, non riusciva a smettere di pensare alla presentazione. Voleva essere una persona rispettata per le idee che aveva in testa ma che non riusciva a esprimere bene sulla carta.

Uscì dalla stanza, si preparò una tazza di caffè e si sedette nel patio esterno. I suoi pensieri volarono al messaggio privato dello zio Gavin: "La bellezza è negli occhi di chi guarda". Lui sapeva quanto le piacesse rendere belle le cose? Oppure era qualcosa che riguardava il suo aspetto, che ora era rovinato. Apparentemente sapeva su di lei e sulle sue sorelle molto più di quanto avessero mai sospettato.

Regan sentì aprirsi la porta a vetri scorrevole alle sue spalle e si voltò. Con una tazza di caffè in mano, Darcy le rivolse un sorriso assonnato e si sedette sulla sedia accanto a lei.

«Non riuscivi a dormire?» chiese Regan.

Darcy scosse la testa. «No. Mi sono messa a pensare alle nozze e mi sono resa conto di quante cose ho da fare. E, Regan, non ti ho ancora parlato della mia nuova idea per un libro.»

«Un romanzo?»

«No, qualcosa di più piccolo.» Darcy si lanciò in una frizzante descrizione del libro regalo sugli angeli che sperava di pubblicare.

Ascoltandola, l'ammirazione di Regan per la sorella crebbe. Come tutte loro, Darcy stava affrontando molti cambiamenti nella sua vita, cambiamenti positivi.

«Sembra fantastico, Darcy» disse Regan. «La mamma sarebbe orgogliosa di te per aver fatto una cosa del genere.»

«Lo pensi davvero? Sono rimasta in un lavoro che non mi piaceva perché lei mi diceva che era orgogliosa del lavoro che avevo. Strano, eh?»

Sorseggiarono il loro caffè caldo in silenzio, osservando il sorgere del sole.

Era affascinante e molto rassicurante per Regan pensare che ogni nuovo giorno portasse luce al mondo, rappresentando per lei la speranza. Osservando il cielo schiarirsi e i primi segni del sole nascente che formavano dita dorate che la chiamavano, Regan decise di smettere di preoccuparsi del futuro e di vivere bene ogni giorno. Non c'era altro da fare, no?

Si alzò e affrontò Darcy. «Ti va di fare una passeggiata sulla spiaggia?»

«Certo» disse Darcy. «Mi darà più tempo per pensare. Dovrebbe essere una giornata impegnativa. Abbiamo quattro coppie in arrivo oggi.»

«E altre tre domani» disse Regan.

«Spero proprio che gli affari decollino presto» disse Darcy. «Peccato che non abbiamo una piccola area conferenze.»

«O un business center, o molte altre cose» aggiunse Regan. «È questa la parte difficile della sfida: cercare di essere competitivi con altre strutture quando siamo a malapena in grado di offrire le cose basilari.»

«Sono sicura che lo zio Gavin aveva un motivo per farlo in questo modo.»

«Forse per darci il tempo di decidere che tipo di hotel sarà» disse Regan. «Penso che sarebbe contento del nostro logo, del nostro slogan e della nostra idea di farlo tornare il posto per famiglie che era una volta.»

Darcy sorrise. «Il Salty Key Inn, un tesoro tranquillo, suona bene. Non c'è nulla di soffocante, solo un luogo di vacanza che tutti possono godersi.»

«L'hotel continuerà a migliorare se avremo la possibilità di renderlo come vogliamo.»

«Sì, ma non succederà per un po' di tempo» disse Darcy con una nota di frustrazione. «Come Sheena continua a ripeterci, non possiamo perdere la concentrazione. Anche se io e te abbiamo dei progetti per dopo il primo dell'anno, dobbiamo concentrarci sull'hotel.»

«Bene» disse Regan. «Sbrighiamoci a raggiungere la spiaggia. Io faccio il turno del mattino alla reception.»

###

Quando Regan mise piede sulla sabbia bianca e fresca, si meravigliò delle persone già presenti. Alcuni avevano in mano torce per andare alla ricerca di conchiglie, altri facevano jogging lungo la riva. Si chiese come sarebbe stato essere completamente sola sulla spiaggia.

Senza parlare, Regan e Darcy si diressero verso sud, camminando fianco a fianco amichevolmente. Da giovani erano sempre state in disaccordo: Darcy era risentita per le attenzioni che doveva prestare a Regan quando la madre era malata e Regan soffriva perché la sorella non voleva stare con lei. Da adulte, le due si erano avvicinate, legando sul fatto che Sheena, essendo la più grande, a volte era autoritaria, ed entrambe si erano risentite del fatto che avesse lasciato bruscamente la famiglia per sposarsi. Solo ora sapevano quanto Sheena desiderasse essere una normale studentessa universitaria senza le cure della loro famiglia o della propria.

Regan pensava ancora a Sheena e alla sua famiglia quando si rivolse a Darcy. «Sheena mi ha detto che è preoccupata per le obiezioni di Jill all'azienda di Brian e al ruolo di Tony nei suoi affari.»

«Mi ha detto la stessa cosa» disse Darcy. «Personalmente, credo che Brian stia facendo un grosso errore a rimettersi insieme a Jill. Ma capisco perché possa esserne attratto. È bella e ha successo.»

Regan deglutì a fatica. Jill Jackson era tutto ciò che diceva Darcy. Era logico che Brian ne sarebbe stato affascinato. Immaginava che si sarebbero sposati e avrebbero avuto dei bellissimi bambini insieme.

«Stai bene?» chiese Darcy.

Regan sbatté le palpebre sorpresa, rendendosi conto che aveva smesso di camminare. «Sto bene.» Controllò che ore erano sul cellulare. «Ma è meglio tornare indietro. Come abbiamo detto, sarà una giornata impegnativa.»

Avevano appena raggiunto la passerella che conduceva alla strada e al Salty Key Inn quando il suono di una notifica sul telefono di Regan attirò la sua attenzione. Diede un'occhiata al messaggio appena arrivato e sussultò.

Il testo diceva: «Sono malato, sto da cani. Devi fare tu la

presentazione oggi. Mi dispiace. Mo»

Regan si mise davanti allo specchio del suo bagno ed emise un sospiro tremolante. Il trucco che aveva applicato non nascondeva l'orribile cicatrice rossa sul viso né le croste sulle guance. E il labbro le cadeva come se avesse fatto troppe iniezioni di novocaina dal dentista.

Si tirò su, passò un'ultima volta la spazzola tra i lunghi capelli scuri e la posò. Stava lottando per il futuro che voleva. Nulla l'avrebbe fermata.

Controllò l'orologio. Mancavano cinque minuti alle dieci. Fu tentata di prendere un'altra tazza di caffè di nascosto, ma decise che era troppo tesa anche solo per pensare di aggiungere altra caffeina ai suoi nervi scossi.

Sheena fece capolino nella suite. «Buona fortuna per la presentazione. Andrà benissimo.»

«Grazie.» Regan si tolse una briciola immaginaria dal suo vestito a fiori, prese le chiavi di Gertie che Sheena le aveva offerto e salutò con la mano.

Quando arrivò a St. Petersburg si fermò nel parcheggio vicino alla sede di Arthur Weatherman, che si trovava nello stesso edificio dell'ufficio di Blackie Gatto.

Davanti al palazzo, Regan si disse che poteva farcela, che per certi versi sarebbe stato più facile che fare domanda per un lavoro normale, cosa che aveva sempre temuto. Si disse che lei e Mo avevano lavorato insieme a questo progetto e che sapeva quanto talento avesse il suo amico.

Stringendo la cartella al petto, entrò nell'atrio e prese l'ascensore per salire all'ultimo piano. Quando uscì dall'ascensore, la porta a vetri degli uffici di Arthur le offrì una vista sull'area della reception. Sollevata nel vedere un arredamento classico, Regan entrò nell'ufficio e parlò con la receptionist.

«Regan Sullivan, devo vedere Arthur Weatherman.» La sua voce vacillò, ma continuò. «Mi sta aspettando.»

La receptionist spalancò gli occhi alla vista del volto di Regan, poi annuì. «Sì. Prego, si accomodi. Gli farò sapere che è arrivata.»

Pochi istanti dopo, le venne incontro Arthur.

Regan si ricompose e si alzò in piedi.

«Accidenti! Cosa ti è successo?» chiese Arthur, sorridendo e tendendo una mano.

Lei gliela strinse con le dita fredde. «Un incidente in moto.»

Lui la guardò da cima a fondo. «Niente ossa rotte?»

Lei si sforzò di fare un sorriso e cercò metterla sul ridere. «No, quella parte l'ho lasciata a Brian Harwood che guidava la moto.»

«Capisco» disse Arthur. «Ho ricevuto il tuo messaggio che Mosè Greene non riusciva a fare la presentazione. Sono contento che tu sia venuta al suo posto perché ci stiamo preparando a prendere una decisione e non volevo che perdeste l'occasione.»

La condusse in un ufficio sontuoso che gridava soldi. Regan ammirò la grande moquette di design sul parquet, le poltrone di pelle e la scrivania di mogano, dalle linee pulite, che non era né antiquata né moderna.

Arthur fece un cenno con la testa per indicare il lungo tavolo su un lato dell'ufficio. «Puoi usarlo per farci vedere tutti i disegni che hai. Ma prima vorremmo ascoltare le vostre idee. Mi farò aiutare da mia moglie, mi fido del suo giudizio.» Quando bussarono alla porta, sorrise. «Eccola qui.»

Una brunetta alta e attraente, molto più giovane di Arthur, entrò nella stanza. Fece un sorriso freddo a Regan e si accomodò al posto indicato da Arthur.

Lui si mise al suo fianco. «Margretta, tesoro. Questa è Regan Sullivan. Il suo socio, Mosè Greene, non ha potuto partecipare. Regan, mia moglie, Margretta Weatherman.»

«Piacere di conoscerla.» Desiderando che le sue dita fossero più asciutte e calde, Regan strinse la mano di Margretta.

Arthur si sedette dietro la scrivania. «Ok, Regan, sentiamo.»

Regan fece un profondo respiro. «Quando Mo e io abbiamo studiato i vostri ristoranti per la prima volta, abbiamo notato quanto fossero simili nell'arredamento, ma i loro menu erano piuttosto diversi. Anche se sono tutti a base di pesce, abbiamo deciso di sottolineare le loro differenze con i colori e gli arredi. Per il ristorante che ha una vasca per le aragoste e una serie di piatti a base di aragoste, abbiamo progettato un murale con punti di riferimento del New England e abbiamo reso compatibile il tema dei colori utilizzando il rosso, il bianco e il blu.»

«Okay» disse Arthur.

«Abbiamo pensato che, invece di pensare che se hanno mangiato in uno solo dei vostri ristoranti non hanno bisogno di andare in un altro, con una maggiore differenziazione tra i ristoranti, potrebbero essere interessati a provarli tutti.»

Arthur e Margretta si scambiarono uno sguardo silenzioso.

«Okay, vediamo cos'hai. Hai reso l'arredamento delle camere degli ospiti del Salty Key Inn semplice ma di buon gusto. Spero che tu abbia fatto altrettanto in questo caso.»

Regan buttò fuori il fiato che aveva trattenuto. «Penso che sarete soddisfatti. Non ci sono ninnoli, solo cose interessanti tipiche delle aree da cui provengono le vostre specialità.»

Si avvicinò al tavolo, aprì la scatola della cartella e stese i disegni su cui Mo aveva lavorato tanto sodo.

«Come si può vedere, la differenza tra lo stile del New

England e quello della Florida è molto evidente, anche per quanto riguarda le scelte cromatiche dell'arredamento.»

Margretta e Arthur aspettarono che lei si facesse da parte e poi studiarono attentamente ciascun progetto.

«Noterete che non abbiamo previsto la sostituzione di tutti i mobili. I tavoli lunghi e i sedili possono essere recuperati in modo abbastanza semplice ed economico. Mo conosce qualcuno che può fare questo tipo di lavoro per noi. Naturalmente possiamo fornirvi tutti gli arredi che desiderate, ma siamo disposti a lavorare anche con quelli vecchi. Per questo abbiamo elaborato un paio di proposte finanziarie diverse.»

«È una cosa rara» disse Margretta sottovoce al marito.

Arthur sorrise alla moglie. «Prima o poi ti farò vedere cos'ha fatto Regan con l'hotel. Una soluzione molto intelligente.»

Regan attese pazientemente mentre Arthur e Margretta discutevano sottovoce dei diversi disegni. Infine, si rivolsero a lei.

«Ci piace quello che avete fatto tu e Mo e, dopo aver esaminato i dati finanziari e averne discusso con altri consulenti, vi faremo sapere la nostra decisione» disse Arthur. «Per quanto riguarda l'altra parte dell'affare di cui avevamo discusso, Regan, ti dovrò far sapere più avanti anche in questo caso.»

«Certo. Grazie mille per l'opportunità» disse Regan, mascherando accuratamente i suoi sentimenti mentre impacchettava i disegni da lasciare ai Weatherman. Era euforica all'idea che lei e Mo potessero vincere la gara d'appalto per i lavori di ristrutturazione e depressa per la probabile perdita del contratto per diventare testimonial.

CAPITOLO 25
REGAN

Regan stava uscendo dal parcheggio quando le squillò il cellulare. Lo prese dal sedile accanto a lei e rispose alla chiamata.

«Pronto?»

«Ciao, Regan. Sono Maggie O'Neill. Ho bisogno che tu mi faccia un favore. Oggi dovrei aiutare Brian con il suo pranzo e non posso lasciare il ristorante di Gracie. Le tue sorelle sono in riunione e mi hanno suggerito di chiamare te. Potresti andare in ospedale ad aiutarlo?»

«A... a Jill va bene?» chiese Regan con la gola secca. La parola d'ordine era che nessuna delle sorelle Sullivan doveva andare da Brian.

«Jill? Perché dovrebbe importarle?» disse Maggie.

«Non... non lo so» rispose Regan. «Io e Brian siamo solo amici.»

«Capisco. Be', ho bisogno che tu mi faccia questo favore. Lo farai?»

«Va bene» disse Regan con riluttanza. «So che non me lo chiederesti se non avessi bisogno di me.»

«Grazie. Devo andare. Abbiamo molto da fare.»

Maggie riattaccò, non lasciando a Regan altra scelta se non quella di fare quello che le aveva chiesto. Girò l'auto per andare a Tampa, sperando che andare da Brian non avrebbe creato un problema a nessuno dei due.

###

All'ospedale, Regan si diresse verso la stanza di Brian, ricordando a sé stessa che gli amici si aiutavano a vicenda senza giudicare le loro azioni, e che se Brian voleva tornare insieme a qualcuno come Jill, erano affari di Brian, non suoi.

La porta della stanza era semiaperta quando Regan si avvicinò. Sentì delle voci e si fermò, non volendo interrompere.

«Jill, ti ho detto che mi sarei occupato io della situazione. Non significava che avrei detto a Tony che non poteva lavorare per me. Significava proprio il contrario.»

La voce di Jill, che sembrava in vivavoce, arrivava a sprazzi, tagliente. «Onestamente, Brian, sai che puoi guadagnare di più con l'affare che ti ho procurato sulle montagne della Carolina del Nord. Tutto per te. Senza parassiti, come Tony.»

Sentendo questa frase, Regan si sentì gelare il sangue. Tony era un gran lavoratore che aveva tenuto in piedi la piccola azienda di Brian mentre lui era in convalescenza. Jill non lo capiva? In silenzio, Regan attese una risposta da Brian.

«So che le tue intenzioni sono buone, ma sono orgoglioso dell'azienda che sto costruendo qui in Florida e confido che Tony Morelli possa sostituirmi mentre sono costretto a letto.»

«Ma l'affare di cui sto parlando potrebbe essere molto più di questo» disse Jill. «Davvero, Brian, sono più brava di te negli affari. Che ne dici di fidarti di me?»

Le parole di Brian arrivarono calme e ferme. «La fiducia è una strada a doppio senso. Pensavo che lo sapessi.»

Fuori dalla sua stanza, Regan non sapeva se allontanarsi in punta di piedi o entrare.

«Guarda» disse Brian. «Maggie dovrebbe essere qui a momenti. È meglio che metta giù il telefono.»

«Non è finita, Brian. In qualche modo, ti farò ragionare. Buon pranzo. Ci sentiamo più tardi.» Durante il silenzio che seguì, Regan bussò alla sua porta ed entrò.

Il sorriso luminoso che gli attraversò il viso le riscaldò le viscere. «Oggi sostituisco Maggie. Spero non ti dispiaccia.»

«Dispiacere? Ne sono felice» disse lui con una tale scioltezza che Regan si sentì improvvisamente intimidita.

Brian le fece cenno di sedersi sulla sedia accanto a lui con un cenno del capo. «Ho aspettato a ordinare. Aiutami a scegliere cosa mangiare.»

Lei si avvicinò al comodino e prese il menu offerto dall'ospedale.

«Che ne dici di un panino? Oppure hanno una bella selezione di insalate» disse, leggendo ad alta voce alcuni articoli.

«Quello più difficile da mangiare» scherzò. «Così dovrai davvero aiutarmi.»

Lei si mise a ridere. «Non preoccuparti. Qualunque cosa tu scelga, sono qui per te. So che Maggie fa un buon lavoro e farò del mio meglio per farlo anch'io.»

Brian scelse un panino al tacchino, patatine e gelato.

Regan prese su il telefono e gli ordinò il pranzo.

«Grazie.» Gli scintillarono gli occhi. «Averti qui mi fa sentire meglio. È piuttosto faticoso stare con infermiere e assistenti che mi fanno fare un sacco di cose che non mi piacciono.»

«Ah, hai qualche problema con la riabilitazione?» scherzò lei, stando al gioco.

Brian s'incupì. «Detesto dover dipendere dagli altri.»

«Posso immaginarlo» disse lei comprensiva. «Col tempo, tornerai come prima.»

«È questo il punto. Potrebbero volerci un paio di mesi o anche di più. Cose semplici come aggiustare il cuscino sono cose che non posso fare facilmente. E non mi soffermerò su altre cose che non posso fare da solo.»

«Hai bisogno di sistemare il cuscino adesso?» chiese

Regan, notando che era storto. «Tirati su a sedere un attimo e te lo aggiusto come vuoi.»

Brian si staccò dalla testata del letto che era stata sollevata per dargli sostegno.

Regan si chinò e infilò il cuscino dietro di sé. «Va bene così?»

Brian girò la testa e la guardò.

I loro occhi si incrociarono e Regan ebbe la strana sensazione che tutti i suoni intorno a loro svanissero, insieme all'ambiente circostante.

«Oh mio Dio!»

La voce stridula che infranse il silenzio fece sì che Regan si allontanasse dal letto barcollando.

Jill marciò verso di loro con un'espressione così feroce che Regan alzò le mani per difendersi. «Cosa ci fai qui?»

«Sostituisco Maggie. Mi ha chiesto di aiutare Brian con il pranzo. Il ristorante era così pieno che non poteva venire.» Regan era arrabbiata con sé stessa per essere sembrata così spaventata. Stava solo aiutando una coppia di amici. Giusto?

Jill emise uno sbuffo di disgusto.

«Se vuoi sostituirmi, posso andarmene» disse Regan, non volendo litigare con una persona che nemmeno le piaceva. Sarebbe stato distruttivo per tutti.

«Non posso restare» disse Jill. «Stavo andando a una riunione e ho pensato di prendermi qualche minuto per lasciare questi opuscoli a Brian.» Si girò verso di lui. «Ecco, tesoro. Ecco di cosa sto parlando. È un affare importante. Non lasciartelo sfuggire.»

Regan si avvicinò alla finestra e guardò fuori, concedendo a Jill e Brian un momento per sé.

Al ticchettio di tacchi sul pavimento, Regan si voltò. Jill stava uscendo dalla porta.

Regan e Brian si scambiarono uno sguardo.

«Io e Jill dobbiamo chiarire alcune cose» disse Brian in modo brusco.

Regan rimase in silenzio e andò dall'infermiere che aveva portato il pranzo.

«Grazie» disse, prendendo il vassoio e mettendolo sul tavolino accanto al letto di Brian.

«Preferisci mangiare seduto su una sedia?» gli chiese.

Lui scosse la testa. «No, se non ti dispiace. Sono molto stanco dopo gli esercizi di stamattina.»

«Ok, non è un problema mangiare qui.» Lei si mise accanto al letto e, prendendo un coltello, gli tagliò con cura il panino in pezzettini.

«Mi rendi le cose facili, eh?» disse Brian prima di accettare un pezzo di panino.

Regan sorrise. Osservando la mascella di lui che si muoveva mentre masticava, si sentì un po' a disagio. Fissò la barbetta sul mento, il modo in cui il pomo d'Adamo gli andava su e giù mentre deglutiva e provò un inaspettato senso di desiderio.

Il suo sguardo si posò su di lei e ci restò tanto che la fece arrossire. «Perché mi stai fissando?»

«Sto aspettando che tu mi dia un altro boccone» disse divertito.

Arrossì ancora di più e si sforzò di mantenere il controllo. «Mi dispiace. Mi sono persa nei miei pensieri.»

Il suo sorriso malizioso era scherzoso. «Spero che fossero pensieri buoni.»

Agitata, Regan non rispose, ma si limitò a portargli un altro boccone alle labbra.

Distolse lo sguardo mentre lui masticava, dicendosi che la sua reazione nei suoi confronti era ridicola. Lui stava semplicemente mangiando, lei non aveva intenzione di avere una relazione con lui e lui aveva fatto capire di essere interessato a un'altra.

«Regan?»

Si voltò.

«Che ne dici di qualche patatina?»

Lei ne afferrò un paio e gliele portò alle labbra.

Quando le prese in bocca, le sue labbra calde e morbide le sfiorarono la mano. Lei sentì una scossa di energia che la fece allontanare.

«Scusa. Ti ho morso?» chiese Brian preoccupato.

«No, no» si affrettò a rispondere lei. «Sei pronto per un altro pezzo di panino?»

Lui annuì e mangiò in fretta per finirlo.

«Gelato?» chiese lei quando lui ebbe ingoiato l'ultimo boccone di tacchino.

«Va bene. Il cioccolato è sempre il mio gusto preferito.»

Regan raccolse una cucchiaiata di cioccolata e gliela portò alla bocca.

Un altro brivido di desiderio la attraversò mentre lo guardava prendere il cucchiaio in bocca. Le sue labbra sembravano capaci di tante cose.

Con un'altra cucchiaiata, immaginò come sarebbe stato nutrire un bambino. Uno dei suoi. E poi, senza volerlo, le balenò in mente l'immagine di un bambino loro.

Fece cadere il cucchiaio sul tavolo. Il cucchiaio rimbalzò dal tavolo sul pavimento con un suono metallico che la fece sobbalzare.

«Mi dispiace tanto. Vado a lavarlo e torno subito.»

Come se fosse consapevole della reazione che le aveva provocato, lui ridacchiò piano, facendole desiderare di poter semplicemente volare via.

Quando tornò da lui, Brian le sorrise. «Apprezzo molto il fatto che tu sia qui con me, Regan, anche se non mi piace che tu mi veda così.»

«Capisco. Neanche a me piace che tu mi veda così.»

«Cosa vuoi dire? Tesoro, sei sempre bellissima. Niente può cambiarlo» disse lui dolcemente.

Lei lo fissò, stupita dall'affetto che sentiva nella sua voce.

«Mio Dio! Non mi credi? Oh, Regan. Peccato che non siamo mai riusciti a stare insieme. Avremmo potuto divertirci un sacco.»

Regan annuì inebetita, scacciando la sensazione di voler piangere.

CAPITOLO 26
SHEENA

Quando non poté più aspettare, Sheena andò a preparare la cena per i figli. Aveva cercato di contattare Tony al cellulare ed era stata costretta a lasciargli un messaggio. Le tornarono in mente tutte le volte che, a Boston, lei e i ragazzi avevano mangiato senza di lui perché lui era impegnato nei suoi affari. Aveva apprezzato i suoi orari più regolari in Florida.

«Mamma, ho pensato al mio compleanno» disse Meaghan. «Posso invitare qui un gruppo di miei nuovi amici? Potremmo usare una delle stanze degli ospiti vuote per la festa e nuotare in piscina.»

«Di chi stai parlando? Delle ragazze della squadra delle cheerleader?» chiese Sheena, mangiando un boccone dello stufato.

Meaghan fece una pausa. «E di alcuni ragazzi.»

«Intende Rob Wickham» la schernì Michael. «Rob fa parte dei giocatori di football più giovani che pensano di essere migliori di quello che sono. Naturalmente alle cheerleader non importa.»

«Geloso?» chiese Meaghan, lanciando un'occhiataccia al fratello.

«Di cosa devo essere geloso?» replicò Michael. «Io ho Kaylee.»

«È meglio che entrambi pensiate ai compiti per la scuola, non a tutte le vostre attività sociali» li avvertì Sheena. «Il prossimo anno o giù di lì volerà, e poi sarà troppo tardi per recuperare i brutti voti. Le università non vogliono sapere che vi siete preoccupati più di divertirvi che di studiare.»

«Accidenti, mamma. Smettila. Dovremmo essere in grado anche di divertirci» disse Michael. «Inoltre, se non ci avessi trasferito qui, non avrei mai conosciuto Kaylee.»

Sheena lo guardò fisso. «Stai cercando di incolpare me per i possibili brutti voti?»

Le guance di Michael diventarono rosse e poi rise. «Immagino di no.»

Scuotendo la testa, Sheena si unì alle risate. *Adolescenti!*

«Posso, mamma?» disse Meaghan.

«Fare la festa di compleanno qui?» disse Sheena. «Lasciami parlare con le mie sorelle e ti farò sapere. Abbiamo un paio di settimane prima di allora.»

«Be', in un certo senso l'ho già detto a tutti» disse Meaghan. «Per favore, non far sembrare che io abbia mentito.»

La frustrazione di Sheena traboccò. «La prossima volta chiedi prima, Meaghan. Questa è un'attività commerciale. Stiamo lavorando per riempire sempre più stanze.»

«Lo so» disse Meaghan contrita. «Volevo solo piacere ai miei nuovi amici.»

«Fare feste non ti farà piacere di più ai tuoi amici, Meaghan. È il modo in cui li tratti ogni giorno che conta.»

Michael gemette. «Sembri un'insegnante di catechismo.»

Sheena inarcò le sopracciglia verso di lui. «È importante parlare di cose come questa. Spero che tu tratti bene i tuoi amici. Come vanno le cose tra te e Jésus agli allenamenti di calcio?»

«Nessun problema tra noi» disse Michael.

«Bene» disse Sheena. Al suono di una chiamata sul cellulare, si alzò di scatto dal tavolo per rispondere. *Tony.*

«Ciao, tesoro! Come va?» chiese Sheena.

«Dobbiamo parlare. Sto tornando a casa, ma forse c'è un

posto dove possiamo andare a parlare in privato.»

Il cuore di Sheena si mise a battere all'impazzata, allarmato. «Tutto bene?»

«Non lo so. Arrivo presto.»

Dopo aver consumato un pasto veloce in silenzio, Tony si alzò. «Dove possiamo andare per avere un po' di privacy?»

«Possiamo andare in macchina fino al parcheggio pubblico della spiaggia. Andiamo, guido io. Sono impaziente di parlare di qualsiasi cosa ti preoccupi.»

Lui annuì. «Ok, lo dico ai ragazzi e poi andiamo.»

Fuori, Sheena si mise al volante del suo Maggiolino VW decappottabile e aspettò che Tony si sistemasse sul sedile del passeggero.

«Ti piace la macchina?» chiese Tony, accarezzando il cruscotto.

Sheena sorrise. «La adoro! Non riesco ancora a credere che tu me l'abbia comprata.»

Lui sorrise. «Immagino che questo vecchio possa sorprenderti di tanto in tanto, eh?»

Sheena si chinò e gli baciò la guancia. «Mi piace che tu lo faccia.»

«Lo spero» disse Tony in modo enigmatico.

Lei gli rivolse uno sguardo interrogativo.

«Parcheggiamo e ti racconterò tutto» disse Tony.

Sheena si fermò nell'area a mezzo miglio di distanza e parcheggiò l'auto in uno spazio vuoto nell'angolo.

Voltandosi verso di lui, disse: «Ok. Ora, sputa il rospo.»

Lui emise un lungo respiro. «All'ospedale ho aggiornato Brian sui nostri progetti e gli ho dato un elenco di tutte le cose che dobbiamo portare avanti.»

«Ed è stato contento?»

Tony aggrottò la fronte e la fissò. «Cosa c'è da non essere contenti? Ho già gestito un'azienda in passato, posso farlo di nuovo.»

«Ma?»

«Ma poi mi ha detto che Jill vuole che lui esca dall'azienda in Florida e si dedichi a un progetto speciale nella Carolina del Nord, un progetto che significherebbe un'attività propria, molto redditizia, creata da amici di lei, ricchi investitori.»

«E lui lo farà?» Il cuore di Sheena batteva così forte che non riusciva quasi a respirare. Brian era un anello importante per il completamento dell'hotel.

Tony scosse la testa. «No, non vuole trasferirsi in montagna. Vuole restare qui. Ma sa che non può più gestire l'attività da solo e vuole che io ne acquisti una quota».

«Acquistare? Come? I soldi che abbiamo sono destinati a un consistente acconto per la casa che intendiamo costruire.»

Tony si limitò a fissarla.

La realtà della situazione la colpì come un colpo al cuore. «Stai dicendo che se compri una quota dell'azienda di Brian, non possiamo avere la nostra casa?»

Lui fece un profondo respiro e lasciò uscire il fiato lentamente. «Questa è la scelta che dobbiamo affrontare.»

«Capisco» disse Sheena, sentendosi male allo stomaco. Era molto più preoccupata che l'hotel producesse reddito di quanto non lasciasse intendere agli altri, e l'idea di non riuscire a vincere la sfida dello zio Gavin la preoccupava molto. E se ciò fosse accaduto, avrebbero mai avuto una casa tutta loro?

Sheena sentì il bruciore delle lacrime.

«Ti darò un po' di tempo per pensarci» disse Tony. «Nel frattempo, mi occuperò dei numeri. Ma, Sheena, è un'occasione unica entrare a far parte di quest'azienda in crescita. Brian ha un socio silenzioso che ha contribuito a finanziare l'attività, ma saremo io e Brian a gestirla insieme. E anche se l'azienda dovesse attraversare periodi di rallentamento, avrei comunque il tempo di soddisfare i criteri per ottenere la licenza di idraulico in Florida.»

«Capisco che lo vuoi davvero, ma ho bisogno di tempo per pensarci» disse Sheena, desiderando che non fosse mai successo. Voleva essere generosa con Tony, ma detestava l'idea di perdere la casa che aveva già mentalmente iniziato a decorare.

La mattina dopo, non appena i ragazzi furono usciti per andare a scuola, Sheena si affrettò a scendere in spiaggia. Non voleva parlare con le sorelle né con nessun altro finché non avesse avuto il tempo di riflettere sulla proposta di Tony. Doveva essere realistica sul futuro.

Sentì la sabbia scaldata dal sole del mattino sotto il plantare quando mise piede sull'ampia distesa bianca. Si avvicinò al bordo dell'acqua, sollevò le braccia al cielo e inspirò profondamente.

Il solito suono della risacca che salutava la sabbia e si allontanava le giungeva alle orecchie con un ritmo costante che calmava i suoi pensieri frenetici. Per tutta la notte era stata tormentata dalle ipotesi. E se non avessero vinto la sfida, cosa sarebbe successo alla sua famiglia, alle sue sorelle e all'hotel? E se Tony avesse investito denaro nell'azienda di Brian e questa fosse fallita? E se non avessero potuto permettersi di mandare i figli all'università? I suoi pensieri continuavano a vorticare senza posa.

Sheena fece altri respiri profondi, inspirando il sapore salato dell'aria e ascoltando il grido dei gabbiani che volteggiavano, salendo in aria e scendendo in picchiata come per salutare con un bacio l'acqua ondeggiante sotto di loro.

L'apprensione interferiva con la sua normale volontà di lasciare che la natura facesse il suo corso. Gli ultimi mesi avevano rappresentato tanti cambiamenti salutari. Come poteva rinunciare all'idea di tutto ciò che avrebbe potuto portare a sé stessa e alla sua famiglia? E questo era un altro caso in cui metteva gli altri al primo posto? Pensò a tutto quello che aveva fatto passare alla sua famiglia trasferendosi in Florida e capì che la sua ultima domanda non era giusta.

Mentre guardava le onde che si infrangevano sulla riva, un senso di calma la invase. Tony era un uomo onesto e laborioso. Gavin si era fidato di Brian, confidando che le aiutasse a raggiungere il loro obiettivo. Lui si era dimostrato una fonte costante di guida e un aiuto enorme nel portare a termine compiti grandi e piccoli. Forse, pensò, era giunto il momento di riporre la sua fiducia in loro e, soprattutto, nelle sue sorelle. Lavorando insieme, avrebbero potuto raggiungere i loro obiettivi.

Un pensiero sgradevole si intromise. *E se non ce l'avessero fatta?*

Sopravviveremo. Insieme.

Sentendosi molto meglio, Sheena corse lungo la spiaggia, tenendo le braccia aperte, ridendo. Quando si fermò, si girò e si diresse verso casa.

CAPITOLO 27
DARCY

Darcy si stava dirigendo verso il ristorante di Gracie quando vide Sheena tornare all'hotel dalla spiaggia. Aspettò che Sheena si avvicinasse e la chiamò. «Vuoi fare colazione con me? Regan è di turno alla reception.»

Avvicinandosi, Sheena sorrise. «Ho fatto colazione un po' di tempo fa, ma ti terrò compagnia e mi prenderò una tazza di caffè.»

Entrarono nel ristorante e si diressero al loro tavolo d'angolo preferito.

Maggie si avvicinò al loro tavolo. «Caffè?» Senza aspettare una risposta, versò il caffè nelle loro tazze e rimase in silenzio, ben consapevole dei loro soliti desideri. «Che altro?»

«Nient'altro per me» disse Sheena.

«Io prendo un uovo in camicia su pane tostato» disse Darcy.

«Certo.» Maggie iniziò ad allontanarsi e tornò da loro. «Puoi farmi un favore e chiedere a Regan se può fare il turno di pranzo per Brian all'ospedale?»

«Glielo chiederò» disse Darcy. «Va tutto bene?»

Maggie annuì. «Ho solo bisogno che mi aiuti. Bebe si prende un giorno di riposo, e tutti noi dobbiamo dare una mano.»

Quando Maggie lasciò il tavolo, Darcy e Sheena si scambiarono uno sguardo preoccupato.

«Non so come uno staff di così poche persone possa continuare a gestire tutti gli affari» disse Sheena.

«Sono d'accordo» disse Darcy. «Hanno aggiunto altra gente, ma non mi sembra che il personale sia ancora sufficiente.»

«Vedrò di parlarne con Gracie.»

«Stai attenta» disse Darcy. «Gracie gestisce questo ristorante come il capitano di una nave, e non vorrei farla arrabbiare.»

«Credimi, sono molto attenta con lei.»

Darcy posò la tazza di caffè. «Pensi che le dispiacerebbe se approfittassi dell'assenza di Bebe dalla cucina per cercare di organizzare un'intervista con lei per il mio nuovo libro? Bebe e Maggie sono le due persone del gruppo che conosco meno.»

Sheena le agitò un dito contro. «Ricorda che la gente di Gavin è molto riservata sul proprio passato.»

«Rispetto il loro ritegno» disse Darcy. «Davvero. Forse, dopo colazione, vedrò di trovare Bebe. Ora che ho deciso di scrivere un libro per conto mio, non posso lasciarmi sfuggire nessuna occasione di intervista.»

Sheena sorseggiò il suo caffè in silenzio.

«Qualcosa non va?» disse Darcy. «Sei terribilmente silenziosa.»

«È solo che ho molte cose per la testa. Inoltre, il compleanno di Meaghan si avvicina. Vuole fare una festa con ragazzi e ragazze qui all'hotel, usando la piscina e una stanza degli ospiti non occupata. Che ne pensi?»

Darcy quasi si strozzò con il sorso di caffè che aveva appena bevuto. «Una festa tra ragazzi e ragazze? Nella stanza degli ospiti?»

Sheena alzò una mano. «Non quel tipo di festa. Meaghan pensa che il fatto di avere quindici anni le permetta di avere molta libertà, ma sai che la terrò d'occhio con attenzione. Sembra che abbia una cotta per Rob e che abbia voluto fare colpo sui suoi nuovi amici invitandoli qui.»

Darcy bevve un sorso di caffè, lasciando che diversi pensieri si sedimentassero dentro di lei mentre Maggie le metteva davanti la colazione che aveva ordinato. Aveva mantenuto la promessa fatta a Meaghan di non dire nulla del suo ragazzo, ma ora Darcy si chiedeva se avrebbe dovuto parlarne con Sheena.

Sheena fece un respiro profondo. «Ho visto Meaghan dare un bacio al suo ragazzo dopo che sono scesi dallo scuolabus. Sembrava piuttosto innocente, ma comunque...»

«Ehi, non preoccuparti. Organizziamo una serata tra ragazze, noi quattro, e parliamo con disinvoltura di cose come gli appuntamenti, le droghe e tutto il resto» disse Darcy.

L'espressione di Sheena si illuminò. «Sarebbe bello. Ho detto a Meaghan che avrei parlato con te e Regan della festa in albergo. Potremmo parlare della festa e poi passare a una conversazione più approfondita.»

«Meaghan è una bella ragazza che si è accorta di come i ragazzi reagiscono a lei. Sono felice di non essere sua madre.»

«O suo padre» disse Sheena con aria triste. «Tony ne morirebbe se sua figlia facesse qualcosa di stupido.»

«Tutti gli adolescenti sono un po' stupidi di tanto in tanto» disse Darcy, pensando al proprio passato. «Non riesco a immaginare come sarà affrontare l'adolescenza con un figlio, visto che io e Austin non ne abbiamo ancora avuto uno.»

«Avete parlato di mettere su famiglia?» chiese Sheena.

«Oh sì» rispose Darcy con entusiasmo. «Austin dice di volere molti figli. Ma siamo d'accordo di iniziare con uno o due e poi vedere.»

Sheena sorrise. «Austin sarà un ottimo padre. Ne sono certa.»

Darcy studiò la sorella, a disagio per il bisogno di sapere. «Che mi dici di me? Pensi che sarò una buona madre?»

Sheena spalancò gli occhi. «Perché non dovresti?»

«Per via della mamma e di come ha lasciato molte cose a te e a me. Non ero sempre gentile quando facevo da babysitter a Regan.»

Sheena le diede una stretta alla mano. «Darcy, eri solo una bambina che si comportava come si comportano i bambini. Ho letto i tuoi articoli e ho capito che tipo di donna sei. Sarai una madre fantastica.»

Ebbra di sollievo, Darcy fece una risata. «Penso che io e Austin faremo dei bambini adorabili. Lui stesso è così carino.»

Sheena ridacchiò. «Parli come una donna innamorata.»

Si scambiarono un sorriso e poi Sheena si alzò. «Devo andare. Ho una commissione da sbrigare.»

Rimasta sola, Darcy si affrettò a finire la colazione e si diresse al secondo piano dell'edificio, dove tutti e otto i componenti della gente di Gavin avevano piccoli appartamenti privati.

Bebe era una donna robusta che lavorava al fianco di Gracie in cucina. Non che fosse ostile, pensò Darcy. Bebe era solo una persona molto riservata. Anche nel gruppo dei suoi amici più stretti, Bebe era per lo più silenziosa. Ma se Darcy entrava da Gracie prima dell'apertura ufficiale del mattino, era Bebe a correre da lei, offrendosi di prepararle la colazione.

Al piano di sopra c'era silenzio. Il resto della gente al piano stava lavorando da Gracie o, nel caso di Rocky, molto probabilmente stava facendo qualche lavoretto da tuttofare in giro per l'hotel.

Darcy si mosse silenziosamente lungo il corridoio fino ad arrivare a una porta con la scritta "Bebe". Bussò alla porta, sperando che Bebe non si irritasse per l'intrusione.

Aspettò alcuni secondi e poi bussò di nuovo.

Questa volta Darcy sentì lo scalpiccio dei piedi e pochi istanti dopo Bebe aprì la porta.

Alla vista di Darcy, Bebe spalancò gli occhi. «Ciao! Gracie

mi ha mandato a chiamare?»

«No» disse Darcy. «Mi chiedevo se potessi farmi un grosso favore. Sai che scrivo articoli sui giornali, vero?»

Bebe annuì. «Li ho letti tutti. Sono così dolci.»

«Be', ora sto scrivendo dei racconti per un libro che pubblicherò. Quasi tutti gli altri membri del gruppo mi hanno concesso un'intervista e mi chiedevo se potessi parlare con te.»

Gli occhi di Bebe si fecero rotondi. «Io? Per quale motivo? Non sono nessuno.»

Un'ondata di simpatia travolse Darcy. «Oh, ma non è vero. Sei una parte molto importante del gruppo e in particolare per me e le mie sorelle. Gavin non ti avrebbe mai portata qui se non fossi stata una persona che rispettava.»

Gli occhi azzurri di Bebe si riempirono di lacrime. «Be', accidenti! Non mi sono mai vista in questo modo.» La sua voce conteneva una traccia di accento meridionale.

«Possiamo parlare un po'?» chiese Darcy, più curiosa che mai. «Tutti hanno una storia da raccontare.»

Bebe scosse la testa così velocemente da far tremare le guance piene. «La mia storia non è bella.»

Darcy esitò e poi disse: «Forse questo è un buon motivo per raccontarla. Non userò il tuo nome né darò informazioni private senza il tuo permesso. Te lo prometto.»

Bebe la guardò perplessa.

«E puoi fermarmi in qualsiasi momento» aggiunge rapidamente Darcy.

Bebe emise un lungo sospiro. «Ok, entra pure. Credo che non ci sia nulla di male. È morto da tempo.»

Darcy lasciò cadere la frase, ma si chiese chi fosse il morto di cui Bebe stava parlando.

L'appartamento di Bebe era piccolo ma ordinato. Il letto matrimoniale, la scrivania e il comodino occupavano metà della stanza. Nella zona giorno c'erano una grande poltrona, una più piccola e imbottita di fronte ad essa, un tavolino tra loro e un paio di lampade a stelo, oltre a un grande televisore. Un ventilatore a soffitto ruotava lentamente sopra di loro, muovendo piano l'aria rinfrescata dal condizionatore.

«Siediti, per favore» disse Bebe, offrendo a Darcy la sedia più piccola.

Darcy si sedette e attese che Bebe adagiasse la sua considerevole mole sulla sedia a sdraio di fronte a lei.

«Cosa vuoi sapere?» chiese Bebe. «Il mio vero nome è Bertha Baker, come già sai.»

Darcy si protese in avanti. «Non conoscevo bene mio zio. Lui e mio padre non erano, diciamo, molto uniti. Scoprire di più sulle persone che gli piacevano mi permette di conoscerlo meglio. Come vi siete conosciuti tu e mio zio?»

«In una di quelle riunioni in cui tutti si presentano con il motivo per cui sono lì. Nel mio caso, si trattava degli Alcolisti Anonimi.»

Darcy annuì. «Ha senso. So dei problemi dello zio Gavin.»

«Sì, era molto aperto sulle cose con cui aveva avuto difficoltà, suo figlio e tutto il resto. A una delle riunioni, portai dei brownies che avevo preparato. Gavin mi ringraziò. Da allora, ogni volta che potevo, gli portavo un dolcetto. Era molto goloso e adorava tutto ciò che preparavo. Col tempo diventammo amici. Quando Gavin seppe perché avevo lottato per tanti anni con l'alcol e il cibo, si infuriò. Mi promise che non avrei mai più avuto paura, che conosceva una donna che stava per aprire un ristorante e che si sarebbe assicurato che non solo trovassi un lavoro con lei, ma che avrei avuto un posto sicuro dove vivere.»

La compostezza di Bebe evaporò. Abbassò la testa tra le mani e singhiozzò.

Darcy fissò Bebe impotente, non sapendo se andare da lei

o lasciarle la privacy che sembrava sempre desiderare. Dopo qualche istante, Darcy si alzò e avvolse un braccio intorno alle spalle tremanti di Bebe.

«Mi spiace» disse Darcy, non capendo cosa fosse successo. Le accarezzò la schiena e aspettò che si calmasse.

Dopo essersi calmata, Bebe guardò Darcy con gli occhi cerchiati di rosso. «Mi dispiace. Non volevo crollare così. So che mi fa bene parlarne, ma mi riporta alla mente tanti ricordi. Tutti brutti.»

Scossa, Darcy disse: «Non volevo farti sentire così. Possiamo fermarci subito.»

Bebe scosse la testa con tranquilla determinazione. «No, voglio raccontartelo. Forse può aiutare qualcun altro.»

Darcy tornò a sedersi sulla sedia di fronte a Bebe e decise di lasciare che Bebe parlasse tanto o poco quanto voleva.

Bebe si tamponò gli occhi con un fazzoletto, bevve un sorso d'acqua dal bicchiere al suo fianco e cominciò. «Da bambina, da che ho memoria, mio padre ha abusato di me. Come tutti gli aguzzini, mi disse che non avrei mai potuto dirlo a nessuno, soprattutto a mia madre. Solo quando fui al liceo raccontai tutto alla psicologa della scuola. Fu lei a farmi aiutare.»

«Cosa successe a tuo padre?» chiese Darcy.

La risata di Bebe fu amara. «Quando uscì la notizia, fu licenziato dal suo lavoro. Poco dopo ebbe un infarto e morì. Mia madre diede la colpa a me, ovviamente, e io me ne andai di casa a sedici anni. A quel punto ero già molto sovrappeso e abituata a subire atti di bullismo. Per un po' andai alla deriva, lavorai nelle cucine dei ristoranti, viaggiai per il paese, ricorrendo all'alcol e al cibo per consolarmi. Col tempo ho capito che, abbuffandomi fin da piccola, avevo sperato di rendermi così poco attraente da essere al sicuro da mio padre. Tuttavia, ho continuato a bere e a mangiare finché non sono entrata negli Alcolisti Anonimi. Lì ho avuto così tanti amici che mi hanno dimostrato affetto che non potevo deludere né loro né me stessa continuando a bere.»

Darcy trasalì per il dolore impresso sul volto di Bebe.

L'espressione della donna si addolcì. «È stato un miracolo, davvero, questo tendere la mano agli altri.»

Darcy sentì un groppo in gola. «E lo zio Gavin era uno di loro.»

«Il migliore» disse Bebe. «È una persona di cui si può essere orgogliosi. Ha sempre ascoltato attentamente gli altri e, molte volte, li ha aiutati silenziosamente dal punto di vista finanziario o in modi che hanno dato loro la fiducia necessaria per andare avanti con la loro vita.»

«Vorrei aver avuto la possibilità di conoscerlo. Sarebbe piaciuto anche a me» disse Darcy con sincero rammarico.

«È l'unico uomo che abbia mai amato.» Le guance di Bebe si colorarono di un bel rosa. «Naturalmente, non ho mai osato farglielo sapere.»

«Sono sicura che tutti quei dolcetti erano un segno del tuo affetto» disse Darcy, vedendo Bebe in un modo completamente diverso. Bebe poteva pensare di non essere degna di amore, ma gli altri non la vedevano così.

«Grazie, Bebe, per aver condiviso con me la tua storia» le disse con voce tremante per l'emozione.

Si alzò in piedi e aiutò Bebe ad alzarsi dalla sedia.

«Grazie ancora» disse Darcy e le avvolse le braccia intorno.

Si abbracciarono. Sentendo le braccia di Bebe stringersi attorno a lei, Darcy ebbe l'inatteso impulso di piangere.

###

Seduta alla sua scrivania a sgranocchiare uno dei biscotti allo zucchero di Bebe, Darcy pensava alla loro chiacchierata precedente. Pensava anche a Nick Howard, che l'aveva portata a lavorare al giornale. Una volta lo aveva chiamato Babbo

Natale e, dopo aver ascoltato la storia di Bebe, si rese conto del dono che le aveva fatto: la possibilità di vedere le persone e la vita in un modo completamente nuovo.

Iniziò a scrivere al computer.

"Gli angeli sono di tutte le dimensioni e forme, con doni altrettanto vari. Spetta a noi riconoscere quando un dono del genere arriva sulla nostra strada. Come faccio a saperlo? Perché oggi ho incontrato un angelo. Abusata da bambina, vittima di bullismo per la sua stazza, questo angelo è in grado di mettere amore nelle cose dolci che fa per gli altri. Alcuni angeli sono gentili, altri sono forti e spavaldi. Altri sono dei sopravvissuti che vanno oltre il loro passato per diventare le persone che erano destinate a essere, amabili e amate. Questi angeli a volte sono i più difficili da vedere, ma, credetemi, ci sono. Come faccio a saperlo? Perché oggi mi sono innamorata di un angelo."

CAPITOLO 28
SHEENA

Sheena entrò nella stanza d'ospedale di Brian e la trovò vuota. Incerta se restare o andarsene, improvvisamente si accorse che qualcuno le stava venendo incontro. Si voltò e vide Brian che si dirigeva verso di lei. Un'assistente gli teneva il braccio sinistro ingessato. Lui mosse la gamba destra in avanti con molta cautela.

Trattenendo un sussulto di sgomento per la sua triste condizione, Sheena si costrinse a sorridere. «Ciao, Brian!»

Lui gemette quando fece un passo che gli fece male e la guardò. «Che ci fai qui?»

«Pensavo che potevamo parlare per qualche minuto. Hai tempo?»

«Ho fin troppo tempo qui, cazzo» scattò lui e subito sembrò contrito. «Scusa. Non volevo prendermela con te. È solo che non vedo l'ora di andarmene da questo posto.»

«Ti capisco, credimi. Per un uomo attivo come te, questo dev'essere un inferno» rispose Sheena onestamente. Non riusciva a immaginare Tony nella stessa situazione.

L'assistente aiutò Brian a mettersi su una sedia. «È meglio che mangi qui» gli disse a bassa voce e lasciò la stanza.

Sheena si sedette sulla sedia accanto a quella di Brian e prese fiato, chiedendosi da dove cominciare.

«Tony ti ha detto della mia offerta?» disse Brian, risparmiandole la preoccupazione.

«Sì, è per questo che sono qui. Ho bisogno di sapere che la tua offerta a Tony non è solo una soluzione temporanea, che il tuo è un impegno a lungo termine. Jill ha detto chiaramente a me e alle mie sorelle che non vuole che noi o Tony abbiamo a che fare con te.»

Brian spalancò gli occhi. «Ha detto questo?»

«Sì, e non voglio che Tony si faccia male. È molto contento di lavorare con te e, francamente, io e le mie sorelle siamo arrivate a considerarti come uno di famiglia. Il tuo aiuto è stato impagabile.»

«Jill ti ha davvero parlato in quel modo?» Brian disse con una fermezza così pacata che Sheena si sentì sollevata di non essere lei a dover affrontare la sua ira.

«Vorrei rassicurarti che sono io a gestire la mia attività, non Jill» disse Brian. «Sono arrivato a dipendere da Tony e mi fido completamente del suo istinto e del suo fiuto negli affari. I miei uomini lo apprezzano e lo rispettano, e sarei onorato se prendesse in considerazione l'idea di diventare mio socio.»

Sheena si appoggiò allo schienale della sedia e tirò un sospiro di sollievo. «Ok, ti credo. Considerando tutto quello che stiamo affrontando, questo sarebbe un grande passo per me e Tony. Prima di accettare, dovevo assicurarmi che fosse così.»

Lo sguardo bruno di Brian la trafisse, reclamando la sua attenzione tutta per sé. «Ho promesso a Gavin che ci sarei stato per voi sorelle Sullivan, e io non infrango una promessa. Capito?»

«Sì.» Sheena si alzò, si chinò e gli diede un rapido bacio sulla guancia. «Grazie.» Si girò per andarsene e poi lo affrontò. «A proposito, Regan sostituirà Maggie anche oggi. Sarà qui poco più tardi per aiutarti col pranzo.» Un pensiero diabolico le si affacciò alla mente. Parlò prima di potersi fermare. «Regan potrebbe anche aiutarti con alcuni esercizi. Chiediglielo. Nuota molto bene.»

Brian fece un sorriso smagliante. «Potrei proprio farlo.»

CAPITOLO 29
REGAN

Regan aggiustò la borsa sulla spalla e la strinse un po' di più in mano prima di bussare alla porta della stanza d'ospedale di Brian. Sheena l'aveva avvertita che Brian stava diventando irrequieto per la permanenza al reparto di riabilitazione e aveva bisogno di qualcuno che gli risollevasse il morale.

«Se sei il responsabile della terapia di gruppo, vai via!» Era la voce di Brian.

Regan aprì la porta spingendola con la spalla. «Sono solo io, e quando vedrai il pranzo che ti ha preparato Gracie, sarai felice.»

Brian alzò lo sguardo dalla sedia su cui era seduto e sorrise. «Sembra una prospettiva migliore di fare altri esercizi.»

Regan attraversò la stanza, posò il pranzo sul tavolino del letto e lo fece scorrere fino alla sedia di Brian.

«Che cos'hai lì?» chiese Brian, cercando di vedere.

Regan abbassò il tavolo e glielo spinse più vicino. «Pollo fritto, mais fresco, insalata verde con molti pomodori, come ordini di solito, e torta al limone.»

«Dì a Gracie che le darò un grosso bacio se mai uscirò da questo posto.»

«Lei e tutti gli altri dell'albergo fanno il tifo per te, Brian» disse Regan. «Come me.» Calde lacrime le bruciarono gli occhi. Imbarazzata dall'emozione inaspettata, le asciugò e distolse lo sguardo. «Mi dispiace tanto che ti sia successo tutto questo.»

«Anche a me» disse Brian. «Mi perdonerai mai?»

Regan si voltò a guardarlo. «Dovrei chiederti la stessa cosa. Tra quanto tempo tornerai a casa? Riuscirai a mantenere la tua attività? Quando potrai tornare a lavorare?".

«Per qualche tempo non potrò più lavorare come prima. Per questo ho invitato Tony a entrare in affari con me.»

«Davvero? E Jill? È evidente che Tony non le piace.»

Brian emise un sospiro e chiuse gli occhi. Lo vide diventare rosso di rabbia. Quando aprì gli occhi, erano pieni di frustrazione. «*Sono io* a gestire l'azienda, non Jill. Perché la gente non lo capisce?»

Regan tacque. Meno parlava di Jill Jackson e meglio era. Brian meritava qualcuno che sapesse quanto fosse gentile, meraviglioso, sexy...

Brian tossì.

Regan tornò al presente con una rapidità tale da farle venire le vertigini. Mio Dio! Che pensieri le venivano in mente?

«Siamo pronti a mangiare adesso?» chiese Brian, lanciandole uno sguardo enigmatico.

«Oh, sì» disse lei, portandogli una forchettata di pollo alle labbra.

Un'assistente bussò ed entrò nella stanza. «Posso fare qualcosa per te, Brian?» chiese con una voce che sembrava troppo sussurrata per essere reale.

Infastidita, Regan studiò la giovane donna voluttuosa. *Un'altra donna completamente sbagliata per Brian,* pensò.

«Lo sto aiutando io col pranzo» disse Regan con dolcezza.

«E mi aiuterà con gli esercizi pomeridiani» aggiunse Brian, sorprendendo entrambe.

«Be', sai che sono qui giorno e notte per aiutarti.» L'assistente gli fece l'occhiolino e uscì dalla stanza con un'ulteriore sculettata a destra seguita da una a sinistra che indicava un invito.

«Non ci credo» borbottò Regan mentre raccoglieva un cucchiaio di mais.

Brian rise. «Andrea ha appena rotto con il suo ragazzo.»

Regan gli diede da mangiare il mais e si mise a spuntare le foglie di lattuga, mentre i suoi pensieri andavano a mille. Quando era diventata così protettiva nei confronti di Brian? Rispondendo alla sua stessa domanda, si rese conto che vederlo in quello stato era abbastanza inquietante da farla sentire così. Era un ragazzo grande e grosso, sempre in movimento. O meglio, lo era stato.

«Pensi di poter fare più in fretta?» disse Brian.

Regan abbassò lo sguardo sulla forchetta che aveva in mano e si chiese da quanto tempo stesse fissando il vuoto, persa nei suoi pensieri.

«Mi dispiace. Farò meglio» disse con aria imbarazzata. «Lo prometto.»

Lavorarono in tandem, contenti di stare in silenzio fino alla fine del pasto.

«Ok, è l'ora del dolce» disse Regan. «Ieri sera Bebe ha preparato questa torta apposta per te.»

«La sua torta al limone è una delle mie preferite.» Le rivolse un sorriso canzonatorio. «Sbrigati, donna!»

Regan inforcò un pezzo di torta con la glassa burrosa per cui Bebe era famosa e lo fece scivolare nella bocca aperta di Brian. Osservò le labbra di lui che ripulivano la forchetta dalla glassa con movimenti sensuali.

Brian chiuse gli occhi e masticò lentamente, come se volesse catturare il sapore con ciascuna delle sue piccole papille gustative.

Osservando il modo in cui la bocca di lui lavorava, sentendo il suo leggero mormorio di piacere, Regan rimase affascinata dalle sensazioni sensuali che la travolsero.

«Deliziosa!» disse Brian aprendo gli occhi.

Mentre lui continuava a fissarla, inviandole messaggi silenziosi, Regan si rese conto che Brian non stava più parlando della torta. Il desiderio crebbe dentro di lei. Pur sapendo che non ne sarebbe potuto venire fuori nulla, desiderava il bacio che lui sembrava offrirle.

«Regan?» disse lui, con voce bassa e seducente.

Lei saltò in piedi. «Non posso. Jill...»

«Maledizione!» disse lui, alzandosi a fatica e ricadendo sulla sedia. Sospirò quando lei continuò ad allontanarsi. «Credo sia meglio finire la torta.»

Regan si rimise a sedere e si costrinse a continuare a nutrirlo, chiedendosi quando avrebbe potuto congedarsi da quell'uomo che aveva tanto potere su di lei.

Dopo che Brian ebbe mangiato l'ultimo boccone di torta e gli fu data dell'acqua, Regan raccolse i piatti per tornare da Gracie. «Mi aiuterai con gli esercizi, vero?» chiese Brian. Un ghigno diabolico gli attraversò il viso.

«Adesso?» disse Regan.

«Tra un po'.» Prima ho bisogno di sdraiarmi un po'.»

«Non so se dovrei restare. Forse avranno bisogno di me in albergo.»

«Chiama Sheena, se vuoi, ma non credo che le dispiaccia.»

Regan lo guardò accigliato. «C'è qualcosa che non mi stai dicendo?»

Lui sorrise. «Io e Sheena ne abbiamo già parlato. Sei la persona perfetta per aiutarmi.» Fece una pausa. «Sono sicuro che ti farà sentire meglio riguardo all'incidente.»

Regan scosse la testa. Quell'uomo non si esimeva dall'usare tattiche subdole per ottenere ciò che voleva. Al diavolo Jill! Avrebbe fatto esattamente quello che le aveva chiesto.

###

Regan non si rese conto di essersi addormentata sulla sedia

accanto al letto di Brian finché non sentì il suono della sua voce che la chiamava.

Si alzò a sedere e fissò Brian con aria assonnata.

«Puoi chiamarmi l'infermiera? Ho suonato il campanello, ma non si è fatta vedere e devo fare pipì, e alla svelta.»

«Certo. Aspetta» disse Regan, ormai sveglia. Si alzò in piedi e andò in corridoio. Un'infermiera stava venendo verso di lei.

«Può aiutare Brian ad andare in bagno?» chiese Regan, avvicinandosi. «Ne ha bisogno subito.»

L'infermiera annuì e si affrettò verso la stanza.

Regan seguì l'infermiera e la osservò mentre aiutava Brian ad alzarsi dal letto per accompagnarlo in bagno.

Sentendosi un'intrusa, Regan si voltò e uscì quando Brian si mise in piedi davanti alla tazza e cominciò a liberarsi senza nemmeno preoccuparsi di chiudere la porta. Nel corridoio, aspettò un segnale che indicasse che Brian aveva finito.

«Regan? Può venire ora» disse l'infermiera.

Regan entrò nella stanza.

«Questo sarebbe un buon momento per aiutare Brian a fare due passi in corridoio. Ha bisogno di camminare più volte al giorno» disse l'infermiera. «Mi sembra di capire che lo aiuterà lei. È bene che voi due riusciate a stabilire una routine costante. Sappiamo tutti quanto sia impaziente di tornare a casa.»

Regan e Brian si scambiarono uno sguardo.

«Lo aiuterò per tutto il tempo che vorrà» disse Regan.

L'infermiera sorrise. «Bene. Ora, Brian, cammina più a lungo che puoi per rafforzare quei muscoli che hanno già cominciato a indebolirsi.»

Con un'aria infelice, Brian annuì. «Va bene.»

Regan andò al suo fianco. «Ditemi cosa volete che faccia.»

«Se gli sostiene il braccio sinistro, può camminare da solo» disse l'infermiera. «Più tardi, quando il braccio destro sarà più forte, potrebbe essere in grado di usare un deambulatore, ma al momento, pur volendo fargli muovere il gomito destro il prima possibile, non vogliamo che ci pesi sopra finché non sarà in grado di sopportarlo.» L'infermiera guardò Brian con simpatia. «È una situazione piuttosto triste per te, lo so, ma puoi farcela.»

«Sì» disse Brian, e sembrava quasi che volesse piangere.

Regan si rese conto di quanto Brian si fosse impegnato per tenere alto il morale. Ora stava decisamente calando.

«Forza! Facciamo una passeggiata» disse Regan con tono allegro. Gli offrì il braccio e lui lo afferrò con le estremità delle dita che il duro gesso del braccio sinistro non aveva coperto.

Brian procedette con passo costante seppur lento fino alla fine del corridoio. Ma quando tornarono nella sua stanza, una leggera patina di sudore gli ricopriva il viso e Regan capì lo sforzo che gli era costato fare quella passeggiata.

Dopo che Brian si fu sistemato sulla sedia, lei disse: «Sarò qui ogni pomeriggio per aiutarti. Insieme, ti prepareremo per tornare a casa.»

Gli si velarono gli occhi. «Detesto che tu mi veda così. Mi sento come un dannato bambino.»

Regan scosse la testa. «Non sei un bambino.» Impulsivamente, si chinò e lo baciò sulla guancia.

Lui cercò di afferrarle il braccio mentre lei si allontanava. Alzando lo sguardo su di lei, le sue labbra si incurvarono. «Puoi farlo di nuovo?»

Regan si lasciò sfuggire una risata sommessa. «Vedi? Ti senti già meglio! Scusa, ma devo proprio andare. Ci vediamo domani!»

Si voltò e si costrinse a continuare a camminare per non correre da lui per un altro bacio, che non sarebbe stato altrettanto fraterno.

CAPITOLO 30
SHEENA

Sheena era al banco della reception quel sabato mattina quando una giovane coppia entrò in ufficio. La ragazza era palesemente incinta. L'uomo accanto a lei non sembrava molto più vecchio di Michael.

«Salve» disse Sheena educatamente. «Posso aiutarvi?»

«Non abbiamo prenotato» disse il giovane, «ma stiamo cercando un posto per festeggiare la nostra luna di miele e ci è piaciuta la vostra insegna. Avete qualche camera libera?»

«Sì, in effetti.» Sheena sorrise e gli porse un opuscolo.

Lui lo guardò e annuì. «Ok, vorremmo fermarci una notte.»

«Va bene. Prendiamo qualche vostro dato e vi daremo una delle mie stanze preferite in giardino, dove potrete avere tutta la privacy che volete. A meno che non preferiate una camera con affaccio sulla piscina.»

La coppia si scambiò uno sguardo timido e scosse la testa.

«Va bene, allora procediamo a registrarvi.»

Sheena inserì i dati delle loro patenti di guida dell'Alabama e poi chiese il loro indirizzo.

«Stiamo cercando un appartamento, quindi non abbiamo un indirizzo in Florida. Ma potete usare il mio indirizzo di casa» disse la ragazza, che ora Sheena conosceva con il nome di Lindy Sue Brown. Bobby Stroehler, il marito di Lindy Sue, aveva le spalle larghe ed era bello, un atleta di football, tirò a indovinare Sheena.

«Va bene» disse Sheena, cercando di non giudicarli per

l'età, la valigia malandata e gli altri segni di una coppia in fuga. Avevano entrambi più di diciotto anni e Lindy Sue, una bella brunetta, portava una delicata fede d'oro alla mano sinistra.

Dopo aver preso tutti i loro dati, compresa la carta di credito di Bobby, Sheena li condusse all'edificio Airone.

«È un fine settimana fiacco per noi, quindi vi prego di mettervi comodi in piscina e in spiaggia lungo la baia.» Sheena sorrise. «Considerate l'hotel come casa vostra.»

All'interno dell'edificio, Sheena aprì la porta della loro stanza, consegnò a Bobby la chiave della stanza e fece un passo indietro.

«Accidenti! Mi piace un sacco» disse Lindy Sue. «Questa stanza è perfetta per noi.»

«Godetevela» disse Sheena. «Ci sono due bottiglie d'acqua gratuite nel piccolo frigorifero e un sacco di coupon per il locale accanto e per diversi altri ristoranti nelle vicinanze. E tutti adorano Gracie, il ristorante dell'hotel. È aperto fino alle tre. Volete che vi prenoti un tavolo?»

Bobby lanciò un'occhiata a Lindy Sue. Al suo cenno di assenso, disse a Sheena: «Va bene per le due? Così avremo un po' di tempo per stare da soli.»

Sheena nascose un sorriso al rossore che soffuse le guance di Lindy Sue. «Ok, ci penso io. Ora, volete che vi riempia il secchiello del ghiaccio?»

Lindy Sue e Bobby si guardarono e scossero la testa.

Capendo che volevano solo stare da soli, Sheena annuì e disse: «Se avete bisogno di qualcosa, qualsiasi cosa, per favore chiamate la reception. Trovate il numero dell'interno accanto al telefono.»

Mentre tornava in ufficio, Sheena pensò a quella giovane coppia come a una versione di Tony e lei, e si commosse. D'impulso, si fermò da Gracie non solo per fare la prenotazione, ma anche per parlare con Bebe.

Darcy arrivò alla reception poco dopo. «Sono qui per darti il cambio. Ci sono nuovi ospiti?»

Sheena le parlò della giovane coppia. «Ho chiesto a Bebe di preparargli una piccola torta. Ho la sensazione che non ne abbiano avuta nessuna. Mi sembra una fuga d'amore.»

Darcy sorrise. «Oh, a Bebe piacerà un sacco quest'idea! L'ho intervistata e lei, come il resto della gente di Gavin, ha avuto una vita difficile. Cucinare è il suo modo di guarire.»

L'arrivo di Regan le interruppe. «Che succede?»

«È arrivata una giovane coppia in luna di miele. Gli ho dato la stanza sul giardino A-100» disse Sheena. «Per dargli privacy. E ho prenotato per loro da Gracie alle due con una sorpresa speciale. Raggiungetemi lì.»

«Perfetto» disse Darcy, poi si rivolse a Regan. «Come sta Brian?»

«Un po' depresso. Ho detto che l'avrei aiutato per tutto il tempo che voleva. È possibile programmare i miei turni in modo che possa stare via per aiutarlo col pranzo e per fargli fare un'ora o due di esercizi?»

Sheena guardò Darcy e annuì. «Non vedo perché no. Penso che sia un bene che tu lo stia aiutando. So quanto ti sei sentita in colpa per l'incidente.»

Regan annuì. «A patto che Jill non faccia storie. Brian era furioso al pensiero che lei gli volesse impedire di offrire a Tony di diventare suo socio.»

«Cosa?» disse Darcy. «Diventare suo socio? Quando è successo?»

«Ieri sera» disse Sheena. «Tony e io non l'abbiamo annunciato ufficialmente, ma ho deciso di dire a Tony che mi sta bene. E ho la sensazione che quello che pensa Jill Jackson sia di scarsa importanza per Brian. Le do meno di quarantotto ore per godersi ancora il titolo di "sua fidanzata".»

Sheena notò l'espressione luminosa che riempì il volto di Regan, ma decise di non dire niente. Il tempo, ne era certa, avrebbe contribuito a determinare se Regan avrebbe visto Brian per lo splendido ragazzo che era in realtà.

Quando Sheena tornò nella suite di famiglia, c'era un messaggio scritto a mano ad attenderla sul bancone della cucina.

"Mamma, sono tornato a casa per uno spuntino. Vado all'allenamento speciale di football. Non tornerò a casa fino a tardi. Michael"

Sheena posò il biglietto e sospirò. Gli anni del liceo, pieni di attività dei ragazzi, erano frenetici.

Meaghan entrò nella stanza e si lasciò cadere su una sedia in cucina.

«Che succede?» disse Sheena. «Stai bene?»

Meaghan cominciò a piangere. «Rob Wickham è un idiota.»

Sheena si sedette su una sedia accanto a lei. «Che cos'è successo?»

«Mi ha detto che quest'anno non inviterà nessuno al ballo di Halloween. Pensavo che me lo avrebbe chiesto.»

«Mancano diverse settimane ad Halloween. Forse cambierà idea.»

Meaghan scosse la testa. «No, tutti i giocatori di football della JV vanno a un addio al celibato.»

«Be', allora perché ti preoccupi?» chiese Sheena.

Meaghan saltò in piedi. «Non ci arrivi proprio!»

Sheena guardò impotente Meaghan uscire di corsa dalla cucina e andare alla porta accanto. *Speriamo che Regan riesca ad "arrivarci"*, pensò Sheena con amarezza.

Era ancora nervosa quando Tony arrivò a casa per pranzare tardi. Si guardò intorno. «Dove sono i ragazzi?»

«Meaghan è da mia sorella con il broncio e Mike è all'allenamento di football.» Si alzò dalla sedia della cucina, dove stava facendo un po' di bilancio personale. «Scusa se sono così scontrosa, ma è già stata una lunga giornata.»

«Hai avuto il tempo di pensare all'offerta di Brian?» chiese lui, prendendo una birra fresca dal frigorifero. Dopo aver stappato la bottiglia, si girò verso di lei con uno sguardo interrogativo.

«Sì. Infatti, sono andata a trovare Brian questa mattina presto. Dopo averci parlato, sono più positiva riguardo alla sua offerta. Jill Jackson non sarà un problema.»

Tony scosse la testa. «Non riesco a vedere Brian con quella donna. Non a lungo termine.» Si avvicinò al suo fianco e abbassò le labbra sulle sue. «Allora, signora Morelli, che cosa facciamo?»

Lei lo guardò negli occhi, vedendovi incertezza, e capì che se si fosse opposta davvero, lui non avrebbe accettato l'offerta di Brian. Il suo cuore si riempì di amore. «Voglio che tu sia felice e abbia successo, facendo qualcosa che vuoi fare. Qui abbiamo una specie di casa, almeno fino alla fine dell'anno.»

«Accidenti! Detta così l'intero scenario diventa un po' traballante, eh?»

Sheena gli sorrise. «Come la vita. Incerta.»

Lui mise giù la birra e la prese in braccio. «Sì? Be', io non ho mai avuto dubbi su di te, Sheena Sullivan Morelli.»

Sheena si accoccolò contro di lui, senza badare al fatto che la sua maglietta puzzasse un po'. Era il suo uomo e avrebbe fatto quasi tutto per renderlo felice. Lui le aveva dato la possibilità di vincere la sfida dello zio Gavin. Ora lei gli avrebbe dato l'opportunità di provare a mettersi in affari con Brian.

Sul cellulare di Sheena arrivò un messaggio. «Michael vuole uscire con i ragazzi dopo l'allenamento.»

«Se torna a casa in tempo per il coprifuoco, per me va bene» disse Tony.

Sheena rispose al messaggio di Michael e iniziò a mettere giù il telefono quando squillò. *Darcy.*

«Cosa c'è?»

«Lindy Sue e Bobby sono appena entrati da Gracie. Diamogli un quarto d'ora di tempo e poi incontriamoci lì. Io chiamo Regan.»

«Ok, arrivo. E viene anche Tony.»

Tony la guardò accigliato mentre lei chiudeva la chiamata. «Dove devo venire?»

«Da Gracie. Abbiamo in programma una sorpresa e c'è un motivo speciale per cui ti voglio lì. Quando li vedrai, capirai perché.» Controllò l'orologio. «Abbiamo quindici minuti.»

«Torno subito. Vado a farmi una doccia veloce» disse Tony. «Abbiamo finito per oggi e Gracie non mi vorrebbe nel suo ristorante in questo stato.»

Sheena rise. «Hai ragione. Sbrigati a cambiarti.»

Quindici minuti dopo, Regan e Meaghan bussarono alla loro porta.

«Pronti?» disse Regan.

Meaghan era dietro di lei. «Adoro le sorprese.»

«Anch'io» disse Sheena, felice di vedere il cambiamento di Meaghan. A volte dimenticava con quanta facilità gli ormoni potessero creare scompiglio in Meaghan, trasformandola da dolce e affettuosa un minuto a un'altra persona il minuto successivo.

Tony uscì dalla loro camera da letto, con i capelli scuri ancora umidi e ricci dopo la doccia. L'attenzione di Sheena si soffermò per un attimo sul suo corpo, diventato abbronzato e muscoloso grazie al suo lavoro da muratore. Era diventato quello che Darcy avrebbe definito un vero schianto.

«Ok, siamo pronti ad andare» disse Sheena, seguendo Regan e Meaghan fuori dall'edificio con Tony.

«Che succede, Sheena?» chiese Tony mentre attraversavano il parco dell'hotel.

«È una sorpresa per una giovane coppia che mi ricorda noi, solo che noi siamo stati molto più fortunati di questi ragazzi.»

Quando entrò nel ristorante, notò Lindy Sue e Bobby seduti al tavolo d'angolo del ristorante dove di solito sedeva la famiglia. Era stato riservato per loro.

Sheena si avvicinò. «Buon pomeriggio. Com'è il vostro pranzo?»

«Delizioso» disse Lindy Sue.

«Sì, il pollo fritto speciale di Gracie è davvero buono» aggiunse Bobby, accarezzandosi lo stomaco.

«Pronti per il dessert?» chiese Sheena. «Abbiamo qualcosa di speciale per voi.»

Lindy Sue spalancò gli occhi. «Davvero?»

Sheena fece un cenno alle sorelle.

Regan, Darcy e Meaghan si avvicinarono al tavolo con Bebe. Tra le mani di Bebe c'era un piatto con una delle torte nuziali più dolci che Sheena avesse mai visto, con conchiglie di capesante fatte di glassa bianca intervallate da boccioli di rosa in cima alla glassa giallo pallido che ricopriva la torta.

Quando Lindy Sue vide la torta, si portò le mani alla bocca e si girò verso Bobby, che sembrava sorpreso quanto lei.

Quando la sposina iniziò a singhiozzare, il giovane marito si alzò e andò al suo fianco. «Non potevamo fare una cerimonia di matrimonio elegante. Non con la nostra situazione.»

«Restate fermi!» disse un fotografo che si era alzato da un tavolo vicino.

«Meglio smettere di piangere, tesoro» disse Bobby. «Ci

stanno fotografando.»

Bebe posò la torta davanti a Lindy Sue e si allontanò.

Facendo del suo meglio per sorridere, Lindy Sue si tamponò gli occhi con il tovagliolo e poi sorrise a Bobby.

In quel momento scattò il flash.

CAPITOLO 31

DARCY

Darcy fece il segno del pollice in su a Skip Namath, il fotografo del *West Coast News*. Sperava che scattasse molte foto come aveva promesso, perché le avrebbe usate per la loro campagna pubblicitaria. In realtà, stava pensando di usare Skip per le foto del suo matrimonio. Era davvero bravo.

Su invito di Sheena, tutti i clienti del ristorante si riunirono intorno al tavolo. «Vogliamo tutti farvi gli auguri» disse a Bobby e Lindy Sue.

«Sì» disse Regan. «Congratulazioni e tanti auguri per un futuro meraviglioso!»

«Vi auguro molti anni di felicità» disse una donna anziana che sorrise alla coppia. «Forse, se siete fortunati, sarete felici come me e Joe.»

«Udite! Udite!» gridò un altro ospite, muovendosi tra gli altri con una tazza di caffè vuota, chiedendo donazioni.

Gracie e gli altri collaboratori si unirono al gruppo intorno al tavolo mentre la tazza di caffè, ora piena di banconote, veniva consegnata a Bobby.

Sheena osservò il suo volto commosso mentre cercava di trattenere le lacrime. «Grazie a tutti. Volete un po' di questa torta dall'aspetto delizioso?»

Qualcuno gridò: «Buona idea.»

Un altro iniziò a cantare *Perché è un bravo ragazzo* e tutto il ristorante si unì con vertiginoso cameratismo.

Darcy pensò alle storie che aveva scritto su diversi angeli e sapeva che ci sarebbe voluta più di una vita per raccontarle tutte. Colse lo sguardo di Bebe.

«Grazie» le disse con le labbra.

Bebe annuì e sorrise.

Dopo la fine della festa spontanea, Darcy raggiunse le sorelle in cucina.

«Grazie a tutti voi» disse Sheena, «per aver partecipato a rendere questo momento speciale per Lindy Sue e Bobby. Ma soprattutto, è la dimostrazione di ciò che possiamo fare insieme. Come una famiglia.»

Gracie non era l'unica a tamponarsi gli occhi. Anche Darcy sentì un moto di tenerezza osservando quel gruppo di persone che gli altri avrebbero potuto ignorare, ma che lo zio aveva salvato.

Mentre aveva ancora un'immagine fresca dell'evento nella mente, Darcy lasciò gli altri e si precipitò nel suo ufficio per scrivere le sue impressioni. Se fosse stata fortunata, Ed avrebbe pubblicato la storia sul giornale.

Due giorni dopo, Darcy affisse l'articolo sulla bacheca della reception. Una fotografia della coppia, scattata nel momento in cui Lindy Sue aveva alzato lo sguardo verso Bobby, campeggiava sulla prima pagina del giornale.

«È fantastico» disse Regan, in piedi accanto a Sheena davanti alla bacheca. «Abbiamo già ricevuto una chiamata per una prenotazione. Stavo pensando che potremmo trasformare quella camera in una suite nuziale. Quando il ristorante aprirà, potremmo organizzare dei ricevimenti di nozze, e sarebbe un'ottima soluzione se riservassimo una suite per queste occasioni.»

Sheena le mise una mano sulla spalla. «Come hai fatto a diventare così intelligente?»

Un bel rossore soffuse le guance di Regan, da cui stavano

man mano svanendo i tagli e i graffi superficiali.

Darcy sorrise, sapendo cosa significasse per la sorella un complimento del genere. «Speriamo che porti più affari. Nicole dovrebbe arrivare tra un paio di settimane. Appena possibile, la incontrerò per vedere quando potremo dare un'occhiata alla campagna pubblicitaria a cui sta lavorando per noi.»

«Hai detto che non ha ancora trovato un appartamento o un lavoro. È libera di rimanere qui per tutto il tempo che le serve, in cambio di molte idee» disse Sheena.

Darcy punzecchiò la spalla di Sheena con un dito. «Come hai fatto a diventare così intelligente?»

Risero tutte e tre insieme. Per portare avanti questo progetto sarebbe stato necessario il talento di tutte e tre.

CAPITOLO 32
REGAN

Alcuni giorni dopo, Regan si recò nella stanza d'ospedale di Brian come ogni giorno. Come suggerito dall'infermiera, lei e Brian avevano sviluppato una buona routine. Lei lo aiutava a pranzare, lo assisteva nella lunga passeggiata pomeridiana e poi contava mentre lui faceva alcuni esercizi di base per mantenere il tono muscolare.

Poiché Jill le aveva parlato per chiederle di rispettare il suo desiderio di costruire una relazione con Brian, Regan faceva del suo meglio per ignorare l'attrazione che provava per lui. Appena il suo sguardo si soffermava su di lei, distoglieva il viso. E quando finiva gli esercizi, si allontanava da lui, ignorando il vuoto che sentiva dentro.

Quel giorno Regan aveva portato dei biscotti alle spezie appena fatti da Gracie.

Quando entrò nella sua stanza, lui alzò lo sguardo dalla sedia con grandi aspettative. La sua attenzione si spostò sulla borsa di carta che portava con sé e sorrise.

«Dolci per me?»

Lei rise della sua impazienza, come un cucciolo con un pezzo di carne fresca. «Oh sì. Gracie e Bebe si stanno assicurando che tu sappia che tutti al ristorante ti stanno pensando.»

Lui accettò il biscotto che gli porgeva e affondò i denti nel morbido dolcetto. «Digli che non sono mai abbastanza sicuro. Dovranno continuare a ricordarmelo così.»

Lei rise con lui. «Sei pronto a ordinare il pranzo?»

«L'ho già fatto» rispose lui. «Un hamburger. Ti ho ordinato anche un bicchiere di tè freddo. Al limone, senza zucchero, proprio come lo ordini di solito.»

«Grazie.»

Si sedette sulla sedia accanto alla sua. «Hai presente l'articolo sui giovani sposi pubblicato sul giornale qualche giorno fa? Ha portato nuovi affari all'hotel. Bello, vero?»

«Ottimo. Tutto può essere utile.»

Regan fece un bel respiro. «Mi è venuta l'idea di prendere la stanza del giardino al piano inferiore e trasformarla in una suite nuziale. Che ne pensi? Non dovrebbero servire molti soldi per trasformare la camera da letto in un salotto. Soprattutto con le offerte di mobili scontati che Mo riesce a trovare.»

«Buona idea, Regan. Con la spiaggia così accessibile all'hotel, potete soddisfare il business dei matrimoni e le spose che vogliono cerimonie sulla spiaggia. A proposito, come sta Mo? Non hai parlato di lui ultimamente.»

«Mo sta bene» disse Regan. «È impegnato in piccoli progetti.» Non aveva intenzione di dirgli che Mo era di nuovo innamorato.

«Mi piace quel ragazzo. È molto intelligente. Quando avremo completato un altro paio di case nel complesso a cui sto lavorando, vorrei che tu e Mo decoraste quella che intendo usare come casa modello.»

«Grazie. Sarebbe fantastico» disse lei, contenta che Brian si fidasse di loro.

La sua espressione cambiò, divenne cupa. Un lungo sospiro gli rimbombò in petto. «Devo andarmene da qui.»

Regan provò compassione per lui. La maggior parte dei giorni era abbastanza collaborativo con le persone che lo aiutavano, ma Regan aveva imparato abbastanza su di lui da sapere che tutto questo aveva un costo. Dentro di sé urlava come un pazzo per essere rinchiuso in quel modo. Allungò la mano per accarezzargli il braccio, si rese conto di quello che stava facendo e ritirò la mano.

Il braccio destro di Brian si mosse così rapidamente che le sue dita le sfiorarono la mano. «Non farlo» mormorò lui. «Mi piace quando mi tocchi.»

«Ma Jill...»

«Ieri sera le ho detto che tra noi è finita. Ho cercato di sorvolare su alcune cose irritanti, ho cercato di dirmi che il suo atteggiamento sarebbe cambiato, ma tutto sommato era un pessimo rapporto. Devo concentrarmi sulla mia guarigione. Non c'è nessuna relazione seria che mi fermi. Sta a me guarire in fretta per poter aiutare Tony a portare avanti l'attività. Capito?»

Regan annuì. «È una buona idea. La penso allo stesso modo sulle relazioni. Io devo pensare all'albergo e all'attività che voglio avviare con Mo.»

«Bene. Su questo siamo d'accordo.»

«Sì, rende lavorare con te molto più facile» disse Regan, nascondendo il suo disappunto.

«Niente nuove da Arthur Weatherman?» chiese Brian prima di dare un morso a un altro biscotto.

Regan scosse la testa. «Mo e io dovremmo sentirlo entro la fine della settimana. La loro decisione è stata rimandata perché la moglie voleva più tempo per pensare a tutte le proposte per i loro ristoranti. Credo che sia perché ha presentato un'offerta un amico di lei.»

«Speriamo che questo non metta fuori gioco la vostra proposta.»

«Lo so. Voglio davvero quel lavoro.» A Regan piaceva poter parlare a Brian in questo modo.

«E il lavoro di testimonial?»

Regan scrollò le spalle e distolse lo sguardo.

«Il tuo viso sta guarendo bene» disse Brian. I suoi occhi marroni si riempirono di tenerezza. «Per me sei sempre bellissima.»

Quando il suo sorriso si posò su di lei, dimostrando sentimenti che nessuno dei due poteva rischiare, Regan si agitò sulla sedia per il disagio. Non sapeva mai cosa dirgli quando lui parlava in quel modo. La prima volta che le aveva detto qualcosa di simile, quando l'aveva incontrata la prima volta all'aeroporto, lei lo aveva mandato a quel paese. La cosa aveva sorpreso lei quanto lui. Ma le frasi da rimorchio dei ragazzi l'avevano sempre infastidita perché sembravano false e fini a sé stesse.

«Regan, non volevo turbarti. Le parole mi sono uscite e basta» disse Brian a bassa voce.

Regan lo studiò. Era ancora l'uomo di cui tutte sembravano innamorate, ma ora c'era una vulnerabilità in lui che le piaceva ancora di più dell'uomo sfacciato e affascinante che era di solito.

«Grazie.» Un tempo aveva dato per scontata la sua bellezza, cosa che aveva cominciato a non sopportare. Ma con l'incidente si era resa conto di quanto fossero vani quei sentimenti.

Un colpo alla porta indicò che il pranzo di Brian era senza dubbio arrivato. Regan si alzò in piedi per andarlo a prendere.

La giovane assistente sorrise a Regan mentre le porgeva il vassoio e poi si voltò a salutare Brian. «Ciao, Brian. Ti ho portato un bel pranzetto oggi.»

Lui alzò lo sguardo su di lei e ridacchiò. «Grazie, Tracy.»

Regan si impose di non alzare gli occhi al cielo. Brian era una calamita per le ragazze giovani e single dello staff, che flirtavano con lui o si comportavano come adolescenti innamorate in sua presenza, un'altra ragione per restare soli amici.

Aiutò Brian con il suo hamburger, facendo attenzione a non fargli colare il ketchup sul mento, anche se, secondo lei, ne aveva usato una quantità spropositata nel panino. Lei lo aveva avvertito, ma lui insisteva a fare a modo suo.

Dopo che Brian ebbe finito di mangiare, fecero la loro normale passeggiata dopo pranzo, questa volta percorrendo il corridoio e tornando indietro per tre volte. I progressi con l'anca erano notevoli, ma non aveva ancora usato il deambulatore, a causa della lesione al gomito destro e delle fratture all'avambraccio sinistro.

Mentre stava per uscire, un giovane che indossava un camice azzurro bussò alla porta aperta ed entrò. Lanciò un'occhiata a Regan. «Ah, finalmente ci conosciamo. Lei è l'inafferrabile assistente al pranzo di cui ho sentito parlare.»

Regan spalancò gli occhi per la sorpresa e poi si mise a ridere. «Lei dev'essere il cattivone che fa fare a Brian ogni genere di cose dolorose.» Gli porse la mano. «Regan Sullivan.»

Lui le strinse la mano. «Adam Reston. Resti nei paraggi e le mostrerò cosa può fargli un buon fisioterapista professionista.»

«Perché voi due parlate come se io non ci fossi?» brontolò Brian, guardando prima Adam poi Regan.

«Preferirei parlare con questa bella donna, ma credo sia meglio fermarci e metterci al lavoro su di te» disse Adam amabilmente. «Oggi devo andare via presto.»

«Appuntamento galante?» chiese Brian con un'inequivocabile invidia.

«Devo andarmene?» chiese Regan.

Adam scosse la testa. «No, ero serio. Resti nei paraggi perché so che lei sarà la persona che più probabilmente lo aiuterà con gli esercizi dopo che sarà stato dimesso. Dobbiamo iniziare lentamente, costruendo il movimento senza disturbare le ossa o i nervi mentre guariscono.»

«È una situazione senza speranza» disse Brian. «Più aspettiamo, più è difficile. In ogni caso, non è divertente.»

Regan prese una sedia accanto a quella di Brian e si sedette in silenzio mentre Adam lavorava sulle braccia di Brian, mostrandogli delicatamente una serie di esercizi per la mobilità di braccia, mani e polsi. Rimosse il gesso morbido intorno al gomito di Brian e si mise al lavoro, massaggiando leggermente l'area prima di esercitare il braccio. Ogni volta che l'avambraccio veniva sollevato e abbassato, il volto di Brian diventava bianco, ma non gridava.

«Non si può lasciare che l'articolazione si irrigidisca» le spiegò Adam.

Regan annuì, incerta su come Brian avrebbe reagito al fatto che lei conducesse quegli esercizi evidentemente dolorosi.

Adam si alzò. «Ci sono molti altri esercizi che Brian può fare che non coinvolgono il gomito o l'avambraccio ferito. Si tratta di cose semplici, come i movimenti delle spalle e gli stiramenti. Ho lasciato un elenco di questi esercizi, corredato di foto. Si assicuri che faccia anche quelli. Se possibile, non vogliamo che perda tono muscolare.»

«Che ne dici di un abbraccio?» disse Brian. «Tutto quell'allungare e stringere le braccia dovrebbe farmi bene» e rivolse a Regan un sorriso canzonatorio.

Adam rise. «È un buon esercizio per chiunque. Devo andare.» Si girò verso Regan. «È stato un piacere conoscerla.» Gli scintillarono gli occhi. «Non mi stupisce che Brian sia sempre impaziente di pranzare.»

Regan lanciò un'occhiata a Brian e distolse gli occhi vedendo lo sguardo accigliato che aveva rivolto ad Adam.

CAPITOLO 33
DARCY

Una piacevole mattina di metà ottobre, Darcy si vestì per il pranzo che Sheena aveva organizzato per le sue sorelle e Meaghan. Come aveva discusso una volta con Sheena, questo sarebbe stato un momento di incontro tra ragazze per parlare con Meaghan di molte cose.

Davanti allo specchio, Darcy cercò di immaginare cosa Austin avesse visto in lei che gli altri non avevano visto. Aveva gli stessi capelli rossi indisciplinati, gli occhi azzurri e il fisico di sempre, anche se ora sul suo viso c'era una certa luminosità che Austin aveva fatto emergere in lei.

Regan entrò in bagno. «Mi aiuti a truccarmi?»

Darcy si voltò verso di lei con un sorriso. «Certo.»

Con dita delicate, Darcy le applicò il trucco intorno alla cicatrice, sulla cicatrice stessa sotto il mento, e poi sul viso. Il chirurgo aveva fatto un ottimo lavoro per far scomparire gran parte della brutta linea sotto il mento, ma non era riuscito a nascondere le estremità che le arrivavano fino alla mascella. La cicatrice sulla fronte sembrava una sottile linea di stress, ma Regan insistette a coprirla. L'unica cosa che non si poteva nascondere era l'abbassamento del lato destro del labbro. Non era migliorato e non avrebbero saputo per diverse settimane, forse mesi, se sarebbe mai migliorato.

Sheena entrò nella stanza. «Tutto a posto voi due? Io e Meaghan siamo pronte per andare.»

«Devo solo mettere un po' di rossetto» disse Regan. «Non che aiuti molto il labbro.»

Mentre Darcy seguiva le sorelle e Meaghan da Gertie, studiò Regan. Lei e Austin avevano cercato di risollevarle il morale invitandola a uscire con loro, ma Regan aveva gentilmente ma fermamente declinato l'offerta. Passava tutto il tempo a lavorare in albergo, con Mo o con Brian, con il quale aveva concordato di essere solo amica.

Regan salì sul sedile anteriore lato passeggero, mentre Darcy si mise al volante. Sheena e Meaghan si accomodarono dietro.

«Andiamo da Sammy!» gridò Darcy, avviando il motore.

Sheena si rivolse a Meaghan con un sorriso. «È un ristorante fantastico. Perfetto per un pranzo speciale con alcune delle mie persone preferite.»

Darcy inserì la marcia e tirò la Cadillac degli anni '50 fuori dal garage dove normalmente si trovava.

Percorrendo l'autostrada, Darcy ricordò la prima volta che avevano portato la Gertie di Gavin a fare un giro. Erano rimaste così deluse da tutto il resto dell'hotel che quell'auto era stata una piacevole sorpresa per loro. Da allora, facevano molta attenzione a non maltrattare l'auto e di solito la lasciavano in rimessa. Ma ogni tanto, per un'uscita speciale come quella, era bello farsi vedere alla guida di un'auto d'epoca.

«Non posso crederci! Ancora due settimane e avrò il mio patentino di guida per principianti» disse felice Meaghan.

Darcy sorrise al silenzio di Sheena. Sapeva che sua sorella temeva il momento in cui Meaghan si sarebbe messa al volante di un'auto. Darcy non poteva biasimare la sorella. Meaghan era una ragazza mondana che prestava più attenzione al suo telefono che alla strada davanti a sé.

«Può essere un percorso» la avvertì Darcy. «Affrontalo un giorno alla volta. Ben presto guiderai.»

Si fermarono da Sammy. Situato vicino alla spiaggia di St.

Pete, l'edificio dai tetti grigi offriva una bella vista sul mare a chi vi entrava. Il bar e il grill erano noti per i loro eccellenti frutti di mare e facevano affari d'oro sia a pranzo che a cena.

Darcy trovò un posto nel parcheggio affollato e parcheggiò l'auto. Scese insieme alle altre e inspirò il buon profumo del cibo in preparazione in cucina. Le venne l'acquolina in bocca. Pensando al matrimonio a febbraio, aveva già iniziato a controllare il suo peso più attentamente del solito. Ma quel giorno decise che si sarebbe goduta ogni boccone.

All'interno, sebbene il Sammy avesse mantenuto un arredamento tradizionale da spiaggia con reti da pesca, ricci di mare e altri richiami balneari, l'atmosfera era più sofisticata rispetto alla maggior parte degli altri locali. Le tovaglie di lino turchese erano messe in risalto da bicchieri da acqua con bordi rosa. Al centro di ogni tavolo, un singolo rametto di bouganville rosa acceso era adagiato in un vaso di boccioli bianchi.

Darcy fu contenta quando la padrona di casa le condusse a un tavolo in un angolo dove poter avere un po' di privacy.

«Bello» commentò Sheena. Si rivolse a Meaghan. «Questo in realtà è un pranzo di compleanno anticipato per te.»

Un sorriso attraversò il bel viso di Meaghan. «Regali e quant'altro?»

Sheena aggrottò la fronte e scosse la testa. «I regali sono la compagnia di tua madre e delle tue zie.»

Darcy sorrise a Meaghan. «Chi potrebbe chiedere di più? Noi Sullivan siamo le migliori.»

Meaghan annuì e sorrise. «Ok, ho capito.»

Dopo essere state fatte accomodare, gli vennero consegnati i menu.

Quando finalmente la cameriera arrivò al tavolo, ordinarono rapidamente.

Nel silenzio che seguì dopo che si fu allontanata, Darcy

disse: «Allora, Meaghan, cosa ti succede?»

Sheena lanciò a Darcy un'occhiata di apprezzamento e si chinò in avanti.

«Be', sono entusiasta della mia festa all'hotel. Rob e gli altri ragazzi della squadra di football hanno promesso di venire, e naturalmente ci saranno anche tutte le mie amiche cheerleader.»

«Pensi che siano in grado di non fare confusione all'hotel?» disse Darcy. «Niente cose strane tra di loro o abuso di sostanze?»

Meaghan emise un suono di disgusto. «Zia Darcy, non sono come i ragazzi della mia vecchia scuola. Sono tutti troppo impegnati con lo sport e tutto il resto per darsi alla droga, all'alcol o a qualsiasi altra cosa.»

«Bene» disse Regan. «Non vorremmo avere problemi con loro.»

Meaghan trafisse la madre con un'occhiata tagliente. «È per questo che hai organizzato il pranzo?»

Sheena scosse la testa. «No, ma è bene che possiamo essere oneste l'una con l'altra. Ora parliamo della festa di compleanno. Ci sono molti modi per farla.»

Arrivò il cibo e, mentre mangiavano in silenzio, a Darcy venne in mente di sollevare l'argomento sesso e decise di non farlo.

Come se sapesse cosa aveva pensato Darcy, Meaghan le sorrise. «Io e Rob siamo tornati insieme. Bello, eh?»

«Sì» disse Darcy, «purché non sia una cosa troppo seria.»

La sorpresa di Meaghan si trasformò in cipiglio. «Sembri proprio mia madre.»

Darcy rise. «Spero di no. Ma, davvero, Meaghan, è importante non affrettare le cose su quel fronte. Mi hai parlato di entrare nel settore alberghiero un giorno. Non finire invece nel business dei bambini.»

Darcy alzò lo sguardo dalla sua conversazione privata con Meaghan e trovò lo sguardo di Regan e Sheena su di lei.

«C'è qualcosa di cui dovremmo parlare?» chiese Sheena.

«È una cosa privata» disse Meaghan, rivolgendo a Darcy un silenzioso appello a tacere.

«Bene, allora» disse Sheena affabilmente, «parliamo della festa di compleanno. Ho pensato che facendola iniziare nel tardo pomeriggio avreste la possibilità di fare una nuotata prima del rinfresco.»

«L'hotel ha l'attrezzatura da pallavolo? Alcuni ragazzi vogliono giocare a beach volley» disse Meaghan.

«Ottima idea» disse Darcy.

«Sì, all'hotel farebbe comodo una cosa del genere» disse Sheena. «Che ne dici?»

«Io dico di comprarla» disse Regan.

«Potremmo anche organizzare delle gare di pallavolo!» disse Meaghan con entusiasmo.

Ascoltandola, le preoccupazioni di Darcy per la nipote diminuirono. Meaghan era una brava ragazza che non avrebbe commesso sciocchezze.

Insieme stabilirono l'orario della festa, il menu e alcune regole per gestire gli altri ospiti dell'hotel.

«Non vedo l'ora!» disse Meaghan. «Sarà così bello. Chiederò a Bebe di farmi una torta speciale.»

«Le piacerà» disse Sheena. «La farà sentire parte della nostra famiglia.»

«A proposito di famiglia» disse Darcy. «Ho delle novità. Ho parlato con papà l'altro giorno e credo che cercherà di venire qui per il Ringraziamento.»

«Davvero?» disse Regan. «Porterà Regina?»

«Sì, certo. Non si sono trasferiti in California, ma credo che lui abbia ancora intenzione di sposarla.» Darcy sorrise. «E ha promesso di essere qui per il mio matrimonio a febbraio.»

«Non vedo l'ora di partecipare al tuo matrimonio, zia Darcy» disse Meaghan. «Ho già detto a mia madre che vestito voglio.» Un sorriso felice le increspò il viso. «Mi fa quasi sembrare una sposa.»

«Aspetta un attimo, signorina» disse Sheena. «Non siamo pronti per nessun matrimonio, né tuo né di Michael.»

«Oooh, mamma!» rispose Meaghan e risero tutte.

CAPITOLO 34
REGAN

Regan era seduta al banco della reception quando ricevette una telefonata da Arthur Weatherman. Con le dita tremanti, premette sul tasto per rispondere.

«Pro... pronto?»

«Ciao, Regan. Sono Arthur Weatherman. Mi dispiace di averci messo tanto a risponderti, ma dopo averci riflettuto a lungo, sono lieto di informarti che tu e Mo avete vinto l'appalto per la ristrutturazione dei ristoranti. Andate avanti così, voi due! Siamo felici di avervi a bordo. Firmerò i documenti e li consegnerò a Blackie, che, a quanto ho capito, si occuperà della parte finanziaria di questo progetto per voi due.»

Regan si aggrappò al bordo della scrivania, abbandonandosi al sollievo. «Grazie mille, Arthur. Ti prometto che faremo un ottimo lavoro. Ci metteremo subito di buona lena e avremo dei campioni di tessuto pronti per essere esaminati entro due o tre settimane.»

Lui ridacchiò. «Mi piace il tuo entusiasmo.»

«Grazie ancora» disse Regan. «Ci sentiamo più tardi.»

«Aspetta, Regan. Devo discutere con te di un'altra cosa.»

Regan ansimò per il nervoso, aspettando il rifiuto che sapeva sarebbe arrivato.

«Margretta e io abbiamo parlato a lungo tra di noi e con altri della campagna pubblicitaria. In particolare, di te come testimonial. Puoi certamente capire perché.»

Le lacrime le offuscarono la vista mentre guardava fuori

dalla finestra. «Sì, Arthur, posso capire, e sono sicura che hai trovato qualcuno che rappresenta la tua azienda meglio di me. Non c'è bisogno di scusarsi. Era un'idea intrigante, ma ora non è possibile. Lo capisco.»

«Regan? Puoi fermarti un attimo così posso dirti che hai ottenuto il lavoro? Abbiamo deciso che volevamo una persona vera per rappresentarci. Sei una donna giovane e bella così come sei.»

«Ma la cicatrice, il labbro...»

«Sarai un modello per tutte le ragazze che i media e i pubblicitari hanno indotto a credere che debbano essere perfette. Loro non lo sono, tu non lo sei e io non lo sono. Siamo reali. Non capisci l'importanza di tutto questo?»

Scioccata, Regan andò con la mente alla piccola Emily, alla quale era stato detto che le sue "stelle" erano speciali. «Capisco cosa intendi. Lasciamici riflettere e ti farò sapere. E, Arthur, che tu sia benedetto. Apprezzo molto l'offerta.»

«Ci sentiamo presto, spero.»

Regan riattaccò e si accasciò sulla sedia della scrivania, tremando. Essere la testimonial di Arthur significava poter contribuire a garantire che, qualunque cosa accadesse con la sfida, lei e le sue sorelle potessero andare avanti. Ma avrebbe anche significato far conoscere a tutti il suo volto sfregiato, il suo labbro cadente. Fin dall'incidente, aveva esitato a mostrarsi. Ora era terrorizzata.

Non appena Sheena venne a darle il cambio, Regan andò in spiaggia. Sperava di trovarvi la calma che cercava.

Regan procedeva con determinazione lungo la sabbia che costeggiava l'acqua, con i piedi che martellavano la dura superficie mentre marciava. Piccoli piovanelli e altri uccelli correvano via liberandole il passaggio mentre elaborava i pensieri che le vorticavano in testa. Tutti si riducevano all'unica cosa che si era sempre chiesta. Chi era lei?

Si voltò verso l'acqua che si avvicinava per salutarla. Il movimento senza tempo delle onde le rallentò il respiro. Alzò il viso verso il cielo e osservò le nuvole andare alla deriva come marshmallow in cima alla cioccolata che adorava da bambina.

Dov'era ora quella bambina? Si chiese, conoscendo la risposta. Quella bambina, che si sentiva incompresa, stupida e non amata, si era trasformata in una donna che stava ancora cercando di darsi forma. Di tutte le cose che aveva dato per scontate nel corso degli anni, l'immagine del suo volto le aveva fatto sentire di valere almeno qualcosa. Ora aveva perso anche quello. O almeno così pensava.

Scoppiò in una risata. Mio Dio! L'aveva capito! Accettandosi così com'era, con tutte le sue imperfezioni, era libera di essere chi voleva. Alzò le braccia al cielo e gridò di gioia, preoccuparsi se il suo sorriso fosse storto o meno. Alle persone che contavano davvero per lei non importava che fosse perfetta. Regan iniziò a correre sulla sabbia, sguazzando dentro e fuori dai bordi spumosi delle onde. Aveva la sensazione di stare lasciando il passato alle spalle.

Quando finalmente rallentò, inspirò a fondo l'aria salata, godendosi il modo in cui la calda brezza le accarezzava la pelle come un abbraccio. Eccitata dai cambiamenti avvenuti in lei, corse a casa per chiamare Mo e per comunicare alle sorelle la buona notizia di Arthur.

###

Un paio di settimane dopo, Regan si appoggiò allo schienale della sedia nell'ufficio di Mo e osservò le pile di tessuti. «Li adoro tutti. Grazie per averli cercati in giro.»

«Penso che le scelte che abbiamo fatto per ciascun ristorante di Arthur siano perfette. Le darò a Lance e lui potrà lavorare sui suoi colori a partire da lì.»

Lance Everett, un artista amico di Mo, aveva accettato di dipingere i murales per i ristoranti al prezzo offerto. Si trattava di un accordo vincente per entrambi: Lance avrebbe ottenuto la notorietà e loro avrebbero ottenuto un prodotto finito di alta qualità.

Mo le rivolse uno sguardo penetrante. «Kenton arriva oggi in aereo ed è impaziente di conoscerti. Sa che ti voglio bene come a una sorella speciale.»

A Regan lacrimarono gli occhi. Anche lei gli voleva bene. Mo era un dono dal cielo: un amico prezioso, un mentore e, oltre alle sue sorelle, il suo più grande sostenitore.

«Che ne dici di venire a cena con me stasera, per conoscerlo?»

«Va bene, vengo» disse Regan a bassa voce, sentendo già i nervi a fior di pelle al pensiero.

Quella sera, in attesa dell'arrivo di Mo, Regan controllò per l'ennesima volta l'orologio appeso alla parete. Per mantenere il riserbo sulla loro relazione, Mo e Kenton avevano deciso di arrivare al ristorante separatamente e di condividere un tavolo privato in un angolo del locale.

Regan si era vestita con cura, sperando di fare buona impressione su Kenton. Voleva che sapesse quanto lei teneva a Mo.

Darcy bussò alla porta della camera da letto e la chiamò. «Il tuo amico è arrivato.»

Facendo un respiro profondo, Regan uscì dalla camera da letto per salutarlo e si fermò sorpresa. Kenton Standish, il muscoloso protagonista dello show televisivo, le sorrise.

«Io e Mo abbiamo pensato che sarebbe stato meglio se mi fossi presentato al ristorante con te. Per non far parlare troppo la gente. Spero non ti dispiaccia.»

Regan riprese il respiro che aveva interrotto ansimando e sorrise. «Non mi dispiace. Grazie.»

«Ci vediamo dopo» disse Darcy, facendo un ampio sorriso a Regan.

Kenton gli offrì il braccio e Regan lo prese, sentendosi minuscola accanto alla sua struttura alta e larga.

La condusse a una Mercedes nera e aspettò che lei salisse prima di girare intorno all'auto per mettersi al volante.

«Sei bellissima, Regan» disse Kenton, fissandola prima di avviare il motore.

«Grazie.»

«Incontreremo Mo in un posto lungo la strada chiamato Gills.»

«Bello. Ci sono già stata. Il cibo è buono e, per come è disposto, tu e Mo avrete un po' di privacy.» Regan esitò e poi parlò. «Kenton, voglio essere sicura che non farai del male a Mo. Sono certa che puoi scegliere tra molte persone nella tua vita. Non troverai nessuno più dolce, più gentile, più simpatico di Mo.»

Kenton ridacchiò. «Mo mi aveva detto che mi avresti interrogato. Per tutte le ragioni che hai appena citato, intendo fare in modo che Mo resti nella mia vita. Non è affatto una cosa superficiale per me.»

Regan sorrise e, rendendosi improvvisamente conto di come il sorriso potesse apparire a Kenton, si fermò.

Lui se ne accorse e scosse la testa. «Non scusarti con me o con nessun altro per la tua ferita. Sei una donna bella e sincera, Regan. Lascia che questa bellezza naturale venga fuori. Dio sa che è rara, soprattutto a Hollywood, dove le false apparenze vanno di pari passo con comportamenti falsi.»

Regan fu sorpresa dall'amarezza che sentiva nella sua voce.

«Non credi che abbia avuto qualche delusione?»

Regan osservò il dolore nella sua espressione e gli posò una mano sul braccio. «Mi dispiace.»

«Ah, non so perché all'improvviso te lo confesso. Forse perché so da Mo che sei una persona aperta.»

Regan fissò l'acqua e rimase in silenzio, pensando che, come Darcy, stava scoprendo che la maggior parte delle persone dietro la propria facciata aveva i suoi problemi. Si rese conto di quanto fosse stata superficiale a preoccuparsi così tanto del suo aspetto.

Al ristorante, Kenton la condusse rapidamente nella sala sul retro a un tavolo che offriva privacy grazie alle alte palme in vaso posizionate strategicamente intorno. Mo si alzò quando li vide. Il sorriso sul suo volto quando vide Kenton commosse Regan. Si voltò verso Kenton e trovò un tale sguardo d'affetto che le tolse il fiato.

Mio Dio! *pensò*. Ecco com'è l'amore.

Il suo pensiero andò a Brian. Era l'unico uomo che l'avesse mai fatta sentire così. Peccato che non fosse ricambiata.

La serata fu piacevole come Mo aveva promesso. Kenton era un tipo interessante. Regan ascoltò le sue storie con interesse.

Con il fisico di un giocatore di football, Kenton era sempre stato visto come il figlio perfetto che, naturalmente, avrebbe avuto successo nello sport, avrebbe vinto una borsa di studio per il college e sarebbe stato un fiero rappresentante della sua famiglia. Tuttavia, fin dall'inizio aveva dimostrato di essere un po' goffo e di non essere affatto disposto a passare tutto il suo tempo a giocare pesante con gli altri ragazzi. Non ci aveva mai messo il cuore, ma era riuscito a nascondere il suo orientamento sessuale.

«È stato solo quando sono stato chiamato a fare una recita

scolastica che ho capito cosa volevo veramente. Potete immaginare come andò con mio padre. Ma, non appena mi sono diplomato, ho fatto quello che avevo promesso fin dall'inizio e mi sono diretto verso la costa occidentale, a Hollywood.»

«Sei stato bravissimo» disse Regan. «E interpretare un eroe scozzese dev'essere divertente.»

Lui rise. «Brandire spade d'argento e combattere per salvare il mondo *è* divertente in effetti.» Fece l'occhiolino a Mo. «Ma in fondo in fondo sono uno che ama la casa.»

Mo sorrise. «Kenton ha comprato una casa sull'acqua vicino al Don e la sta sistemando. Diventerà bellissima. Mi ha già chiesto se io e te vogliamo arredarla.»

Regan spalancò gli occhi. «Davvero? Sarebbe fantastico. Mi piacerebbe aiutarti, Mo.»

Kenton guardò lei e Mo e sorrise. «Affare fatto. Stileremo un contratto.»

Regan fu quasi triste quando la serata volse al termine. Mo e Kenton erano una compagnia davvero piacevole. Condividevano un tranquillo senso dell'umorismo che le piaceva. E con tutto quell'affetto nell'aria, si erano rilassati tutti. Regan si chiese se avrebbe mai trovato un amore così perfetto.

Nella mente le apparvero occhi castani e un sorriso malizioso, ma scacciò quelle immagini. La realtà poteva essere crudele e sapeva che sognare Brian avrebbe portato solo dolore.

CAPITOLO 35
SHEENA

Il mattino seguente, Sheena si recò nella suite delle sorelle per vedere come stava Meaghan. La ragazza la accolse con un caldo sorriso. «Va bene se oggi Tara e Maria vengono in albergo dopo la scuola? Vogliamo allenarci a pallavolo prima della mia festa e poi fare una nuotata.»

«Per me va bene, purché non disturbiate gli ospiti dell'albergo. Ricordate che gli ospiti dell'albergo hanno la precedenza sui desideri della nostra famiglia.»

«Lo so» disse Meaghan. «Grazie, mamma. Scenderanno dall'autobus con me.»

Meaghan le diede un bacio, prese il suo zaino e si affrettò a uscire dalla porta.

Regan alzò lo sguardo da dove era seduta al tavolo della cucina. «Sono contenta di vedere Meaghan con tanti amici. Sembrano un bel gruppo di ragazzi.»

«Sono d'accordo» disse Sheena, versandosi una tazza di caffè e sedendosi. «La ragazza di Michael è un'altra questione. Ho provato a parlargli di passare del tempo con altri ragazzi, ma le mie parole vengono ignorate.»

«Tipico, credo» disse Regan.

«A proposito, sono felice che tu sia qui» disse Sheena. «Holly Harwood mi ha chiamato ieri sera.»

«La madre di Brian ti ha chiamato? Perché?»

«Sembra che si stia chiedendo se Brian possa dormire in una delle nostre suite per un po'. Gli sarà difficile salire le ripide scale fino al suo appartamento sopra il bar, e lei pensa che sarebbe un bene se potesse evitarlo per un po'. È in quella fase scontrosa della guarigione, quando si rende conto di quanto sarà limitato per un altro mese o più. Non posso dire di biasimarlo.»

Regan le rivolse uno sguardo pensieroso. «Posso aiutarti a prepararla, se lo desideri.»

«Oh, sì. Anzi, ti chiedo di arredarla al meglio. Sono sicura che Rocky e la sua squadra possono aiutarti a spostare i mobili e a fare qualsiasi lavoro di cui tu abbia bisogno.»

«Certo. Quando arriva?»

Sheena le rivolse un sorriso imbarazzato. «È questo il problema. Subito.»

Regan rise. «Tipico di Brian.»

Sheena studiò la sorella. «Cosa c'è tra voi due?»

Regan cercò di nascondere il rossore che le salì alle guance. «Cosa vuoi dire?»

«È ovvio che vi piacete. Passi molto tempo con lui e il lavoro che state facendo insieme sta dando i suoi frutti. A un certo punto ho pensato che voi due poteste essere innamorati.»

Regan scosse la testa con forza. «No. Abbiamo deciso di essere solo amici. È così che vuole lui. E per me va bene. Sai che può avere qualunque donna voglia. Dovresti vedere il modo in cui le infermiere dell'ospedale inventano scuse per passare da lui. È disgustoso.»

«Capisco» disse Sheena, chiedendosi come facesse sua sorella a essere così ottusa. Per lei era evidente che tra loro due c'era qualcosa che nessuno dei due voleva riconoscere.

Darcy entrò nella stanza, sbadigliando e stiracchiandosi. «Che mattinata pigra. Non ricordo l'ultima volta che ho dormito così tanto.»

Sheena controllò l'orologio. Erano le otto in punto. «Darcy, prendi un caffè e poi devo parlare con entrambe. Come sapete, ho esaminato i numeri e le proiezioni finanziarie. Dobbiamo parlare di un paio di cose.»

«Va bene, capo» disse Darcy amabilmente, riempiendo la sua tazza di caffè e prendendo posto al tavolo della cucina.

«Che succede?» chiese Regan.

«È il ristorante» disse Sheena, sospirando.

«Quello di Gavin? Cos'ha che non va?» disse Darcy, accigliata. «Pensavo che fossimo tutte d'accordo su come sarà.»

«Sì» disse Sheena. «Ma non abbiamo generato abbastanza denaro per pagare tutto quello che serve per aprirlo.»

«Dovrebbe aprire il 15 dicembre» disse Regan. «Questo ci dà meno di due mesi per completarlo. Abbiamo già ordinato materiali, oggetti decorativi e altro.»

«Lo so, ed è questo il problema. Non abbiamo i soldi per pagare tutto questo e anche i falegnami. Brian e Tony hanno accettato di sostenere i costi per una settimana circa, ma poi devono essere pagati.»

«Oh mio Dio! Che cosa facciamo? Graham ha già accettato di fare da chef. Non possiamo deluderlo!» Darcy le rivolse uno sguardo supplichevole. «Oh sì?»

«Assolutamente no» disse Sheena con una fermezza che cancellò la preoccupazione dal volto di Darcy. «Ho un piano. Ma ho bisogno che voi due lo seguiate.»

«Ok, sputa il rospo» disse Darcy.

Sheena fece un bel respiro per farsi coraggio e cominciò. «I soldi dell'assicurazione per l'incendio dovevano servire a ricostruire la casa. Quando abbiamo ottenuto il permesso di trasformarla da casa a ristorante, Archibald Wilson, che supervisiona il testamento di Gavin, ha acconsentito a un piccolo adeguamento dei costi per quello che pensavamo sarebbe stato un ristorante piccolo ma grazioso. Da allora, abbiamo modificato la portata del ristorante per includere la sala per i matrimoni al piano superiore e abbiamo aggiunto spazio all'ingombro originale dell'edificio. Poi, con Graham che offre cucina di alto livello, abbiamo rinnovato gli interni.»

«Di cosa stai parlando in termini di soldi?» disse Regan. «Mo e io abbiamo fatto del nostro meglio per contenere i costi.»

«Ed è stato un buon lavoro. Ma per procedere come abbiamo pianificato e per evitare di fallire, dobbiamo fare le cose per bene. Il punto è che dobbiamo prendere in prestito del denaro. Molto denaro.»

«Chi diavolo ci darà dei soldi?» obiettò Darcy. «Non siamo nella posizione di chiedere soldi a nessuno.»

Sheena fece una pausa, studiando ogni sorella. «E se li prendessimo a prestito dallo zio Gavin in persona?»

«Cosa? Come facciamo?» disse Regan.

«Non è possibile» disse Darcy. «E se fallissimo?»

«Suggerisco di incontrare Blackie e di parlarne con lui. Dovrebbe essere lui a rivolgersi ad Archibald. Quell'uomo ci direbbe di sicuro di no. Va bene se chiedo a Blackie di incontrarci qui?»

Darcy e Regan si guardarono e si voltarono verso di lei.

«Ok» disse Darcy. «Facciamolo.»

«Come dice Darcy, non possiamo fallire» disse Regan. «Siamo arrivate fin qui. Dobbiamo fare del nostro meglio per arrivare alla fine dell'anno.»

Sheena si alzò in piedi piena di timore e di eccitazione. «Chiamerò Blackie e lavorerò a una presentazione da mostrargli. Dev'essere fatta nel modo più professionale possibile.»

Il giorno successivo, Blackie si incontrò con Sheena e le sue sorelle nel piccolo ufficio dietro il ristorante di Gracie.

Dopo aver salutato ciascuna di loro, si accomodò nel posto che gli offrirono. Sorrise mentre formavano un cerchio intorno a lui.

«Mi sembra un po' come un plotone di esecuzione che prende la mira» scherzò lui. «Che cosa succede per cui avete dovuto vedermi subito?»

«È il ristorante» rispose Sheena, prima di parlare dei motivi per cui avevano bisogno di un prestito. «Man mano che abbiamo sviluppato il concetto del Gavin, che è qualcosa che lo zio stesso voleva, le cose sono cambiate. Con l'articolo di giornale sugli sposi che soggiornano qui, abbiamo ricevuto richieste di matrimoni, il che ha portato all'idea di una grande sala per ricevimenti al piano superiore, cosa che non era nei piani originali.»

«E l'offerta gastronomica di Graham Howard richiede un ambiente di alto livello» disse Regan. «Mo e io abbiamo fatto molto con un budget ridotto, ma non possiamo fare miracoli su miracoli.»

Blackie annuì. «Arthur è molto contento di quello che state facendo per lui, ma avete ragione. Gavin non avrebbe voluto nulla che non fosse il meglio. Andate avanti.»

«Il ristorante è più grande della casa originale» disse Darcy. «E giustamente.»

«Sì» disse Sheena, «e aggiungendo spazio, ora abbiamo la vista sul giardino e sulla baia, il che lo rende il tipo di ristorante che pensiamo Gavin avesse in mente. Abbiamo ordinato le forniture e assunto gli operai per i lavori di finitura, ma ora dobbiamo pagarli, allestire la cucina e allestire i servizi aggiuntivi al piano superiore.»

Sheena consegnò a Blackie un foglio con i conti. «Questo mostra il denaro che ci è stato assegnato per questo progetto, le spese e gli altri fondi di cui abbiamo bisogno.»

Blackie studiò Sheena e poi ciascuna delle sue sorelle.

«Devo dire che ammiro il vostro coraggio. Ce ne vuole molto per elaborare un piano come questo.» Rivolse la sua attenzione all'analisi che Sheena gli aveva consegnato. Nel silenzio che seguì, Sheena sentì lo stomaco accortocciarsi. Aveva esagerato con il suo ruolo?

Quando alzò lo sguardo dal giornale, disse: «Vi rendete conto di quanto siano 200.000 dollari. Vero?»

Sheena deglutì a fatica. «Sì.»

Lui scosse la testa. «Be', non chiederò ad Archibald quella somma di denaro per voi.»

Sheena e le sue sorelle si scambiarono uno sguardo angosciato.

«Chiederò invece 250.000 dollari. Questo coprirà eventuali spese impreviste e, come ormai sapete, ce ne saranno alcune.»

Si sedette di nuovo sulla sedia. «Sheena, ricordi il biglietto che Gavin ti ha lasciato? "Sheena, sei più simile a me di quanto pensi". Lo hai dimostrato più volte. Questo è il tipo di progetto che gli sarebbe venuto in mente. Assicuratevi di avere successo prima della fine dell'anno. Capito? Se non lo te, Archibald Wilson non sarà gentile con voi.»

Sheena si sentì un po' male mentre annuiva. «Faremo del nostro meglio.»

«Certo che sì» disse Darcy.

«Le sorelle Sullivan resteranno sempre unite» aggiunse Regan, dando una stretta incoraggiante alla mano di Sheena.

Blackie si alzò in piedi. «Gavin sarebbe orgoglioso di voi. Chiamerò Archibald a nome vostro e vi farò sapere.»

Sheena accompagnò Blackie fuori dalla stanza e alla sua auto.

«Grazie, Blackie. L'amicizia e l'aiuto che hai dato allo zio Gavin e ora a noi, sono sinceramente apprezzati.»

«Lo so, tesoro. Lo faccio per tutte voi.» Sorrise. «Sono al

vostro fianco fino in fondo. Speriamo che lo sia anche Archibald.»

CAPITOLO 36
REGAN

Regan si alzò presto per poter parlare con Rocky prima che fosse impegnato in altri progetti. Aveva iniziato a lavorare alla camera per Brian e aveva bisogno dell'aiuto di Rocky per sistemare i mobili che aveva pulito in un'altra suite mentre una squadra lavava la moquette della suite accanto alla sua per usarla per Brian. Avevano ricevuto il nuovo materasso e la nuova rete che avevano ordinato, quindi la camera da letto che Brian avrebbe usato era quasi pronta. Lei aveva rifornito la cucina di pentole, padelle, utensili da cucina, bicchieri, piatti e argenteria a sufficienza perché lui potesse cavarsela. Quando fosse stato in grado di tornare nel suo appartamento, li avrebbero usati in una delle altre suite per gli ospiti che un giorno avrebbero ristrutturato.

Holly Harwood aveva portato nuove lenzuola e altra biancheria per Brian, oltre ad asciugamani e materiale per il bagno e la cucina.

Quando Regan arrivò al ristorante di Gracie, Maggie le chiese che cosa poteva portarle per colazione. Lei e gli altri del gruppo erano seduti ai tavoli e stavano facendo una colazione veloce prima dell'apertura del ristorante.

Regan sorrise con gratitudine. «Una tazza di caffè sarebbe gradita.»

«Arrivo subito» disse Maggie, alzandosi di scatto dalla sedia.

Quando Maggie tornò, porse a Regan una tazza di caffè fumante. «Come sta il nostro Brian? Vado a trovarlo la sera, ma mi fermo solo il tempo necessario per vedere se ha bisogno di qualcosa.»

«Vuole ancora che vada da lui all'ora di pranzo, ma ora che è in grado di nutrirsi da solo, non c'è più bisogno di me.»

«Oh, ma ha bisogno della tua presenza. Ho notato che nei pochi giorni in cui non sei potuta andare a trovarlo, era depresso.» I suoi occhi scintillarono. «È incredibile quello che può fare l'amore.»

«Di cosa stai parlando?» disse Regan, colta alla sprovvista. «Io e Brian abbiamo deciso che siamo solo amici. Io e lui siamo persone diverse e ognuno ha il suo lavoro.»

Maggie la fissò. «È così che state giocando voi due? Davvero?»

«Maggie, apprezzo il tuo interesse e so che hai buone intenzioni, ma questa tua idea è totalmente folle.»

Maggie iniziò a dire qualcosa, poi si fermò quando si avvicinò Rocky. «Volevi vedermi, Regan?»

«Sì, mi chiedevo se potessi aiutarmi a spostare i mobili nella suite che abbiamo allestito per Brian. Lui spera di trasferirsi oggi pomeriggio, dopo essere stato dimesso dal centro di riabilitazione.»

«Certo. Sei pronta a farlo ora? Ho promesso che sarei andato a Ybor City per occuparmi di alcune cose, ma posso dedicarti un po' di tempo prima di andare.»

Regan posò la tazza di caffè. «Ok, facciamolo adesso.» Si rivolse a Maggie. «Grazie per il caffè. Ci vediamo dopo.»

«Buona giornata» disse Maggie. «E, in ogni caso, saluta Brian da parte mia. Cercherò di andare a trovarlo dopo che si sarà trasferito nella suite.»

Regan le fece un piccolo cenno di saluto e si affrettò a uscire dal ristorante insieme a Rocky.

Un'ora dopo, Regan si mise a studiare la zona giorno della suite che aveva allestito per Brian. Accanto alla cucina c'erano un tavolo e delle sedie come quelli delle due suite usate dalla sua famiglia. Sia loro che la cucina erano stati puliti fino a brillare. Lungo una parete, di fronte a un televisore che Holly aveva donato alla causa, aveva disposto un divano di ricupero.

Due sedie imbottite di colori diversi si trovavano ai lati del divano, insieme a tavolini con lampade. Dal punto di vista di un designer d'interni, l'arredamento era un disastro. Ma tutto era pulito e confortevole. Ed era questo che contava. Brian sperava che la sua permanenza in quella suite fosse limitata a un paio di settimane, fino a quando non sarebbe stato in grado di affrontare senza problemi le scale che portavano al suo appartamento. Il medico voleva che rafforzasse i muscoli intorno all'anca, ma non voleva che ne abusasse causando una battuta d'arresto. L'anca era tenuta insieme da fili e viti e l'osso aveva bisogno di più tempo per guarire.

Darcy entrò nella stanza. «Mi sembra tutto piuttosto carino. Hai fatto un ottimo lavoro con così poco preavviso.»

«È piuttosto semplice, non ci sono decorazioni vere e proprie. Ho pensato di appendere un quadro o due per farlo sembrare accogliente.»

Darcy le sorrise. «Un piccolo nido per voi due?»

Regan mise le mani sui fianchi e lanciò un'occhiataccia alla sorella. «Di cosa stai parlando?»

«Di te e Brian» disse Darcy. «Stareste benissimo insieme.»

Regan emise uno sbuffo di disgusto. «È meglio che tu e tutti gli altri vi togliate dalla testa questi pensieri, perché Brian vuole che restiamo solo amici. E io sono d'accordo con lui. Sai com'è fatto.»

Darcy la guardò inarcando un sopracciglio. «E com'è fatto esattamente?»

«È uno a cui piace flirtare e può far credere a qualsiasi

donna di essere quella giusta per lui. Io lo so bene. L'ho visto in azione. Non c'è una sola infermiera del piano che non sia almeno un po' innamorata di lui. Non è il tipo di uomo che sto cercando.»

«Accidenti!» disse Darcy amabilmente. «Era solo una domanda. Quando si trasferisce?»

«Nel pomeriggio. Ne saprò di più quando lo vedrò a mezzogiorno.»

«Va bene» disse Darcy, rivolgendole un sorriso enigmatico. «Ci vediamo dopo. Vado a intervistare Maggie, se riesco a farla parlare con me.»

Più tardi, quella mattina, Regan arrivò col furgone nel parcheggio dell'ospedale, ormai così familiare. Decisa a ignorare l'emozione di vedere Brian, entrò nell'edificio pronta a iniziare la loro normale routine.

Fuori dalla porta della camera fece un bel respiro, dicendosi che non serviva a niente essere infastidita dalle aspettative degli altri su una sua relazione sentimentale con lui. Non voleva altro che una bella amicizia con un amico di famiglia.

Entrò nella stanza e si fece silenziosamente da parte quando un'assistente infermiera saltò su dalla sedia accanto a quella di Brian.

«Ciao, Regan! Brian mi ha appena detto che andrà a vivere temporaneamente nel tuo hotel finché non riuscirà a fare di nuovo le scale del suo appartamento.»

«Sì» disse Regan. «È tutto pronto, può venire quando vuole.»

«Davvero?» chiese Brian.

Regan annuì. «Rocky mi ha aiutato con i mobili questa mattina. Tutto il resto era già a posto.»

«Ok, Jeannie, ho bisogno del tuo aiuto» disse Brian all'assistente. «Assicurati che i documenti per le mie dimissioni siano firmati. Va bene, tesoro?»

Lei lo guardò raggiante e gli fece un finto saluto militare. «Ci penso io.»

Dopo che se ne fu andata, Regan si sedette sulla sedia che Jeannie aveva lasciato libera. «Sei pronto a ordinare il pranzo?»

«Sì, ma ordiniamo per entrambi, per festeggiare il mio ultimo pasto in questo posto. D'accordo?»

«Ok. Mi sembra un buon modo per concludere il tuo soggiorno. So quanto sei impaziente di andartene.»

Un lampo di apprezzamento gli illuminò gli occhi e le sorrise. «L'unica cosa positiva della permanenza in questo ospedale sono state tutte le tue visite.»

«Gli amici servono a questo: a sostenersi a vicenda. Come facciamo Mo e io.»

Lui la studiò per un attimo. «Sì, credo che sia così. Buoni amici.» Le prese la mano, stringendola con dita che si erano rafforzate con l'esercizio. «Ma, Regan, mi sento sempre meglio quando ci sei tu.»

La sensazione dell'elettricità che si trasmise dalle sue dita alla sua mano la mise a tacere. Lo guardò confusa.

Lui le lasciò la mano. «Va bene, allora. Prendi il menu e ordiniamo. Ho fame. Voglio mangiare e poi voglio andarmene da qui.»

Regan recuperò il menu dal comodino e si sedette. «Ho l'impressione di averlo imparato a memoria. Tu cosa vuoi?»

Brian ordinò il suo panino preferito con prosciutto e formaggio svizzero. Regan optò per un'insalata verde. Il cibo era migliore di quello di altri ospedali, ma dopo aver mangiato spesso da Gracie, Regan pensava che poche cucine commerciali potessero eguagliare la loro. Tuttavia, per soddisfare Brian, fece l'ordine.

Mentre aspettavano che arrivasse il cibo, Regan si occupò di raccogliere le cose di Brian. Holly si preoccupò di fargli avere dei vestiti nuovi da indossare, quindi il pacchetto che Regan mise insieme era piccolo: un libro o due, un gioco elettronico e il suo cellulare.

Arrivò il cibo. Regan mise il panino e la bevanda di Brian sul tavolo e vi mise accanto la sua insalata e il tè freddo. Mangiarono in silenzio e poi Brian disse: «Mi mancheranno questi momenti con te. Sono contento di trasferirmi alla porta accanto, così potremo continuare a fare cose come questa.»

«A volte saremo in grado di farlo, ma non sempre» disse Regan. «Ognuno di noi sarà impegnato. Tu sarai ancora più coinvolto nella tua attività e nel lavoro con Tony. Io sto lavorando con Mo a un nuovo progetto segreto e abbiamo anche il progetto del ristorante.» Non poteva dire a nessuno della casa di Kenton. Non ancora.

«Oh, sì, certo, tu e Mo» disse Brian, lanciandole una lunga occhiata. «Immagino che le cose stiano così.»

Ignorando un desiderio che non riusciva a definire, Regan annuì. «Sì, credo di sì.»

Un'assistente, diversa da Jeannie, entrò nella stanza. «Ok, il medico ha firmato i documenti di dimissione. Puoi andare.» Sorrise a Brian. «Mancherai molto a tutti noi. Teniamoci in contatto. Capito?»

Lui le restituì il sorriso. «Puoi sempre trovarmi al Key Hole. Vieni a salutarmi quando vuoi.

«Va bene» rispose lei tutta allegra. «È una promessa.»

Regan guardò fuori dalla finestra, detestando il sentimento di gelosia che le trafiggeva il cuore e le annebbiava la vista.

CAPITOLO 37
DARCY

Darcy entrò da Gracie mentre il personale stava ripulendo dopo l'ora di punta del pranzo. Si avvicinò al tavolo che stava mettendo a posto Maggie.

«C'è qualche possibilità che possiamo parlare? Sto mettendo insieme alcune interviste per il mio libro.»

Maggie le rivolse uno sguardo fisso. «Qualcuno oltre a me ha deciso di non parlare con te?»

«Ho parlato con tutti gli altri. Mi hanno detto di non usare nomi o dettagli, ma di usare la storia dietro la persona come facevo per i miei articoli sul giornale. Sono piuttosto eccitata all'idea di fare il libro e spero che mi permetterai di intervistarti.» Darcy sentì la supplica nella sua voce, ma non riuscì a trattenersi dal dire: «Ti prego, Maggie. Significherebbe molto per me.»

«Va bene» disse Maggie con riluttanza. «Suppongo di doverlo a Gavin.»

Maggie si diresse verso il tavolo nell'angolo del ristorante e si sedette.

Darcy la seguì e si accomodò su una sedia di fronte a lei. «Come ho già detto, Maggie, rispetterò tutto ciò che mi dirai. Non si faranno nomi, né circostanze identificabili. Ognuno di noi ha una storia, e la tua mi interessa in quanto riguarda mio zio. In un certo senso, l'intero libro è un omaggio a lui.»

Maggie inarcò le sopracciglia. «Oh. Beh, in questo caso, sono felice di aiutarti.»

«Come hai fatto a conoscere mio zio?» chiese Darcy,

tirando fuori dalla borsa il taccuino e la penna. Aspettò di vedere se Maggie si sarebbe opposta e, in assenza di obiezioni, Darcy aprì il quaderno e aspettò che Maggie iniziasse.

«Gavin e io ci siamo conosciuti nell'aula del tribunale della contea. Era lì per assistere all'udienza di un amico e si trovava lì quando sono stata condannata a due anni di libertà vigilata e alla perdita della licenza di infermiera.» A Maggie vennero le lacrime agli occhi. «Fu un momento molto difficile per me.»

«Mi dispiace» disse Darcy e aspettò che Maggie continuasse.

«Mio padre stava morendo di cancro ed era venuto a vivere con me. Volevo farlo ricoverare, ma lui mi pregò di aiutarlo dandogli qualcosa per accelerare il processo.»

Darcy rimase immobile quando Maggie distolse lo sguardo, persa nei ricordi.

«Gli dissi che non potevo farlo, che ero un'infermiera addestrata ad aiutare le persone in altri modi e che gli sarei stata accanto fino alla fine. Ma lui insistette, raccontandomi di tutte le cose che aveva sacrificato per farmi frequentare la scuola per infermieri. Singhiozzava e minacciava di perseguitarmi fino alla morte se non lo avessi aiutato. Il suo era un cancro molto doloroso e, sebbene il medico gli avesse prescritto degli antidolorifici, non erano sufficienti. Voleva solo un po' di più di quello che il medico gli aveva già prescritto. Non capisci?»

Darcy annuì commossa.

Maggie proseguì. «Pianse per il male per giorni, finché non riuscii più a sopportarlo. Una sera tornai nell'ufficio dove lavoravo e presi abbastanza medicinale da fare quello che mi aveva chiesto. Sapevo di aver fatto la cosa giusta per mio padre. Ma sapevo anche che sarebbe stata la fine della mia carriera di infermiera.»

Maggie si strinse le mani. «Come vorrei che non me lo

avesse mai chiesto.»

«Sono decisioni difficili» disse Darcy. «Le leggi stanno cambiando, ma è una situazione molto difficile per tutte le persone coinvolte.»

Maggie la studiò. «Spero che tu non debba mai passare una cosa del genere.»

«Dopo aver conosciuto Gavin, cos'è successo?» chiese Darcy a bassa voce.

«Mi disse che aveva messo insieme un gruppo per aiutarlo a restaurare un albergo che aveva comprato, e che aveva bisogno di qualcuno intelligente e capace che lo aiutasse a dare a queste persone una casa in cui essere felici. Mi chiese se avrei vegliato sugli altri, consigliandoli in caso di problemi medici. Mi disse che poteva essere l'inizio di una nuova vita per me, vivere e lavorare con questi suoi amici e prendermi cura di loro. Io non ho parenti e l'abitazione dove viveva mio padre doveva essere venduta per pagare le spese mediche, lasciandomi senza una casa. Ho accettato volentieri l'offerta di Gavin.»

Darcy si rese conto che Maggie non era molto più grande di Sheena. «Hai intenzione di rimanere con il gruppo o vuoi fare qualcosa di diverso?»

Maggie sospirò. «Gavin e io ne avevamo parlato. Mi sono presa l'impegno di rimanere qui fino alla fine dell'anno. Poi, se lo deciderò, sarò libera di andare altrove, di fare qualcosa di diverso. Ma ho trovato un'esistenza piacevole qui e per conto mio. E la sera ho conosciuto delle persone che sono diventate buone amiche. Quindi, non ho ancora deciso.»

«Bene» disse Darcy, chiedendosi come lei e le sue sorelle potessero sfruttare meglio il suo talento.

«Anche se finirò per fare qualcosa di diverso, non abbandonerò mai la gente di Gavin. È una promessa che manterrò.» Gli occhi di Maggie si riempirono di nuovo di lacrime. «Proprio come avevo promesso di prendermi cura di mio padre.»

Quando Maggie iniziò a singhiozzare, Darcy non riuscì a trattenere il pianto. Allungò il braccio attraverso il tavolo e le strinse la mano. «Sei una brava donna, Maggie. Grazie per avermi raccontato la tua storia.»

«Niente nomi, giusto?» chiese Maggie.

«Assolutamente no» la tranquillizzò Darcy, sapendo che non avrebbe più guardato Maggie allo stesso modo. Era un altro angelo con una storia tutta sua.

Com'era sua abitudine dopo un'intervista, Darcy andò nel suo ufficio a scrivere la storia di Maggie.

Quando ebbe finito, la rilesse, fece una prima revisione e la rilesse nuovamente.

"Gli angeli sono tutto intorno a noi. A volte sono difficili da trovare perché l'età, la taglia, la forma o il colore di una persona non dovrebbero avere importanza, poiché gli angeli si scoprono grazie alle loro azioni, non al loro aspetto. Come faccio a saperlo? Perché oggi ho parlato con un angelo che ha agito per amore, sapendo che le avrebbe fatto male. Gli atti altruistici sono troppo spesso ignorati o talvolta non compresi. Ma gli angeli fanno ciò che devono per aiutare gli altri. Come faccio a saperlo? Perché ho pianto con un angelo."

Darcy posò il foglio e pensò a Nick Howard e a tutto quello che aveva fatto per lei. Era il suo angelo privato, una persona a cui avrebbe sempre voluto bene, anche se non era presente per dirglielo.

I suoi pensieri si spostarono su Austin. Era un altro suo angelo che doveva ancora conoscere la profondità dell'amore che provava per lui. Non vedeva l'ora che si sposassero e che potesse condividere con lui ogni giorno e ogni notte.

Prese su il telefono e gli inviò un semplice messaggio. *Ti amo!*

Ridacchiò felice quando lui rispose immediatamente. *Anch'io!*

Darcy si alzò e si stiracchiò, contenta per come stavano aumentando le interviste per il suo libro. D'impulso chiamò Cyndi Jansen.

Cyndi rispose alla chiamata con un allegro «Ciao, Darcy! Come va? Chiami per le nostre prenotazioni?»

«No, ma saremo molto felici di vedere te e i tuoi amici. Ti ho chiamato per verificare lo stato di avanzamento del tuo libro. Come procedono le interviste?»

«È incredibile. I coniugi degli uomini e delle donne del gruppo di recupero di Tom hanno tante buone idee su come sopravvivere alla dura prova di avere coniugi con stress post-traumatico. Ne parleremo ancora quando ci vedremo.»

«Ottimo» disse Darcy. «Ci vediamo presto.»

Pensando al gruppo in arrivo, Darcy telefonò a Nicole Coleman. Doveva essersi già trasferita in Florida, ma Darcy non l'aveva più sentita.

Non riuscendo a contattare Nicole al suo numero personale, decise di provare a chiamarla al lavoro e le passarono subito il suo interno.

«Nicole? Sono Darcy. Quando vieni in Florida?»

«Oh, alla fine ho deciso di non venire. Il mio capo mi ha offerto un pacchetto retributivo irresistibile. Resto qui.»

Darcy ingoiò un sussulto di sgomento. «E la campagna pubblicitaria per il Salty Key Inn?»

Nicole ridacchiò. «Quella, amica mia, ti sta arrivando. L'ho spedita stamattina. Scusa il ritardo, ma qui era tutto in subbuglio. Darcy, se mai diventerete grandi, voglio che ti ricordi di me. Mi piacerebbe averti come cliente.»

«Se riusciremo a diventare grandi come speriamo, sono

sicura che io e le mie sorelle vorremmo ingaggiarti per le nostre campagne pubblicitarie. Nicole, grazie mille per tutto questo. Ci fa davvero comodo.»

«Non c'è di che. Mi piaci, Darcy, e spero che tu e le tue sorelle abbiate successo.»

«Grazie, Nicole. Lo auguro anche a te.» Darcy fece una pausa, poi non riuscì a resistere. «Come sta Alex?»

«Non lo so» rispose Nicole. «Dopo essere tornata dalla Florida, ho deciso di passare un po' di tempo a casa. E quando mi hanno offerto la nuova posizione qui in azienda, ho deciso di comprare un appartamentino tutto mio. Al momento lo condivido con il mio vecchio fidanzato.»

«Rick?» disse Darcy, contenta per lei. Rick Darrow era un ragazzo alto e allampanato, che non aveva peli sulla lingua. A Darcy era sempre piaciuto.

«Sì. Alex non gli è mai piaciuta, e questo fu uno dei motivi per cui ci eravamo allontanati. Ma, Darcy, credo che la nostra relazione sia passata a un livello completamente nuovo e sano.»

«Ti dico una cosa» disse Darcy. «Se mai vi sposerete, vi farò una super offerta per un matrimonio sulla spiaggia.»

Nicole rise. «Che Dio ti ascolti. Grazie. Devo andare.»

Darcy riattaccò il telefono e rimase un attimo a guardare fuori dalla finestra dell'ufficio, osservando la palma che ondeggiava lì vicino. A volte, pensò, la vita trovava il modo di sistemare le cose.

CAPITOLO 38
REGAN

Regan e Sheena osservarono Brian farsi lentamente strada nella suite accanto alla sua.

«Spero che ti piaccia» gli disse Regan, sentendosi un po' nervosa.

«Regan ha lavorato sodo per trasformare questo posto in qualcosa dove ti potessi trovare a tuo agio» disse Sheena, parlando come la sorella maggiore protettiva che era.

«Una vera casa modello, eh?» disse Brian guardandosi intorno.

«No, ma speriamo che sia un posto confortevole dove poter continuare a guarire» disse Regan. Nella sua mente vedeva già come sarebbero potute diventare belle queste suite se avessero avuto abbastanza soldi per una ristrutturazione adeguata.

In quel momento arrivò Holly Harwood. Diede a Brian un bacio sulla guancia e gli disse: «Sono felice di averti vicino, figliolo. Guarirai molto meglio qui, dove potrai stare al sole e rilassarti.»

«Mamma, dimentichi che ho un'attività da gestire» ringhiò Brian.

«Oh, lo so, ma hai anche bisogno di riposare.» Holly si rivolse a Sheena. «Sono così contenta che Tony sia il socio di Brian ora.»

Sheena le sorrise. «Brian ha fatto molto con l'azienda e Tony è lieto di essere in società con lui. Grazie, Brian.»

La precedente irritazione di Brian fu cancellata dall'ampio

sorriso che gli illuminò il viso.

Osservando questo scambio, Regan si rese conto di quanto Brian fosse diventato sensibile al fatto di non poter lavorare. Era un uomo abituato al lavoro fisico e alla guida della sua azienda.

Regan controllò l'orologio. «Devo dare il cambio a Sally. Ci vediamo dopo, tutti quanti. E Brian, se ho dimenticato qualcosa nell'approntare la suite, fammelo sapere.»

«Potrebbero esserci un paio di cose di cui dobbiamo discutere» disse lui, rivolgendole un sorriso canzonatorio.

«Devo andare» disse lei e si allontanò in fretta, prima che gli altri potessero capire dal modo in cui era arrossita che non poteva fare a meno di reagire allo sguardo sexy che lui le aveva rivolto.

Il pensiero di avere Brian così vicino era eccitante e spaventoso allo stesso tempo. Ma mentre attraversava il prato dirigendosi alla reception, Regan ricordò a sé stessa, come doveva fare spesso, che le battute di Brian facevano parte del gioco che faceva con tutte le donne.

Sally la salutò con gli occhi che brillavano di eccitazione. «Ho appena fatto il check-in a un'altra coppia che ha letto il recente articolo del giornale sugli sposi. Si fermano da noi solo per due notti, ma vogliono parlarti della possibilità di celebrare qui il loro matrimonio.»

«Bene. E il signor Rushman e la sua famiglia sono arrivati?»

«Sì. Lui e sua moglie sembravano soddisfatti delle loro stanze, ma sono contenta che li abbiamo messi in fondo all'edificio. I loro figli non sono ben educati. Potrebbero essere un problema.»

«Forse Sole, Sabbia e Surf li sfiniranno» disse Regan.

Risero insieme. "Servono le S" era diventato un codice per descrivere i ragazzini difficili.

Regan controllò l'elenco delle prenotazioni del giorno. Dovevano arrivare altre due coppie e poi, durante il fine settimana di Halloween si sarebbero aggiunti Cyndi e il suo gruppo. Tuttavia, gli affari procedevano a rilento.

Nella speranza di smuovere le acque, Regan inviò alcuni pacchetti di brochure richiesti tramite il loro sito web. Si trovavano in una posizione quasi impossibile: avevano una bella proprietà che non era al massimo. Il ristorante di Gracie, il bar accanto, i coupon e la magnifica spiaggia compensavano alcune delle mancanze, ma a Regan dava fastidio che le cose non andassero come voleva.

Dopo aver sistemato l'ufficio, essersi occupata dei dettagli e aver fatto il check-in agli ultimi due ospiti, Regan appese il cartello "chiuso" alla porta e si diresse verso la sua suite, sperando in una serata tranquilla.

Aprì la porta e osservò la scena che si trovò davanti sorpresa. Brian, Holly, Sheena, Tony e i ragazzi erano seduti in salotto con Darcy.

«Ho pensato di fare una piccola festa per celebrare l'ingresso di Brian nel nostro gruppo» disse Darcy, sorridendo.

Regan si sforzò di incurvare le labbra. Dentro di sé, però, il pensiero che Brian facesse così tanto parte della sua vita la disturbava. Come poteva mantenere solo un'amicizia con Brian quando le era costantemente vicino? Aveva visto donne più forti, persino sposate, soccombere al suo fascino.

Brian sembrò leggerle nella mente. «Non preoccuparti. Darò a te e a tutti gli altri abbastanza spazio per sentire la mia mancanza quando non ci sarò.»

Gli altri risero alla sua battuta bonaria e Regan si unì all'ilarità generale. Brian non si rendeva conto di quanto fosse indimenticabile, non che lei avesse intenzione di dirlo a lui o alle sue sorelle.

«Quando mangiamo?» chiese Michael. «Ho promesso a Kaylee che sarei andato a prenderla in biblioteca stasera.»

«Chiama e dille che potresti fare tardi» disse Sheena sottovoce. «È una festa di famiglia.»

Michael fece una smorfia, si alzò da una delle sedie e andò nella camera da letto di Regan per avere un po' di privacy.

«Abbiamo chiesto a Brian cosa volesse per cena e lui ha scelto la pizza di Borelli» spiegò Darcy. «Dovrebbe arrivare presto. Austin è andato a prenderla.»

«Io ho preparato un'insalata con il condimento speciale di Rosa» disse Sheena.

A Regan venne l'acquolina in bocca. La suocera di Sheena, Rosa, era un'ottima cuoca. Evitando gli sguardi di Brian, accettò un bicchiere di vino da Tony e si sedette su una delle sedie pieghevoli che la famiglia usava per le feste.

Il vinello rosso le scivolò in gola e le calmò i nervi. Sentì un po' di tensione abbandonare le spalle.

Michael controllò l'orologio alla parete. «Quando arriva Austin?»

«È appena arrivato» disse Darcy, alzandosi per raggiungerlo alla porta.

Regan osservò la luce felice sul volto di Darcy e vide il modo in cui Austin guardava Darcy con aperta adorazione, e sentì una fitta di invidia. Voleva trovare un uomo buono come lui o qualcuno come Tony.

Quando Regan riportò l'attenzione sul suo bicchiere di vino, trovò lo sguardo di Brian su di lei.

Ignorandolo, si alzò. «Ti aiuto a servire, Darcy. Ha un profumo meraviglioso.»

L'aroma di aglio, pomodoro e salsiccia riempì l'aria quando entrò in cucina.

Chiacchierando allegramente in attesa di avere da mangiare, gli altri si spostarono sulle sedie del tavolo della cucina o del tavolo pieghevole che era stato allestito.

Dopo che tutti ebbero preso un trancio di pizza e si furono passati l'enorme insalatiera, Tony sollevò la sua lattina di birra. «Vorrei proporre un brindisi a Brian. Alla sua pronta guarigione. Manchi a tutti noi al lavoro e non vediamo l'ora che torni a darci ordini.»

Brian rise. «Grazie. Ho fatto pratica di ordini con le infermiere dell'ospedale.»

Cominciarono a mangiare in un generale silenzio.

«Ottima pizza» disse Michael. «Posso averne ancora?»

«Perché non ce ne porti a tutti?» suggerì Sheena.

Michael saltò su dalla sedia e tornò al tavolo portando con sé una delle scatole di pizza.

Le donne si trattennero, mentre gli uomini si servirono subito del bis. Guardando le persone più vicine a lei, Regan provò un senso di gratitudine. La sua vita familiare a Boston non era stata molto felice, ma essere qui in Florida, vivere e lavorare insieme le ricordava quanto potesse essere speciale la famiglia.

Dopo un altro giro di pizza per chi la desiderava, Michael guardò suo padre. «Posso andare?»

Tony annuì. «Sì, figliolo, ma torna a casa all'ora consueta. Capito?»

«Ma...»

Tony lo interruppe. «Puoi rispettare le nostre regole o restare a casa.»

Con grande sorpresa di Regan, Michael non fece altro che accigliarsi. Tony e Sheena erano severi con i loro figli, e la cosa sembrava dare i suoi frutti. L'impertinenza di Michael della scorsa primavera sembrava sparita.

Holly si alzò in piedi. «Devo tornare al bar. Grazie mille per avermi inclusa nella cena di bentornato di Brian.» Si girò verso il figlio. «Vuoi che ti accompagni alla tua suite?»

«Certo. Non voglio approfittare del bentornato.»

Regan notò le linee di stanchezza sul suo viso e capì che ci sarebbe voluto del tempo perché Brian recuperasse le forze.

Dopo che lui e Holly se ne furono andati, Tony si scusò. «Stanno riproponendo alcune partite della World Series e non voglio perdermi quelle dei Red Sox che mi sono perso. Vuoi unirti a me, Austin?»

«Sì» disse Austin. «Non sono riuscito a staccare dal lavoro per vedere le partite del giorno.»

Meaghan si alzò in piedi. «Io devo fare i compiti e poi ho promesso di chiamare Tara.»

Da sole, le tre sorelle si guardarono e sorrisero.

Darcy recuperò la bottiglia di vino dalla cucina. «Direi che qui ci vuole un altro po' di vino. È difficile stare da soli e voglio raccontarti della mia telefonata con Nicole.»

Regan sollevò il bicchiere per permettere a Darcy di versarle altro vino. «Cosa sta succedendo a Nicole? Sta lavorando alla nostra campagna pubblicitaria?»

Darcy finì di versare il vino a Sheena e si rivolse a Regan con un sorriso. «Sta arrivando.»

«Fantastico. Dov'è finita a lavorare?» disse Sheena.

«Non verrà in Florida, dopotutto. Per trattenere Nicole, pare che il suo capo le abbia dato un aumento e una promozione. Ha comprato un piccolo appartamento e vive con il suo vecchio fidanzato.»

«Caspita! Dov'è Alex?» chiese Regan.

Darcy fece un sorriso smagliante. «Dopo il loro soggiorno qui, Nicole se n'è andata dall'appartamento che condivideva con Alex. Da allora non si sono più viste molto.»

Regan si scambiò un'occhiata con Darcy. Entrambe erano state vittime del meschino snobismo di Alex.

«Ho promesso a Nicole uno sconto enorme su qualsiasi matrimonio voglia fare qui all'hotel» disse Darcy.

«È il minimo che possiamo fare» disse Sheena. Il suo sorriso scomparve, sostituito da un'espressione accigliata. «Pensavo che a quest'ora avremmo avuto notizie da Blackie riguardo al prestito.»

Il volto di Darcy perse un po' di colore. «E se non lo prendessimo?»

«Non so. Senza fondi aggiuntivi, non potremo rendere giustizia al ristorante. Forse dovremo addirittura ritardare l'apertura» ammise Sheena. «E questo mi preoccupa.»

«Dobbiamo aprire, lo dobbiamo a Graham» protestò Regan, ben consapevole di quanto fosse eccitato dalla prospettiva di supervisionare la cucina.

«Domani mattina chiamerò Blackie» promise Sheena. «Non abbiamo più tempo.»

«Cyndi e Tom Jansen e i loro amici arrivano questo fine settimana» disse Darcy. «Facciamo in modo che si divertano.»

«Spero che la festa di compleanno di Meaghan non interferisca con il loro soggiorno» disse Sheena. «Non ho modo di annullarla ora.»

«Tra tutti, sono sicura che loro e il loro gruppo capiranno» disse Darcy.

«Giusto. Pubblicizziamo il Salty Key Inn come un posto per famiglie» aggiunse Regan. «Questo fine settimana sarà un bel banco di prova.»

Finirono il vino e poi Sheena disse: «È meglio che vada a casa.»

«Vengo con te» disse Darcy. «Voglio passare un po' di tempo con Austin.»

«Allora penso che io andrò a fare una nuotata in piscina» disse Regan. «Mi sento i muscoli annodati per la tensione. Cercare di gestire questo hotel è più difficile di quanto avessi mai sognato.»

«Ti terrò d'occhio» disse Sheena. «Nessuno dovrebbe nuotare da solo. Nemmeno uno di noi.»

«Sì, mamma» disse Regan, e sia Darcy che Sheena risero. La prepotenza di Sheena era stata un po' un problema quando avevano iniziato l'anno insieme, ma ora potevano scherzarci su.

La piscina era vuota. Regan ne aprì il cancello e posò l'asciugamano su una sedia, felice della privacy. Si mise una cuffia da bagno in testa e si tuffò nell'acqua limpida, tagliandola di netto. Risalì in superficie e ansimò per la freschezza dell'acqua.

Percorse tutta la lunghezza della vasca, allungando, tirando o scalciando gli arti a ogni bracciata, e presto si perse nel ritmo.

Dopo qualche vasca, si fermò per riprendere fiato. Alla vista inaspettata di una grande ombra seduta lì vicino, gridò.

«Scusa se ti ho spaventata» disse Brian. «Non sapevo che sapessi nuotare così. Bravissima.»

«Sì, ma non mi capita spesso di farlo in privato» disse Regan.

«Dovresti prenderti il tempo necessario. Sei una bellissima nuotatrice.»

Regan esitò a uscire dall'acqua. Il costume da bagno che aveva indossato era il suo bikini più piccolo e sapeva che Brian l'avrebbe presa in giro.

«Hai bisogno di aiuto per uscire?» le chiese lui.

Regan si tolse la cuffia e sentì i lunghi capelli ricadere sulle spalle. Poi, facendo un bel respiro, salì i gradini per uscire dalla piscina.

Brian si alzò e le porse l'asciugamano. «Ti serve questo?» Indossava dei pantaloncini senza maglietta.

Mentre si fissavano, un brivido di energia la attraversò e le strinse lo stomaco. Cercò di non notare il rigonfiamento nei suoi pantaloni, ma era impossibile non farlo. Tremando, allungò una mano per prendere l'asciugamano.

«Freddo?» chiese lui gentilmente. «Ecco.» Le avvolse l'asciugamano intorno e la fece avvicinare.

Lei pensò di resistere e poi appoggiò la testa contro il suo petto nudo, sentendo il solletico dei peli del petto contro la sua guancia.

«Meglio?» mormorò Brian.

Lei inspirò il suo profumo virile e annuì.

Lui fece un passo indietro e la guardò. Con grande tenerezza, le raccolse una ciocca di capelli e la scostò dal viso. Passò il dito sulla cicatrice sotto il mento e le studiò il labbro.

Lei iniziò ad allontanarsi, ma lui la attirò a sé. Sapendo cosa stava per accadere, Regan chiuse gli occhi e si lasciò sfuggire un sospiro quando sentì le labbra di Brian sulle sue. Un'ondata di desiderio nel suo intimo vibrò con il battito del suo cuore. Quando lui le indicò che voleva che aprisse la bocca, lei lo fece volentieri. La sua lingua accarezzò la sua in una danza sexy finché lei non si sentì le ginocchia cedere. Cercando di recuperare l'equilibrio, si allontanò da lui e lo affrontò respirando a fatica.

«Stai bene, tesoro?» disse lui dolcemente.

Lei annuì, ma non stava affatto bene. Non aveva mai desiderato un uomo più di quanto desiderasse, anzi, avesse bisogno di Brian in quel momento. E questo la spaventava a morte.

«Devo tornare nella mia stanza» disse, senza riuscire a nascondere il tremito nella voce.

Lui rise piano quando lei si girò e si allontanò di scatto da lui.

CAPITOLO 39
SHEENA

Sheena aspettava con ansia che Blackie la chiamasse. Molte cose dipendevano dall'allentamento di alcune regole da parte di Archibald Wilson, e il buon Archie sembrava essere un fanatico delle regole.

«Scusa se ti ho fatto aspettare» annunciò Blackie bruscamente al telefono. «È stata una mattinata frenetica.»

«Capisco» disse Sheena. «Sei un uomo impegnato. Io e le mie sorelle ci chiedevamo se fossi riuscito a parlare con Archibald Wilson a nome nostro.»

«Sì, in effetti ho appena riattaccato da una telefonata con lui.»

Sheena sentì un nodo allo stomaco. «E?»

«E credo che sia d'accordo. Abbiamo discusso a lungo di Gavin. Il fatto che mi abbia detto di essere aperto a qualsiasi vostra mossa che Gavin avrebbe potuto tentare lui stesso, costituisce un argomento convincente per procedere a concedervi un prestito.»

«Meraviglioso!» esclamò Sheena, saltando su dalla sedia della cucina in cui era seduta. Non riuscendo a trattenere l'eccitazione, fece una piccola danza.

«Ma, Sheena, tutto questo ha un prezzo» ammonì Blackie. «Se fallite la sfida, tu e le tue sorelle sarete comunque responsabili dell'intero prestito o di una parte, a seconda del vostro successo alla fine dell'anno.»

L'eccitazione di Sheena svanì. «E cosa significa esattamente?»

«Non è così preoccupante come potreste pensare, a patto che tu e le tue sorelle andiate avanti. Tuttavia, se il ristorante dovesse fallire, non sarebbe un bene per voi.»

«Dobbiamo farlo» disse Sheena. «È una mossa audace, ma è l'unico modo per portare a termine la sfida di Gavin.»

Blackie rise. «Buon per te! Ho detto ad Archie che avresti detto così. Sei proprio la ragazza di Gavin.»

Il cuore di Sheena smise di battere e scattò in avanti per lo shock. «Che cos'hai detto?»

«Solo che tu e le tue sorelle siete come Gavin. Sarebbe così orgoglioso.»

Sollevata, Sheena si lasciò cadere sulla sedia. Forse non avrebbe mai saputo la vera storia della moneta d'oro che le aveva regalato lo zio Gavin. L'avrebbe custodita come ora custodiva il suo rapporto con le sorelle.

Blackie continuò. «Sto facendo redigere l'accordo tra voi donne e la proprietà di Gavin. Lo invierò il prima possibile via e-mail per raccogliere le vostre firme. Capisco che avete poco tempo a disposizione.»

«Grazie, Blackie. Non so come potremo mai ringraziarti per tutto quello che hai fatto per noi.»

«Basta vincere questa sfida. Sia io che Gavin ci avevamo scommesso.»

Blackie riattaccò e Sheena si chiese se lei e le sue sorelle potessero fare quello che voleva lo zio.

Mandò un messaggio a Regan e Darcy affinché si incontrassero con lei alla reception il più presto possibile e poi vi si recò lei stessa.

Regan era in servizio quando arrivò Sheena.

«Ho ricevuto il tuo messaggio» disse, guardandola da dietro il banco della reception. «Che succede?»

«Si tratta dell'accordo che dobbiamo firmare con Archibald Wilson e la proprietà di Gavin. Aspettiamo Darcy e vi racconterò tutto.»

Regan annuì e poi studiò Sheena. «Come hai capito che Tony era quello giusto per te? Hai mai temuto di aver commesso un errore scegliendo lui?»

«Credo di sapere di cosa si tratta» disse Sheena a bassa voce. «A volte bisogna seguire il cuore. So che la mamma ti ha fatto credere che tutto dovesse essere perfetto prima di impegnarsi con qualcuno, ma la vita non presenta situazioni perfette. Per me non è stato così, come sai. Ma la mia vita è andata molto bene.»

«Ehi, ciao!» gridò Darcy, entrando in ufficio. «Che succede? Abbiamo concluso l'affare?»

«Sì, ma non è così semplice come si potrebbe pensare.» Sheena spiegò la situazione alle sue sorelle. «Blackie sta inviando per email l'accordo che ognuna di noi deve firmare. E dobbiamo parlare subito con Brian e Tony. Avremo bisogno della loro collaborazione per programmare il lavoro dei falegnami, degli imbianchini e di tutti gli altri, per portare a termine il lavoro in modo tempestivo.»

«E questo significa dare a Mo e a me il tempo di occuparci degli interni» concluse Regan. «Lo chiamerò per fissare un appuntamento e discutere della sala che stiamo aggiungendo al piano superiore.»

«Il pacchetto di Nicole dovrebbe arrivare oggi» disse Darcy. «Ma non era a conoscenza del nostro concept di destinazione per matrimoni, quindi mi metterò al lavoro su questo. È meglio che chiami anche Graham.»

Sheena studiò le sue sorelle. Il tempo trascorso a lavorare insieme le aveva unite in più di un modo. Per la prima volta quella mattina, pensò che tutte e tre avrebbero potuto realizzare questa loro nuova idea, dopo tutto.

Quel pomeriggio Sheena condusse Tony su per le scale del ristorante fino alla sala al primo piano. Brian salì lentamente le scale dietro di loro, tenendosi a Regan e Darcy come sostegno.

La stanza, incompiuta, si stendeva davanti a loro, piena di possibilità.

«È qui che ci immaginiamo funzioni di tutti i tipi, anche se spingeremo il business dei matrimoni» disse Sheena.

«Avremo bisogno di spazi per la ristorazione, di servizi igienici e di una stanza che definirei una suite nuziale: un luogo dove le spose possano cambiarsi, intrattenere gli invitati o stare in privato con la propria famiglia» disse Regan.

«E se è abbastanza grande, si potrebbero organizzare anche piccole feste private» aggiunse Darcy.

Si voltarono sentendo arrivare Mo e Graham.

«Sono contenta che siate qui» disse Sheena. «Abbiamo parlato di come utilizzare questo spazio.» Raccontò ciò che era stato discusso e si rivolse a loro. «Cosa ne pensate?»

«Potrebbe essere molto redditizio» disse Graham. «Ma solo se lo rendiamo speciale e lo facciamo pagare un prezzo decente.»

«Immagino una bella area aperta, versatile e attraente senza esagerare» disse Mo. Guardò il tetto. «Che ne dite di aggiungere qualche lucernario per l'illuminazione di giorno e un po' di romanticismo di sera?»

«Quelli con gli schermi solari retrattili» disse Regan, sorridendogli.

«Ok, fate tutti un elenco delle cose che volete in questa stanza, così potrò darvi una stima di quanto costerà completarla» disse Brian.

«Giusto. Dobbiamo stilare una lista di materiali e poi devo essere in grado di stimare il tempo di lavoro dei ragazzi» disse Tony, ricevendo un cenno di approvazione da Brian.

«A noi servono le misure per capire di quali arredi avremo bisogno» disse Mo. «Io e Regan vorremmo progettare la suite nuziale.»

«Giusto» disse Regan. «Ho un'immagine in testa.»

«Un posto per sedersi alla finestra con vista sulla baia?» disse Mo.

Regan rise. «Esattamente.»

«E quando non viene usata per le spose, può diventare una piccola e graziosa sala da pranzo» disse Mo.

«Vogliamo una piccola cucina di servizio per gestire piccoli meeting, mentre la nostra cucina principale si occuperà di preparare il cibo e le grandi funzioni. Inizierò a lavorare sui menu» disse Graham. «Mi chiedo se Bebe potrebbe prendere in considerazione l'idea di fare le torte nuziali.»

Un'espressione di gioia attraversò il volto di Darcy. «Scommetto che le piacerebbe molto. Posso parlarne con lei e Gracie.»

Sheena osservò i membri del gruppo, rendendosi conto che la vita aveva preso un'altra brusca svolta e forse, solo forse, li avrebbe salvati.

CAPITOLO 40
REGAN

Regan e Mo lasciarono l'edificio del ristorante, a braccetto, parlando amichevolmente delle varie possibilità di arredamento e progettazione della sala.

Mentre attraversavano il prato diretti verso le suite Piovanello, a Regan sembrò naturale condividere momenti come quello con Mo. Come spesso aveva fatto, desiderava trovare un altro uomo che la facesse sentire così a suo agio, così accettata per quello che era.

«Come vanno le cose tra te e Kenton?» gli chiese.

Gli occhi scuri di Mo brillarono. «Le cose tra noi vanno bene. Sappiamo che non potremo vivere insieme per un po', ma ogni volta che lui è in Florida per occuparsi di affari o per vedere sua sorella, ci vediamo.»

Regan lo guardò raggiante. «Sono così felice per te, Mo. Tutti hanno bisogno di amore.»

Lui la guardò inarcando un sopracciglio. «E tu? È successo qualcosa tra te e Brian? Ho notato che durante la riunione vi siete guardati a malapena, come se steste cercando di evitarvi. Come mai?»

Lei fece un respiro profondo. «È complicato.»

Lui si fermò e la studiò. «Oh mio Dio! Tu lo ami! Lui ti ama?»

«È questo il punto. Non sono sicura di quello che prova per me. So che è attratto, ma non ho idea se c'è la possibilità di un vero futuro con lui. Mi sono impegnata con me stessa a stare attenta a qualsiasi relazione, e per me è difficile capire Brian.

Gli piacciono tutte e lui piace a tutte. Ma quando si tratta di impegni a lungo termine, sembra tirarsi indietro. Credo sia per questo che è single.»

«Se ti riferisci al fatto che ha rotto con Jill Jackson, è stata una mossa intelligente» disse Mo.

«Sì, ma alla sua età avrebbe potuto avere molte altre opportunità, e invece è ancora solo.»

Mo sbuffò disgustato. «Il fatto che abbia dieci anni in più non significa che non possa impegnarsi con nessuna. Significa solo che non ha trovato la persona giusta mentre costruiva la sua attività.»

Regan deglutì a fatica.

«Senti, tesoro» disse Mo con gentilezza. «Credo che sia tu ad avere paura di impegnarti. Pensaci. Tu respingi tutti i ragazzi che mostrano interesse.»

«Ma l'unica cosa che vogliono è andare a letto con me» protestò Regan. «Non hai idea di quanti ragazzi ho dovuto scacciare con la forza dopo avergli detto di no.»

Mo le strinse la mano. «Posso ben immaginarlo. Ma qui sei in una situazione più sana, con la famiglia e gli amici intorno a te. Forse è il momento di rivalutare le cose.»

«Lo pensi davvero?» chiese Regan, sapendo che stava facendo una domanda più grande di quella.

Lui annuì. «Sì, tesoro. Voglio il meglio per te. Lo voglio davvero.»

Regan lo abbracciò. «Grazie.»

In quel momento arrivarono Brian e Tony.

«Cos'è questo?» chiese Brian, sorridendo.

Mo si allontanò da Regan. «Solo una chiacchierata a cuore aperto.» Rivolse a Brian uno sguardo significativo che fece desiderare a Regan di unirsi magicamente ai gabbiani che volteggiavano sulla spiaggia.

«Regan, voi due ci farete sapere al più presto le vostre

esigenze. Giusto?» disse Tony, incurante del suo disagio. «Io e Brian abbiamo preso alcune misure e faremo dei disegni.»

«Posso farvi degli schizzi» disse Mo. «In effetti, io e Regan avevamo programmato di lavorarci questa sera.»

«Bene» disse Tony. «Probabilmente lavorerò a qualcosa anche stasera.»

Regan prese Mo per il braccio. «Andiamo. Sbrighiamoci a cominciare.»

«Scappi via così presto?» disse Brian, appoggiato al suo deambulatore.

Regan lo salutò con un cenno della mano e si diresse verso le suite Piovanello.

«Vedi cosa intendo?» disse Mo mentre camminavano.

«Cosa?» chiese Regan, sapendo esattamente di cosa stava parlando Mo.

###

I due giorni successivi volarono mentre tutti si concentravano sulla messa a punto dei dettagli della sala del primo piano del ristorante.

Cyndi e Tom Jansen arrivarono con altre quattro coppie. Regan controllò che tutti fossero sistemati nelle loro stanze. Lei e le sue sorelle avevano deciso di acquistare alcune attrezzature aggiuntive per le stanze dei disabili, per aiutare gli altri due uomini che dovevano ancora gestire il loro handicap.

Con ogni nuovo ospite dell'hotel, Regan imparava quali caratteristiche aggiuntive avrebbero reso il soggiorno più confortevole. Osservando gli ex militari alle prese con le loro disabilità post-infortunio, le venne in mente Brian e quanto avesse lavorato sodo per superare la sua. Anche se ci sarebbe voluto un po' di tempo prima che le sue ossa guarissero per un recupero completo, continuava ad allenare i muscoli che c'erano intorno.

Aveva appena consegnato i biscotti caldi di Gracie in ogni stanza quando vide Brian seduto su una sedia a bordo piscina. Lo salutò con la mano e tornò alla sua suite. Lei e Mo stavano facendo le ultime scelte per le luci e la moquette della sala ricevimenti, e poi avrebbe dovuto lavorare alla reception per il resto del pomeriggio.

Nella sua suite, guardò di nuovo le foto dei lampadari. Lei e Mo avevano ristretto il campo a due. Le piaceva l'idea di un'illuminazione a incasso posizionata strategicamente, oltre a tre lampadari che sarebbero stati appesi in fila al centro dell'alto soffitto a cattedrale. Lei e Mo avevano discusso a lungo sullo stile dei lampadari, cercando di decidere se attenersi al tema funky della Florida o se scegliere qualcosa di più elegante. Anche se sarebbe costato di più, avevano optato per i lampadari di cristallo, il che significava che dovevano mantenere questo tono in tutto il piano superiore. Ma Regan e Mo non avevano resistito all'idea che la luce del sole entrasse dai lucernari e si posasse sui lampadari, rifrangendo l'arcobaleno in tutta la stanza.

La scelta della moquette era un po' più difficile. Le stampe floreali erano una possibilità e le scelte erano infinite. Regan avrebbe lasciato che fosse Mo a prendere l'iniziativa.

Mo arrivò senza fiato. «Scusate il ritardo. Ha chiamato mia nonna e non ho osato interrompere la sua conversazione.»

Regan rise. Nessuno avrebbe mai osato liquidare Carlotta Beecher, la nonna di Mo, che Regan aveva conosciuto all'inizio dell'anno. Era regale come la regina d'Inghilterra.

Portarono i campioni di moquette e il catalogo dell'illuminazione al ristorante. Al piano inferiore, le squadre stavano lavorando a diversi progetti. Al piano superiore, gli elettricisti stavano ultimando il cablaggio delle scatole degli interruttori e delle prese, in modo da poter installare il cartongesso, nastrare e applicare il fango prima della pittura.

Mo pose diversi campioni di tappeto uno accanto all'altro sul pavimento. Regan si mise al fianco di Mo mentre li studiava.

«Mi piacciono di più i modelli più piccoli» disse Mo. «Sono più adatti alla stanza.»

«Sono d'accordo» disse Regan. «E credo che i toni verdi si adattino meglio alla stanza rispetto ai rossi.»

«Sì. Danno una sensazione di maggiore freschezza, il che è positivo per una stanza che sarà spesso affollata.» Mo prese due dei campioni e li spostò accanto alla porta scorrevole che conduceva al balcone che si affacciava sul giardino posteriore. Fece un passo indietro. «Ah, proprio come pensavo. Il colore più scuro si sposa bene con l'esterno. Che ne pensi, Regan?»

«Mi piace. Quanto tempo ci vuole per averlo?»

«Per avere una risposta ci vorrà una telefonata e un bel po' di suppliche.»

Il sospiro di Regan era pieno di preoccupazione. Aprire il ristorante significava che molte persone dovevano mantenere le loro promesse.

«Ok, scegliamo i lampadari e poi devo andare in ufficio.»

Non ci volle molto per scegliere i lampadari che desideravano. La scelta delle applique, delle luci da soffitto e della suite nuziale vennero di conseguenza.

«Bene» disse Mo, raccogliendo i campioni di moquette. «Faccio gli ordini e ti faccio sapere. Devo controllare anche gli ordini per i locali di Arthur. Più tardi incontrerò Lance, che mi darà la tempistica per la realizzazione dei murales.»

«Arthur sta ancora aspettando che i lavori inizino dopo il nuovo anno, giusto?» disse Regan.

Mo annuì. «Non vuole interferenze con le vacanze.» Le fece un timido sorriso. «Spero che per allora potremo lavorare alla casa di Kenton.»

Vedendo la sua eccitazione, Regan sorrise. «Anch'io!» Il suo cuore si riempì di affetto per questo amato amico.

###

Quando Regan arrivò in ufficio, una coppia di anziani stava facendo il check-in. Darcy gli consegnò la chiave della stanza e disse: «Mia sorella Regan sarà lieta di accompagnarvi nella vostra stanza. Regan, questi sono i signori Webster, arrivati dall'Alabama.»

«Benvenuti» disse Regan amabilmente, abituata al compito che tutte condividevano di accompagnare gli ospiti nelle loro stanze.

Mentre li conduceva all'Edificio Airone, Regan spiegò che l'hotel, un tempo noto per essere un luogo per famiglie, era ora in fase di ristrutturazione.

«L'ambiente è incantevole» disse la signora Webster. «Siamo qui su richiesta di mia nipote. Si sposerà la prossima primavera e voleva che dessimo un'occhiata all'hotel. Una sua amica che vive a Boston le ha parlato del Salty Key Inn.»

«Che bello» disse Regan. «Abbiamo sicuramente in programma di proporci come location per matrimoni. Se volete, posso parlarvene e mostrarvi quello che abbiamo in mente.»

«Sarebbe molto carino. Io e Bill stiamo pagando il loro piccolo matrimonio come nostro regalo.»

«Penso che sia molto da chiederci, ma siamo felici di farlo» brontolò il signor Webster. «Problemi di famiglia e quant'altro.»

Regan sorrise. Nonostante l'asprezza nel tono, aveva un'espressione orgogliosa.

Dopo averli accompagnati in camera, aver spiegato le strutture e essersi assicurata che avessero i tagliandi, Regan li lasciò per tornare in ufficio.

«Sono contenta che tu sia qui» disse Darcy. «Ho dato un'occhiata al pacchetto di Nicole. Dobbiamo fissare un incontro per domani. Adesso Austin verrà a prendermi per un pranzo molto tardivo e poi andremo a vedere i mobili per l'appartamento.» Emise un sospiro felice. «Non vedo l'ora di potermi trasferire ufficialmente.»

«Ancora qualche mese e sapremo cosa succederà a tutti noi» rispose Regan. Di tutti e tre, lei era la meno sistemata e questo la preoccupava. Pensò alle osservazioni di Mo su Brian e si chiese se avrebbe trovato il coraggio di seguire il suo cuore.

Non ebbe più tempo di pensarci perché il telefono squillò mentre Darcy usciva dall'ufficio. E poi, quando finì la telefonata, alzò lo sguardo e vide Brian che si dirigeva verso l'ufficio.

«Ciao» disse lei. «In cosa posso aiutarti?»

I suoi occhi brillarono di malizia. «Ho una proposta da farti. Ti porterò a cena se mi aiuterai a fare esercizio in piscina stasera. Userò la piscina per facilitarmi la guarigione. È molto più facile fare gli esercizi qui che al centro di riabilitazione.»

«Ok. Affare fatto. Posso scegliere il ristorante?»

Lui scosse la testa. «No. Verrò a prenderti alle sette, ma dovrai guidare tu. Va bene?»

Lei rise. «Va bene.»

Quando uscì dall'ufficio, Regan lo osservò mentre attraversava il prato. Il deambulatore era stato sostituito da un bastone, ma anche così era un processo lento.

###

Alle sette Regan sentì bussare alla porta della sua suite e si affrettò ad aprire. Quando aprì la porta, lo sguardo di Brian la studiò dal viso ai piedi e ritorno. Un ampio sorriso gli illuminò il volto. «Mio Dio, Regan, sei così bella.»

Cercando di scrollarsi di dosso la timidezza per la sua

osservazione, lei sbottò: «Anche tu non sei male.»

Lui ridacchiò. «Sembra che sarà una serata fantastica.»

«Fammi prendere le chiavi del furgone e sono pronta ad andare» disse Regan. Prese le chiavi e la borsa e si diressero fuori.

Regan aspettò pazientemente che Brian ci mettesse qualche istante a salire sul furgone, poi fece il giro per entrare dal lato del guidatore.

«Grazie per esserti messa a disposizione per guidare» disse Brian. «È un po' imbarazzante che io sia così limitato.»

«Non è un problema» disse Regan con sincerità. «Ora, dove dobbiamo andare?»

«Al Key Pelican. So che è l'ispirazione per quello di Gavin, e volevo guardarlo con te dal punto di vista di un cliente.»

«Bella idea» disse Regan. «Anche il loro cibo è delizioso.»

Regan arrivò all'edificio turchese che ospitava uno dei ristoranti di maggior successo della zona e attese che un parcheggiatore la aiutasse a scendere dall'auto. Consegnò al giovane le chiavi del furgone e si mise al fianco di Brian.

Quando entrarono insieme nel ristorante, la padrona di casa gli rivolse un sorriso. «Ciao, Brian. È da tanto che non ci vediamo. Cosa ti è successo?»

«Io e la mia ragazza abbiamo avuto un piccolo incidente in moto, ma sto migliorando.»

Presa alla sprovvista dalle sue parole, Regan ripensò al fastidio che aveva provato quando Chip le aveva suggerito di stare insieme. Ma ora non si sentiva più così, e Regan si rese conto di quanto le piacesse l'idea di stare con Brian.

Furono fatti accomodare a un tavolo vicino alla finestra che dava sul giardino esterno, illuminato da luci strategicamente nascoste tra il fogliame. L'effetto era stupefacente.

Dopo aver riempito i bicchieri d'acqua e aver messo il menu dei vini davanti a Brian, il cameriere chiese: «È un'occasione speciale?»

«Sì» disse Brian, facendole l'occhiolino. «Stiamo festeggiando la nostra guarigione.»

Il cameriere lanciò un'occhiata a lui e a Regan e sorrise. «Molto bene. Vi lascio scegliere il vino e torno per parlarvi delle nostre specialità.»

«Prendiamo dello champagne?» chiese Brian. «Credo che questa occasione lo richieda.»

«Sembra fatto apposta per celebrare» disse Regan, non volendo ammettere di aver bevuto champagne solo un'altra volta, al matrimonio di un amico, e di essersi svegliata con il mal di testa la mattina dopo.

«Ok, facciamolo. Mi piace il *Bille-Cart Salmon*, un rosé brut. L'ho imparato da uno dei distributori di vino di mia madre. Penso che piacerà anche a te.»

«Grazie» disse Regan, divertita dal suo entusiasmo. Aveva sempre pensato a Brian come a un tipo da birra e fu piacevolmente sorpresa da questo suo lato.

Regan rimase a guardare mentre lo champagne veniva ordinato, aperto e servito. Dopo che Brian ebbe assaggiato e fatto un cenno di approvazione, il vino rosa chiaro fu versato in un bicchiere a tulipano con stelo per lei e poi per Brian.

Il cameriere si allontanò silenziosamente mentre Brian alzava il bicchiere verso di lei. «Brindiamo a noi! Ne abbiamo passate parecchie insieme. Che il futuro sia più luminoso.»

«Sì, a noi!» disse Regan. Bevve un sorso di champagne e ridacchiò quando il liquido frizzante le solleticò il naso.

Brian allungò il braccio e le passò un dito sul naso. «Mi piace sentirti ridere così.»

Lei sorrise alla tenerezza della sua espressione e si disse di rilassarsi, anche se il suo tocco le aveva trasmesso un'improvvisa scarica di energia nervosa.

Mentre sfogliavano il menu, Brian disse: «Ho detto a

Graham che saremmo venuti qui e lui ci ha chiesto di ordinare il maggior numero di cose diverse, come una sorta di test. Tu vai per prima e io ti seguo.»

Quando il cameriere prese le loro ordinazioni, stavano già ridendo: escargot e calamari per antipasto, costoletta d'agnello e dentice come piatto principale, e due diversi tipi di insalate, una con pere e formaggio blu e l'altra con crostini di parmigiano e funghi.

«È bellissimo» disse Regan, dando un'occhiata in giro per la stanza, vedendo i volti felici dei clienti e sentendo il brusio sommesso della conversazione. «Spero che riusciremo a fare altrettanto bene con il Gavin. Potrebbe fare la differenza tra avere successo o fallire nel nostro tentativo di vincere la sfida dello zio.»

«Il vostro ristorante sarà molto bello e Graham è un ottimo chef. Ha messo insieme una bella squadra per la cucina.»

«E Casey Cochran lo sta aiutando a gestire il posto. Se la sfida sarà vinta, vorremmo che ci gestisse l'intero hotel.»

Brian la studiò. «Allora, sei felice qui in Florida?»

«Oh, sì» disse Regan. «Non ho intenzione di vivere altrove. Ed entrambe le mie sorelle la pensano allo stesso modo. Loro due sono ben sistemate.»

«E tu? Anche tu sei ben sistemata?»

Regan distolse lo sguardo dal suo sguardo penetrante. «Suppongo di sì. Io e Mo lavoriamo bene insieme.»

«E gli altri aspetti della tua vita? Ho visto Chip l'altro giorno e mi ha detto che vuole tornare con te.»

Le narici di Regan si dilatarono. «Io e lui non siamo mai stati veramente insieme e non ho intenzione di stare con lui.»

«Capisco.» Le labbra di Brian si incurvarono in un sorriso soddisfatto.

I loro discorsi tornarono all'hotel e ai progressi del ristorante. Regan fu lieta di apprendere quanto Brian e Tony fossero impegnati a portare a termine i lavori. Avevano persino iniziato a programmare delle squadre serali durante la settimana.

Quando fu servito il dessert (croccante di mele e gelato alla vaniglia per Brian e creme brulée per lei) Regan si sentì soddisfatta della vita, di Brian e di sé stessa. Avevano parlato a non finire di molte cose. Rilassata insieme in questo modo, Regan si rese conto di quanto le piacesse Brian.

Lasciarono il ristorante a braccetto.

Durante il rientro in albergo, la tensione sessuale riempì la quiete tra loro. Lei gli lanciò un'occhiata di nascosto, osservando la mascella forte e le spalle larghe. Anche ferito, era un bel ragazzo.

A un certo punto, le prese la mano e le passò il pollice sul palmo, provocandole un formicolio che le risalì il braccio.

Lei lo guardò, vide il desiderio nei suoi occhi e ritirò nervosamente la mano.

Quando entrò nel parcheggio, Regan provò un senso di sollievo. Brian Harwood era un problema e lei lo sapeva, lo voleva.

Brian scese dal furgone e la affrontò. «Ok, ora devi aiutarmi in piscina. L'hai promesso. Ricordi?» Il suo sguardo castano le parlò silenziosamente, provocandole un'ondata di desiderio. «Allora?» disse dolcemente.

«Certo, una promessa è una promessa. Mi cambio e ci vediamo fuori, anche se non è bene nuotare a stomaco pieno.» Al sorriso che gli attraversò il viso, Regan si sentì lo stomaco più agitato che pieno.

Era piacevole sentire l'aria fresca della notte sulla pelle, mentre accompagnava Brian attraverso il prato per raggiungere la piscina. Lui usava il bastone solo per aiutarsi a mantenere l'equilibrio, ma lei vedeva quanto si sforzasse di non appoggiarsi troppo a causa delle ferite alle braccia.

Si fermò e guardò le stelle che scintillavano nel cielo notturno come promesse di desideri che stavano per avverarsi. Sorridendo, si girò verso Brian e indicò il cielo. Mentre lui guardava in alto, il suo piede colpì un avvallamento nel prato e lentamente, come al rallentatore, cadde a terra.

Ansimando per lo shock, Regan si precipitò verso di lui. «Oh mio Dio! Stai bene?»

Brian si sdraiò sulla schiena e la fissò stringendo le labbra per la frustrazione. «Maledizione! Detesto che tu mi veda così!»

«Ti sei fatto male?»

Quando lui scosse la testa, lei gli tese la mano. «Vieni. Ti aiuto ad alzarti.»

Gli afferrò la parte superiore del braccio e appoggiò i piedi a terra mentre lui si tirava su.

Sospirando, disse: «Forse è meglio che torni nella mia stanza.»

«Vengo con te per assicurarmi che tu stia bene.» La preoccupazione di Regan fece scappare a Brian un altro lamento di disgusto. Studiando il suo volto, Regan riconobbe quanto Brian fosse umiliato dalla caduta.

«Senti, Brian...» cominciò.

Lui la interruppe. «Non dire niente.»

Capendo come si sentiva, Regan rimase in silenzio mentre rientravano nell'edificio e raggiungevano la sua suite. Lei gli aprì la porta e lui entrò nella zona giorno e si avvicinò al divano.

«Vuoi dell'acqua? Hai bisogno di un'aspirina? Cosa posso fare per te?» gli chiese Regan, sentendosi impotente.

Lui sorrise e indicò il posto sul divano accanto a lui. «Vieni qui e siediti con me per un po'.»

Regan si abbassò sul divano e lo studiò. «Stai davvero bene?»

«Sì, mi sento solo stupido. Volevo mostrarti quanto sono migliorato e poi sono caduto di faccia. Non c'è da stupirsi che la gente non voglia starmi vicino. Mi sento come un bambino, maledizione.»

Regan sapeva riconoscere l'autocommiserazione quando la sentiva. Gli prese la mano. «Brian, io non sono la gente. E voglio stare con te.»

Il suo volto si illuminò. «Davvero?»

«Sì» rispose lei, sentendo le guance avvampare. «Davvero.» Lo sguardo di lui la toccò nel profondo, fino a farle battere il cuore preda di un'emozione insolita.

«Bene.» Brian le mise un braccio intorno e la attirò a sé.

Lei appoggiò la testa contro il suo ampio petto e sentì il battito del suo cuore. I battiti accelerati corrispondevano ai suoi.

Brian le sollevò il mento e sospirò felice. «Ti ho desiderato fin dal primo momento in cui ti ho vista.»

«Anche dopo che ti ho mandato a fanculo?»

Lui. «Be', la cosa mi ha sorpreso, ma si vedeva che eri scioccata quanto me da quella reazione.»

«Ero così stanca dei ragazzi che flirtavano con me. Volevo essere una persona diversa, provare cose nuove, avere una vita migliore.»

«Regan, sei perfetta così come sei. Sei luminosa, bella e gentile, e ti desidero da molto tempo.»

Lei si concentrò sulle sue labbra sensuali ed emise un piccolo sospiro quando si posarono sulle sue. La sua bocca e la sua lingua le dicevano quanto la desiderasse. Lei rispose a tono, lasciando che le emozioni la guidassero.

Lui le accarezzò un seno e lei, invece di allontanarsi come spesso faceva con gli altri, si appoggiò alle sue dita, elettrizzata dalle sensazioni che la attraversavano.

Quando finalmente si staccarono, Brian la fissò con un respiro affannoso. «Ti amo, Regan, e ti amerò sempre. Quando ho cercato di ricucire con Jill perché sapevo che tu non eri interessata, mi ha fatto capire che non avrei mai potuto essere felice con nessun'altra. Ho aspettato che tu mi dessi una possibilità.»

Le accarezzò la guancia con l'ampio palmo della mano. «Con te condivido un legame così speciale. E so che posso fidarmi di te. Sei quella che mi ha accompagnato in uno dei momenti peggiori della mia vita e ora non voglio perderti.»

Regan guardò la sua gamba e il gesso su un braccio, l'imbragatura intorno all'altro. Non riuscì più a trattenere i suoi sentimenti. Con Brian, si sentiva viva in un modo che non aveva mai provato con nessun altro. Si aggrappò alla sua mano, aveva bisogno di sentire il suo calore, la sua forza.

«I sentimenti che provo per te a volte mi spaventano. Sono decisamente lontana dal tipo di ragazza che frequenti di solito. Le donne ti amano tutte. Pensavo che tu cercassi una relazione occasionale. E anche se i ragazzi lo desiderano, non ho mai fatto sesso con nessuno prima d'ora. Ho aspettato l'uomo giusto, come mi ha chiesto mia madre. So che sembra stupido, ma ho fatto una promessa a me stessa e...

Brian si chinò verso di lei e la baciò delicatamente sulla bocca. «Possiamo aspettare per questo. Sono solo felice che tu mi dia il tempo di mostrarti quello che provo. Lascerò che sia tu a dire quando sarai pronta per qualcosa di più. Va bene?»

«Va bene» sussurrò Regan, sbattendo le palpebre per scacciare le lacrime. Si sentiva come una bambina.

«Non c'è bisogno di piangere» disse Brian con una tale tenerezza che lei voleva scoppiare a singhiozzare. La attirò contro il suo fianco e lei restò lì tra le sue braccia.

###

Regan si svegliò di soprassalto. Guardando l'orologio della cucina, sbatté le palpebre per la sorpresa. Le tre del mattino.

Si allontanò con cautela da Brian e ne studiò il volto. Respirava con la bocca aperta russando sommessamente. Vedendolo così, sorrise. Non volendo svegliarlo, si alzò e uscì in punta di piedi dalla suite.

Nella suite accanto alla sua, andò silenziosamente nella sua stanza, si spogliò e si mise a letto. Si rigirò senza sosta, incapace di riaddormentarsi. Quella notte aveva desiderato Brian come nessun altro prima. E se fosse arrivato il momento di fare l'amore, sarebbe stata pronta, perché il suo cuore le avrebbe detto che andava bene.

CAPITOLO 41
SHEENA

Sheena alzò lo sguardo dal computer quando Darcy entrò in cucina, con un sorriso malizioso che le illuminava gli occhi azzurri.

«Cosa c'è?»

«So che Regan è rientrata dall'appuntamento con Brian solo alle tre di questa mattina. Sembra che le cose tra loro due si stiano scaldando.»

Sheena sorrise compiaciuta. «Sarebbe fantastico. Due delle mie persone preferite insieme.»

Darcy si sedette su una sedia del tavolo della cucina. «Sì, quei due stanno bene insieme. Chiunque può vedere quello che provano l'uno per l'altra.»

«Ho cercato di dire a Regan di seguire il suo cuore» disse Sheena. «Forse mi ha ascoltato.»

«La mamma le aveva messo in testa di non permettere a nessun uomo di avvicinarsi, a meno che non volesse stare con lui per il resto della sua vita» disse Darcy.

Sheena sospirò e annuì. «Probabilmente per colpa mia.»

«Ma tu e Tony state benissimo insieme e siete felici dopo tutti questi anni» protestò Darcy. «La mamma lo sapeva.»

«Sì, ma sarebbe potuta andare diversamente» disse Sheena. «Mamma sapeva bene che alcuni matrimoni non sono i più felici.»

«È vero» disse Darcy. «Austin è un ragazzo così buono che sono certa di stare con lui per il resto della mia vita.»

Sheena strinse la mano della sorella. «Sono così felice per

voi. Spero che anche Regan trovi questo tipo di felicità.»

Regan arrivò con un biglietto in mano. «Scusate, sono in ritardo. Ho appena ricevuto il biglietto di Darcy che diceva di vederci qui.»

«Sveglia tardi stamattina, eh?» la prese in giro Darcy. «O hai fatto notte fonda?»

Regan arrossì. «Non è come pensi. Io e Brian ci siamo addormentati guardando la televisione.»

«Cavolo, speravo qualcosa di più» disse Darcy, continuando a stuzzicarla.

«Davvero» disse Sheena nel tentativo di alleviare il disagio di Regan, «se tu e Brian state facendo sul serio, ci farebbe piacere.»

«Davvero?» chiese Regan.

«È ovvio che voi due siete attratti l'uno dall'altra» disse Sheena.

«Già, quegli sguardi ardenti tra voi due potrebbero far sfrigolare una fetta di pancetta» disse Darcy sorridendo.

«Oh, accidenti» disse Regan. «Pensavo di aver nascosto bene i miei sentimenti. Ero così confusa su di lui.»

«E adesso?» chiese Sheena.

Sul volto di Regan spuntò un sorriso. «Sto seguendo il mio cuore. Ieri sera io e Brian abbiamo parlato molto. Mi ha raccontato cose di sé che non avevo mai sospettato. Sapevi che suo padre ha abbandonato lui e sua madre quando era solo un bambino? Da allora ha dovuto essere l'uomo di casa. Non è stato facile per lui.» Sospirò. «Ecco perché ora trova così difficile non poter lavorare. Si sente inutile.»

«Posso ben immaginarlo» disse Sheena. «Povero ragazzo.»

Gli occhi di Regan si riempirono di lacrime. «Io lo amo. Lo amo davvero. Ma ho paura di rovinare tutto. Non sono mai stata con un ragazzo...»

«Non preoccuparti. Andrà tutto bene.» Darcy si alzò dalla sedia e abbracciò Regan.

«L'importante è amarsi» aggiunse Sheena, commossa dalla tenerezza tra le sorelle, ricordando quanto erano state odiose l'una verso l'altra in passato.

«Be', vedremo cosa succederà» disse Regan. «Ma come ha detto Mo, devo smettere di scappare dai miei sentimenti per Brian.»

«Mo ha detto questo?» Sheena sorrise. «Adoro quel ragazzo!»

«Anch'io» dissero all'unisono Darcy e Regan. Quando il loro duetto verbale risuonò nell'aria, scoppiarono in una risata.

«Ok, andiamo alla riunione» disse Sheena. «Darcy, esaminiamo il materiale inviato da Nicole. Ha un buon piano di marketing per noi?»

«Penso di sì» disse Darcy felice. «Ho letto tutto quello che mi ha mandato e ho preso alcuni appunti per noi. Prima di tutto, le piacciono molto il nostro logo e il nostro slogan, quindi questo rende tutto più facile. Tuttavia, ha detto che, ovunque sia possibile, dobbiamo metterli entrambi insieme, in modo che la gente li conosca bene. Dobbiamo inserirli negli annunci e negli articoli di giornale.»

«Che cos'ha detto sugli annunci?» chiese Sheena.

«Ha detto che dobbiamo spendere soldi in pubblicità e che dobbiamo avviare una campagna continua.» Darcy mostrò una lista. «Questo significa pubblicare annunci ogni settimana sul giornale locale, mettere annunci su siti di viaggi e anche su Facebook. Indirizzeremo le persone alla nostra pagina web e creeremo una mailing list.»

«Quando avremo il tempo di fare tutto questo?» disse Regan.

«E come faremo a pagare?» chiese Sheena. Controllò

rapidamente il computer e visualizzò il bilancio del ristorante. «Abbiamo un po' di soldi in bilancio per la pubblicità del Gavin. Forse possiamo ricavare un po' di fondi da lì.»

Darcy scosse la testa. «Nicole non sapeva dei nostri piani di proporci come location per matrimoni. È una cosa su cui dovremo lavorare da sole.»

«Penso che la pubblicità dei matrimoni dovrebbe parlare di tesori, come il nostro slogan» disse Regan.

«Ce l'ho» disse Darcy. «Un tempo prezioso.»

«Che ne dite di estenderlo a "Momenti Preziosi" così poi possiamo usarlo per matrimoni, anniversari e progetti familiari?» chiese Sheena.

«Mi piace moltissimo» disse Regan. «Possiamo usarlo anche per i progetti delle famiglie dei militari.»

«Ok» disse Darcy. «Dovrò rinnovare completamente la nostra pagina web, ma penso che sia favoloso.»

Sheena diede un cinque alle sorelle, apprezzando il modo in cui avevano imparato a lavorare insieme.

Dopo aver stilato un elenco di compiti per ciascuna, Darcy si alzò. «È meglio che mi metta subito al lavoro.»

«Regan, mi aiuterai con la festa di compleanno di Meaghan, vero?» chiese Sheena.

«Certo, ci vediamo più tardi. Prima voglio vedere come sta Brian. Maggie lo aiuterà con alcuni esercizi, ma ho promesso che avrei lavorato con lui in piscina.»

Sheena le rivolse un sorriso e si alzò. «Devo parlare con Bebe della torta che sta preparando per Meaghan.»

«Ci vediamo dopo» disse Regan.

Mentre Sheena si dirigeva verso il ristorante di Gracie, pensò alla gente di Gavin. Conosceva la maggior parte delle loro storie e trovava commovente che Gavin li avesse messi insieme. E come le aveva detto una volta Blackie, tutti loro avevano uno scopo che lei non aveva previsto. Sally ora si occupava della reception; Maggie aiutava Brian con le sue ferite; Bebe si occupava di torte speciali e avrebbe continuato a farlo; Lynn assisteva Gracie al ristorante. Rocky, il fratello di Blackie Gatto e un precedente compagno di navigazione di Gavin, Clyde, un giovane mentalmente lento, e Sam, che Gavin aveva salvato dalla prigione, si occupavano di una serie di progetti per l'hotel il ristorante.

Sheena entrò da Gracie e andò in cucina.

Bebe alzò lo sguardo da dove stava glassando una torta e le sorrise. «Ho pensato di provare a mettere un paio di farfalle vicino ai fiori.»

Sheena applaudì felice. «Oh, a Meaghan piacerà un sacco. È bellissima! Grazie mille!»

Bebe sorrise. «Niente è troppo bello per la nostra ragazza, vero?»

«Giusto» disse Sheena, dando un rapido abbraccio a Bebe.

Sheena era appena uscita dal ristorante quando Meaghan le corse incontro. «Rocky e Sam hanno montato la rete da pallavolo. È fantastica! Grazie mille!» Gettò le braccia intorno a Sheena e la abbracciò forte. «Sarà il miglior compleanno di sempre!»

Sheena rise, felice che Meaghan si fosse fatta dei buoni amici in poco tempo. Le ragazze che frequentava erano simpatiche e alla mano. Provenendo da famiglie di lavoratori, non mostravano l'atteggiamento presuntuoso delle vecchie amiche di Meaghan. Anche per questo motivo, tra i tanti, Sheena era contenta che la sua famiglia si fosse trasferita in Florida.

Lei e Meaghan tornarono insieme alla suite.

«Hai finito di preparare i premi per i tuoi ospiti?» chiese Sheena.

Meaghan annuì. «Ho premi per la miglior squadra di pallavolo, per la miglior giocatrice, per il miglior giocatore e un sacco di altri premi, sufficienti per tutti e dodici.»

«Bene. Sono appena andata a vedere la tua torta. È bellissima.»

Meaghan sorrise. «Forse un giorno Bebe farà la mia torta nuziale. Le sue sono le migliori.»

Sheena rise. «Non affrettiamo le cose. Stai per compiere quindici anni.» Guardò con affetto Meaghan che la precedeva. Meaghan aveva quindici anni e stava per compierne venticinque. Oh, essere di nuovo così giovane.

Più tardi, guardando i ragazzi giocare a pallavolo sulla spiaggia, gridando, stuzzicando e ridendo insieme, Sheena provò una sensazione di gioia. Di lì a poco avrebbero servito la cena e la torta, ma per ora aveva un momento di tranquillità in cui lei e Regan potevano parlare.

«Hai aiutato Brian con gli esercizi in piscina?»

Regan scosse la testa. «La piscina era occupata. Lo aiuterò stasera, quando potremo avere la piscina tutta per noi.»

Sheena annuì. «Direi che ha più che senso.»

«Quando sei con Tony, ti fa sentire come se potessi volare per la felicità?» chiese Regan timidamente.

Sheena provò tenerezza per la sorella che non aveva mai creduto di essere meravigliosa come invece era. «Se è così che Brian ti fa sentire, è una cosa speciale, Regan. Tienilo stretto. E sì, con Tony, a volte mi sembra che entrambi abbiamo le ali.»

CAPITOLO 42
REGAN

Era buio e non si sentiva anima viva quando Regan e Brian, con il suo deambulatore per la stabilità, si diressero verso la piscina. Quelli del gruppo di Cyndi Jansen erano ormai andati a dormire, lasciando la piscina vuota. Dietro la siepe di oleandri e ibiscus, la piscina era protetta dalla vista degli ospiti dell'edificio Airone, offrendo a Regan e Brian la privacy che cercavano.

Regan sbloccò il cancello e lo tenne aperto per far passare Brian.

Lui le passò davanti, gettò l'asciugamano su una sedia e si tolse la maglietta. Lasciandosi alle spalle il deambulatore, si diresse verso i gradini della piscina e si aggrappò alla ringhiera, fermandosi ad aspettarla.

Guardandolo, Regan ammirò la forma del suo corpo, le spalle larghe e i muscoli che il duro lavoro aveva scolpito. Era l'uomo più bello che avesse mai frequentato, e molto più gentile degli altri. Quando si era scusata per essere sgattaiolata via, lui le aveva lanciato un'occhiata maliziosa e le aveva detto: «Speriamo che la prossima volta non ti sia così facile lasciarmi.»

Anche adesso il ricordo di quelle parole la faceva sorridere.

«Pronta?» la chiamò Brian.

Lei si tolse la maglietta che copriva la parte superiore del bikini e posò l'asciugamano.

Brian osservò ogni suo movimento mentre lei si avvicinava. «Ti ho detto ultimamente quanto sei bella?»

All'aria fresca, il suo corpo si scaldò sotto lo sguardo sexy che le rivolse.

Lui le tese una mano e lei la prese.

«È ora di mettersi al lavoro» disse Regan, conducendolo in acqua e poi immergendocisi, lontano da lui.

Lui rise e si sforzò di seguirla.

Lei nuotò fino alla fine della vasca e poi tornò indietro e si mise accanto a lui. «Okay, aggrappati al bordo della piscina con un braccio e poi con l'altro braccio nuota con cautela nell'acqua. Il libretto che ti ha dato il medico dice che non devi sforzare le articolazioni, ma semplicemente lavorare sui muscoli intorno ad esse. Se senti dolore, fermati. Conterò i colpi. Quando non ce la farai più, cambieremo braccio e poi lavoreremo sulla gamba.»

«Sì, signora infermiera» la prese in giro Brian.

Quaranta minuti dopo, Brian si mise a sedere sui gradini per fare una pausa.

Regan nuotò verso di lui. «Ne hai avuto abbastanza?»

«Per ora.» Le afferrò le braccia e la tirò delicatamente in grembo.

Lei lo guardò in viso. «Stai andando molto bene. Hai lavorato sodo.»

«Sto solo cercando di fare colpo su di te» disse lui sorridendo e scostandole i capelli dal viso.

Le palpitò il cuore in attesa che la bocca di lui incontrasse la sua. Le sue labbra calde erano invitanti. Regan si rilassò, lasciandosi trasportare dal piacere del bacio. Ben presto fu evidente che Brian era pronto a fare di più.

Gemendo, si staccò da lei. «Vuoi tornare nella mia suite?»

Regan annuì, ben consapevole di ciò che stava chiedendo. «Sì, andiamo.»

Regan rimase in attesa che Brian salisse i gradini della piscina e gli allungò l'asciugamano. Anche dopo esserselo avvolto intorno alla vita, era evidente quanto fosse eccitato. Lei cercò di non guardare, ma non poté fare a meno di notare le dimensioni. Un brivido di desiderio la attraversò pensando a ciò che l'aspettava.

Si avviarono insieme attraverso il prato dell'albergo.

«Cristo» disse Brian, sbattendo a terra il suo deambulatore. «Questo affare è così fastidioso. Correrei se potessi.»

«Io non vado da nessuna parte senza di te» disse Regan, rendendosi conto che era proprio così che pensava al futuro... con lui.

Arrivarono alla sua suite e si chiusero la porta alle spalle.

Brian lasciò cadere l'asciugamano e la prese tra le braccia. Le prese il viso tra le mani e la baciò con un tale desiderio da farle stringere lo stomaco. Le sue mani scivolarono sul suo corpo come se stesse memorizzando le sue forme. Quando le sganciò il reggiseno, i suoi seni uscirono fuori.

Regan gemette quando le sue labbra sfiorarono la loro tenera pelle.

Brian si tirò indietro e la studiò. «Sei pronta a farlo? Eravamo d'accordo che me lo avresti fatto sapere.»

«Oh, sì» gridò lei, incapace di ignorare il pulsare del suo corpo.

Brian le rivolse un sorriso così pieno d'amore, così tenero che le vennero le lacrime agli occhi.

«Andiamo in camera da letto» le disse. «Sarà molto più comodo.»

La condusse nella stanza e la aiutò a togliersi lo slip del costume bagnato. E poi si liberò del costume anche lui per permetterle di vederlo per intero.

Colta da improvviso nervosismo, Regan fissò la sua forma virile.

Brian si avvicinò, la abbracciò e le massaggiò la schiena.

«Ti amo, Regan. Ti amo dalla prima volta che ci siamo incontrati. Solo che non riuscivo a convincerti a credermi.»

«Oh, ma ora ti credo» disse lei, allungando la mano per toccarlo.

«Le parole non bastano» sussurrò lui. «Sarò delicato, te lo prometto. Segui le mie indicazioni.»

Lei annuì, fidandosi di lui.

###

Più tardi, mentre giaceva accanto a lui, le si riempirono gli occhi di lacrime.

«Mio Dio! Ti ho fatto male?» chiese Brian, asciugando le lacrime che le si riversavano sulle guance con il pollice.

«No» rispose lei. «È che sono così felice di aver finalmente conosciuto ciò di cui parlavano tutti gli altri. È stato meglio di tutti i romanzi rosa che ho letto.»

Lui sorrise. «La terra si è fermata per un momento?»

«Avevo la sensazione che la terra stesse girando per la felicità» disse lei con un sorriso compiaciuto.

Brian le prese le guance tra le ampie mani. «Ah, Regan, sei la cosa migliore che mi sia mai capitata. Ti voglio con me per sempre.»

Lei lo guardò, incerta di aver sentito bene. Le stava chiedendo di sposarlo?

Le sue labbra si posarono sulle sue. Quando il loro bacio si intensificò e divenne bisogno di qualcosa di più, un bisogno che lei era fin troppo felice di colmare, Regan capì che se fosse arrivato il momento in cui lui glielo avesse chiesto, lei e il suo cuore avrebbero detto di sì.

CAPITOLO 43
DARCY

Mentre volavano i giorni che mancavano al Giorno del Ringraziamento, Darcy si concentrò sulla realizzazione della campagna pubblicitaria, Regan sulla costruzione e sulla decorazione del ristorante e Sheena sui numeri, cercando di capire come ottenere il massimo con i soldi che avevano. Con gli annunci che avevano messo insieme, stavano iniziando a ricevere chiamate da persone interessate a prenotare matrimoni invernali, oltre a un paio di persone che volevano soggiorni invernali a lungo termine.

Una mattina, si trovarono tutte e tre nella cucina di Sheena per esaminare gli articoli speciali di cui avrebbero avuto bisogno per matrimoni e ricevimenti. Studiarono le brochure di altri hotel, cercando di trovare idee uniche per il Salty Key Inn. Anche se solo parzialmente rinnovato, il Salty Key Inn aveva alcune cose a suo favore: l'ampia distesa di spiaggia bianca sul Gulf Boulevard di fronte all'hotel e il nuovo ristorante, il Gavin, che stava diventando ancora più bello di quanto avessero sognato.

Parlando con uno dei giardinieri di Brian, ebbero l'idea di costruire un pergolato nel retro del lotto accanto alla baia, un elemento che potesse essere utilizzato come sfondo per le funzioni nuziali o per le foto di matrimonio. Più avanti avrebbero aggiunto un gazebo.

Mentre i discorsi sui matrimoni e sugli ospiti dell'hotel erano al primo posto nella loro lista di argomenti, l'imminente visita del loro padre era sempre nei loro pensieri. Patrick

Sullivan era per molti aspetti simile al fratello Gavin: voce grossa e tonante, una passione per la birra e un po' burlone. Ma aveva un lato oscuro che sospettavano Gavin non avesse. L'oscurità derivava dal periodo trascorso in Vietnam e dal fatto che, sebbene avesse fatto molto bene il suo lavoro di pompiere, non si era mai sentito abbastanza bravo. E ora sapevano che il matrimonio con la loro mamma aveva avuto le sue delusioni.

Sorseggiando un caffè insieme una mattina, Darcy parlò del suo nervosismo. «Spero che papà non vada fuori controllo come fa a volte. Voglio che Austin e la sua famiglia lo apprezzino. Ha promesso di portarmi all'altare al mio matrimonio.»

Sheena le diede una piccola pacca di conforto sulla mano. «Capisco. Mi preoccupa il suo risentimento per il successo di Gavin. Spero che non trovi da ridire su tutto quello che abbiamo fatto qui, dopo che abbiamo lavorato così duramente per farcela.»

«Io voglio presentargli Brian» disse Regan. «Quando ero piccola e a casa, mi diceva sempre che avrebbe combattuto contro qualsiasi uomo che avesse voluto portarmi via da lui. Credo che scherzasse, ma comunque...»

«Be, è stato invitato, quindi dovremo occuparcene tutte» disse Sheena. «Faremo una cena speciale da Gracie e questo dovrebbe risolvere molti problemi. Il cibo gli piacerà molto.»

«Possiamo organizzare un piccolo ricevimento privato in una delle nostre suite prima della cena» disse Regan. «Niente di eclatante, naturalmente, ma possiamo renderlo piacevole.»

«Mi chiedo come Regina gestirà la famiglia» disse Darcy. «Non mi è mai piaciuta.»

«Regina O'Brien rende felice papà, e questo dovrebbe essere importante per tutte noi» disse Sheena, parlando come la sorella maggiore che era. «Il giorno in cui arriveranno, faremo una cena semplice nella mia suite. Avremo così la possibilità di familiarizzare.»

Darcy e Regan si scambiarono uno sguardo senza parlare.

CAPITOLO 44
REGAN

Regan si guardò allo specchio e sorrise. La cicatrice che l'aveva inorridita dopo l'incidente in moto avrebbe sempre ricordato il momento in cui aveva osato accettare una sfida da parte di Brian, una sfida che aveva fatto emergere l'amore tra loro. Quello che vedeva ora non era un viso rovinato, ma un viso che aveva trovato l'amore e per questo gliene sarebbe stata sempre grata.

«Forza! Sei pronta? Non arrivare tardi a prendere papà» disse Darcy. «Sai come sono gli aeroporti il giorno prima del Ringraziamento.»

Regan si passò una spazzola tra i lunghi capelli scuri e lucenti e si voltò verso la sorella. «Ok, andiamo. Dov'è Sheena?»

«Ci aspetta in furgone» disse Darcy, invitando Regan ad affrettarsi.

L'atmosfera all'interno del furgone era tesa mentre si dirigevano verso Tampa. Regan capiva. Le sue sorelle erano tese come lei. Il loro papà poteva essere imprevedibile e, anche da adulte, volevano la sua approvazione per tutto ciò che avevano realizzato.

Dopo che Sheena ebbe parcheggiato il furgone, si recarono all'interno del terminal, nell'area di ritiro bagagli, dove avevano promesso di incontrare Regina e il padre.

«Ricordate, siate gentili con Regina» disse Sheena.

Regan alzò gli occhi al cielo e guardò Darcy. Ecco la sorella maggiore che riemergeva.

«Oh, eccoli che arrivano!» disse Darcy, correndogli incontro e salutando.

Regan e Sheena si affrettarono a seguirla.

Il padre le vide, alzò la mano e le salutò con un sorriso. «Bene, bene!» esclamò, con il volto arrossato dall'emozione. «Ecco tutte le mie ragazze! Guardatevi, tutte abbronzate e bellissime!»

«Benvenuto in Florida» disse Sheena, abbracciandolo.

«Sono contenta che tu sia venuto» disse Darcy, abbracciandolo anche lei.

Regan restò in disparte colta da improvvisa timidezza. Suo padre non l'aveva più vista dopo l'incidente.

«Che c'è? Non mi dai un abbraccio?» le chiese lui, aprendo le braccia.

Sentendosi di nuovo una bambina, Regan ci si buttò. Il padre le diede una pacca sulla schiena e le sollevò il mento. «Hai una discreta cicatrice, tesoro, ma sei sempre la bellezza di papà.»

Lei fece un passo indietro, incerta di volere di nuovo quel ruolo. Sheena era sempre stata quella affidabile, Darcy quella impertinente e lei quella bella. In Florida avevano cercato di liberarsi da quei ruoli, di essere le persone che volevano invece di essere incasellate in quel modo.

Il padre si rivolse a Regina che stava in disparte. «Vieni qui, tesoro, e saluta le ragazze.»

Regan studiò la donna vestita in modo eccessivo che aveva sostituito la madre. Regina era di altezza media e, come suo padre, aveva un po' di chili in più. I capelli castani striati di grigio facevano da cornice a un bel viso che ora sembrava incerto mentre si avvicinava a loro.

Regan provò compassione e, insieme alle sorelle, si precipitò a salutarla.

Dopo aver ricuperato i bagagli, Regan seguì gli altri fino al furgone.

Il padre si fermò fuori dal furgone e studiò il logo. «Quindi, è tutto vero. È difficile credere che mio fratello avrebbe fatto una cosa del genere per voi, ma io e lui non siamo mai andati d'accordo. Non dopo...»

Sheena gli mise una mano sul braccio. «Papà, sei qui per goderti il tempo che passerai con noi.»

«E vogliamo mostrarti quello che abbiamo fatto» disse Darcy. «È stato un sacco di lavoro.»

«Non abbiamo ancora finito» disse Regan.

«Ma ci stiamo arrivando» disse Sheena, lanciando un'occhiata di avvertimento al padre.

Regan fu felice quando suo padre annuì. «Avete ragione. Divertiamoci e basta.»

Salirono sul furgone e, dopo essersi sistemati, Sheena disse: «Farò la strada litoranea. Forse ci vorrà un po' di più, ma è un tragitto molto più scenografico.»

«Sono impaziente di vederlo» disse Regina educatamente. «Mia figlia vive sulla costa californiana, quindi quella l'ho vista, ovviamente.»

«Regina voleva che ci trasferissimo in California, ma non lo faremo per il momento» disse Patrick. «Vero, tesoro?»

«Lui dice che dovremmo restare a Boston» disse Regina rassegnata.

Regan e Darcy, sedute al suo fianco sul sedile posteriore, si guardarono l'un l'altra ma non dissero nulla. Il loro padre era all'antica da quel punto di vista.

Man mano che si avvicinavano al Salty Key Inn, Regan si sentì i nervi a fior di pelle per l'incertezza. Avevano lavorato sodo per rendere attraente l'ingresso della proprietà e sperava che il padre non lo denigrasse con commenti sgradevoli.

«Eccoci qua!» disse Sheena qualche istante dopo. Attraversò l'ingresso e si diresse verso il parcheggio dell'edificio Airone.

«Vi abbiamo sistemato in quella che è una delle mie stanze preferite con affaccio sul giardino» disse Darcy. «Lì avrete la vostra privacy.»

«Non vicino alla piscina?» chiese Patrick.

«La stanza sul giardino andrà benissimo» disse Regina con una tranquillità che mise fine alle proteste di Patrick.

Scesero dal furgone e, con il cuore che batteva forte per l'apprensione, Regan condusse le sorelle, Regina e il padre nella loro stanza. Aveva fatto promettere a Sheena e Darcy di non dire niente di quello che aveva fatto fino a quando lui non avesse visto di persona gli alloggi. Ma sarebbe stata distrutta se a suo padre non fosse piaciuto il suo lavoro.

Con dita tremanti, sbloccò la porta e si allontanò.

Regina entrò nella stanza, seguita da Patrick.

«Incantevole» esclamò Regina.

«Sì, carina» disse Patrick, e Regan buttò fuori il fiato che aveva trattenuto.

Darcy e Sheena la seguirono, mostrarono al padre la brochure dell'hotel e gli consegnarono un mazzo di buoni sconto.

«Vi porto del ghiaccio» disse Darcy. «L'acqua fredda e le bibite sono nel frigorifero. E, papà, abbiamo messo una confezione da sei della tua birra preferita.»

Il padre sorrise. «Mi farebbe bene una Bud in questo momento. Grazie.»

Sheena mise una mano sulla spalla di Regan. «Papà, voglio che tu sappia che è Regan ad aver progettato e decorato le stanze. Lei e Mosè Greene lavorano insieme su progetti come questo.»

La sorpresa impressa sul volto del padre era eloquente. Combattendo la vecchia sensazione di essere la sorella bella ma stupida, Regan si raddrizzò e disse quello che Mo le aveva detto di dire. «Avrei aspettato fino a dopo l'anno nuovo per entrare in affari con Mo, ma abbiamo già vinto l'appalto per un grosso progetto per la catena di ristoranti Florida's Finest.»

«Davvero? Caspita, Regan, questa sì che è una bella cosa.» Suo padre la guardò come se la vedesse per la prima volta. «Sei sempre stata una brava artista. Chi l'avrebbe mai detto che ne avresti fatto una vera e propria attività?» La prese tra le braccia. «Sono orgoglioso di te, tesoro. Bellezza e cervello.»

Regan non riuscì a fermare le lacrime che le riempirono gli occhi. Aveva aspettato tutta la vita di sentire una cosa del genere da suo padre.

«Ehi, perché piangi?» chiese suo padre, con gli occhi che si riempivano di lacrime anche a lui.

«Significa molto per me sentirtelo dire» rispose Regan.

«Siamo tutti orgogliosi di lei» disse Sheena, mentre Darcy rientrava nella stanza. «E aspettate di vedere cos'ha fatto Darcy con il sito web e la nostra campagna pubblicitaria.»

«Ve lo mostrerò più tardi, dopo che avrete disfatto i bagagli e vi sarete rilassati un po'» disse Darcy, ricevendo un sorriso riconoscente da Regina.

«E tu?» chiese Patrick, studiando Sheena.

Prima che potesse rispondere, Regan disse: «Sheena è la nostra responsabile finanziaria. Blackie Gatto, il nostro consulente finanziario, dice che è intelligente, come lo zio Gavin.»

Le labbra del padre si assottigliarono. «Sarà meglio che sia molto più onesta di lui. Mi fregò dei soldi. Mi disse che l'investimento di cui parlava mi avrebbe reso ricco.» Guardandosi intorno, scosse la testa. «Non so come abbia potuto permettersi tutto questo.»

Regan guardò l'espressione stupita di Sheena e si tirò su, furiosa che il padre avesse ferito i suoi sentimenti. «Papà, non so cosa sia successo tra te e Gavin, ma non credo che tu conoscessi affatto tuo fratello. E se pensi di accusare tua figlia di aver fatto qualcosa di disonesto, a quanto pare non conosci nemmeno Sheena.»

Suo padre restò a bocca aperta e divenne paonazzo. «Oh, no! Non era quello che intendevo dire.» Si girò verso Sheena. «Scusami. È solo che Gavin mi ha sempre fatto arrabbiare e ora, essendo qui, mi torna tutto in mente.»

«È meglio che superi la cosa» lo ammonì Darcy, «perché ti abbiamo invitato qui per far divertire te e Regina.»

Suo padre fece un'espressione sorpresa. «D'accordo! Non avrei mai pensato di vedere il giorno in cui vi sareste riunite in questo modo. Sentite, mi dispiace se sono partito con il piede sbagliato. Sono orgoglioso di voi tre e farò del mio meglio per non parlare di Gavin.»

«Ok» disse Sheena. «Ora che abbiamo stabilito le regole di base, divertiamoci tutti insieme.»

«Udite, udite!» disse Regina, mandando un messaggio al padre in modo gentile, ma deciso.

Osservando l'espressione imbarazzata sul volto di suo padre, Regan decise che, dopotutto, Regina le piaceva.

CAPITOLO 45
DARCY

Darcy raggiunse Regina, suo padre e il resto della famiglia per aperitivo e cena nella suite di Sheena. Sapendo che l'indomani li aspettava un pasto importante, tutte e tre avevano deciso di fare qualcosa di informale all'hotel invece di andare al ristorante. Inoltre, a lei e a Regan piaceva l'idea di un ambiente più tranquillo in cui presentare gli uomini della loro vita.

Darcy continuava a controllare la porta, aspettando con impazienza che Austin arrivasse. Aveva avuto un'emergenza da gestire e le aveva detto che sarebbe arrivato il prima possibile. Tuttavia, era nervosa. A suo padre non era piaciuto molto Sean Roberts e, sebbene fosse stata commossa dall'entusiasmo dimostrato dal padre all'idea di partecipare al suo matrimonio, Darcy sperava che lui e Austin andassero d'accordo.

Osservò suo padre che parlava con Brian e Tony dall'altra parte della stanza. Senza dubbio stavano parlando di affari. Era buffo com'erano andate le cose: la dipendenza di Gavin da Brian, l'incidente e l'acquisto da parte di Tony dell'attività di Brian. Sembrava tutto parte di un disegno più grande.

Finalmente Austin arrivò e Darcy si precipitò da lui. «Ciao, tesoro! Tutto a posto?»

Lui sorrise e la baciò. «Dovevo solo risistemare la corona di un dente. Non potevo lasciare che il povero ragazzo passasse le vacanze a disagio.» Abbassò la voce. «Come va con tuo padre?»

«Come sempre, è un po' imprevedibile, ma credo che sia piacevolmente sorpreso da noi tre e da ciò che abbiamo realizzato. Vieni. Voglio presentarti.»

Austin annuì. «Ok, facciamolo.»

Mentre si avvicinavano, l'attenzione del padre si posò su Austin. Sorrise e tese la mano. «Tu devi essere Austin. Io sono Patrick Sullivan.»

«Piacere di conoscerla, signore» disse Austin, stringendogli la mano. «Ha una figlia adorabile.»

Suo padre sorrise. «Sei un uomo coraggioso a prenderla con te. Ma sono felice di vedervi insieme. Sono felice di avervi dato il permesso» disse, strizzando l'occhio a entrambi, «e sarò molto felice di portarla all'altare.»

Darcy rise, capendo da dove traeva un po' del suo spirito impertinente. «Succederà con o senza di te, ma sia io che Austin siamo felici che tu partecipi.»

«Sì, significa molto per Darcy» disse Austin, mettendole un braccio intorno alle spalle.

«A tutti noi» disse Sheena, raggiungendoli. Porse ad Austin una birra fresca. «Ho pensato che questa ti avrebbe fatto piacere.»

Lui sorrise. «Grazie.»

Brian chiese ad Austin come andava e, sentendo la conversazione tra gli uomini, Darcy si allontanò, felice di vedere con quanta facilità Austin si fosse inserito in famiglia

CAPITOLO 46
REGAN

Regan si impose di stare lontana dagli uomini, sapendo quanto fosse importante per suo padre conoscere Brian. Se fosse arrivato il momento in cui le avrebbe chiesto di sposarlo, lei avrebbe voluto l'approvazione di suo padre con la stessa facilità con cui l'aveva data ad Austin.

Meaghan le venne vicino. «Brian è così carino. Quando sarò più grande, voglio qualcuno come lui.»

«Cos'è successo a Rob?» chiese Regan divertita.

«Ora gli piace Tara, e a me piace Devlin.»

Ridacchiando piano, Regan avvolse il braccio intorno alla nipote che adorava. «Sospetto che avrai molti fidanzati prima di essere pronta a sistemarti, ma quando arriverà il momento, spero che troverai qualcuno meraviglioso come Brian.»

Meaghan la guardò con scintillanti occhi nocciola. «Voi due siete davvero innamorati. Si vede.»

«Oh, come?»

«Dal modo in cui vi guardate l'un l'altra.. come mamma e papà, e Austin e Darcy.»

Regan si sentì travolgere dalla felicità. Alzò lo sguardo e vide Brian che la fissava e sentì le labbra incurvarsi.

«Visto?» disse Meaghan, ridacchiando mentre salutava Brian.

Regan non poté fare a meno di ridere. Meaghan si era invaghita di Brian la prima volta che lo aveva incontrato. All'epoca la cosa l'aveva infastidita, ma ora le sembrava molto dolce.

Andò da Brian e prese la mano che lui le porgeva.

«Allora, vi sposate?» disse suo padre, guardando prima lui poi lei.

Regan sbatté le palpebre per la sorpresa, stupita che suo padre dicesse una cosa del genere. «Ma... papà!»

Austin e Tony si allontanano silenziosamente, lasciandola con Brian e suo padre, che sembravano studiarsi a vicenda.

Sebbene Regan volesse strozzare il padre, non voleva fare una scenata. «Papà, ti prego...»

«Cosa?» disse suo padre. «Sono successe molte cose in questi ultimi mesi e sto cercando di mettermi in pari.»

«Quando sarà il momento, lo saprete tutti.» Brian sorrise a suo padre e le diede una stretta alla mano.

«Mi piaci, quindi quando sarà il momento avrai la mia benedizione» disse suo padre amabilmente. «Ora, come faccio a procurarmi un'altra birra da queste parti?»

«Te la prendo io, papà» disse Regan, che aveva bisogno di un momento per riprendersi.

«Cos'è successo?» disse Sheena, quando Regan entrò in cucina. «Ti ho vista parlare con papà.»

«Potrei morire di imbarazzo. Papà ha chiesto a Brian senza mezzi termini se ci saremmo sposati. Ora vuole un'altra birra.»

Sheena frugò nel frigorifero e tirò fuori una lattina. «Sono sicura che ormai Brian ha capito come può essere papà.»

«Ma non sopporto che Brian sia stato messo in difficoltà in questo modo» protestò Regan. «Abbiamo parlato del futuro, ma è così ingiusto che papà glielo abbia chiesto. Ci mette entrambi in una situazione imbarazzante. Dio! Non voglio che papà spaventi Brian.»

Sheena le pose una mano sulla spalla. «Tesoro, hai visto come ti guarda Brian? Come dice Darcy, voi due fate faville.»

Regan fece un bel respiro e tornò da suo padre, che stava

ancora parlando con Brian. Quando li raggiunse, Brian tirò fuori il telefono dalla tasca. «Chiedo scusa, ma devo andare da mia madre per una cosa. Cercherò di tornare qui per cena, ma si sa come vanno le cose in un bar.» Si girò verso di lei. «Tornerò. Te lo prometto.» Le diede un rapido bacio e si allontanò.

«Ah, ecco la mia birra» disse suo padre. «Grazie, bellezza.»

Regan mise le mani sui fianchi e lo affrontò. «Hai detto qualcosa che ha fatto spaventare Brian? Tutto questo parlare di matrimonio...» Combatté la sensazione di nausea che le serpeggiava dentro. «Brian non è uno che prende un impegno alla leggera. Ha bisogno di tempo.»

Suo padre emise un sospiro. «Scusa se ti ho incasinato le cose. Perché non vai a raggiungerlo? Spiegherò io tutto a Sheena.»

«Pensi che dovrei?» chiese Regan, consapevole del disagio del padre.

Suo padre fece una smorfia e annuì. «Dopo la conversazione che ho avuto con lui, credo sia meglio che tu parli con Brian. Per chiarire le cose.»

Regan spalancò gli occhi. «Oh mio Dio! È così grave?»

Si affrettò a uscire dalla porta senza attendere la risposta.

Nel crepuscolo crescente, Brian si stava dirigendo verso il Key Hole.

«Aspetta!» lo chiamò Regan, correndo sul prato per raggiungerlo. «Brian, dobbiamo parlare.»

Lui si voltò verso di lei, con un'espressione seria. «Sì, dobbiamo farlo. Andiamo giù alla baia dove possiamo stare da soli.»

Cercando di trattenere le lacrime, Regan lo accompagnò all'area sgombra vicino alla riva, dove avevano sistemato alcune comode sedie. Il pergolato che avevano costruito di recente li proteggeva dalla vista. Regan ne fu felice, perché se

Brian stava per rompere con lei, come le aveva dato a intendere suo padre, sarebbe andata in mille pezzi.

«Senti, mi dispiace se mio padre ti ha fatto pressione...» Regan iniziò, fermandosi quando vide Brian che iniziava a inginocchiarsi davanti a lei.

Lui la guardò con un sorriso. «Regan Sullivan, vuoi sposarmi?»

Il cuore le batteva così forte che si sentiva svenire. «Aspetta! Non hai intenzione di lasciarmi?»

«Non se posso evitarlo» disse Brian ridendo. Tirò fuori dalla tasca una scatolina di velluto e la aprì. Un grande diamante marchesa le ammiccava da una fascia di platino.

«È bellissimo» disse Regan, cercando ancora di capacitarsi del fatto che lui le stesse davvero chiedendo di sposarlo.

«Vuoi, Regan? Vuoi sposarmi?» Il suo sguardo si posò su di lei con un tale amore che lei iniziò subito a piangere.

«Regan?»

«Sì, oh sì!» gridò Regan, gettandosi su di lui. Al rallentatore, rotolarono dolcemente a terra.

Guardando la donna sopra di lui, Brian sorrise. «Mi piace la sua reazione, madame, ma credo che dovrà aiutarmi a rialzarmi.»

Ridendo, Regan si alzò in piedi e lo tirò su. Poi guardò Brian che, con mani tremanti, le faceva scivolare l'anello al dito. La felicità sul suo volto la toccò nel profondo, scacciando la paura che l'aveva quasi distrutta. «Ti ho aspettato a lungo, Regan. Ti amo e ti amerò sempre.»

«E io amo te, Brian Harwood» disse lei, con voce tremante per l'emozione. «Non dicevo sul serio quando ti ho detto quella cosa orribile all'aeroporto. Ripensandoci, già allora avevo paura delle sensazioni che mi provocavi ed ero spaventata a morte. Grazie per essere stato paziente e per avermi insegnato cosa significa amare non solo con il corpo, ma anche con l'anima.»

«Siamo appena all'inizio» sussurrò lui, abbassando le labbra sulle sue, facendo svanire il mondo intorno a loro.

Mentre tornavano alla suite di Sheena, Regan non riusciva a smettere di guardare l'anello che portava al dito. Significava più di un simbolo del loro amore; significava che era finalmente libera di essere sé stessa come aveva sempre sognato. L'uomo accanto a lei la amava per quello che era, non per il suo volto, ma per la persona che aveva dentro e che stava ancora imparando ad avere molto da dare.

Fuori dalla porta della stanza di Sheena, Regan si fermò e si strinse le mani. «Non vedo l'ora di raccontare quello che è successo.»

Quando aprì la porta ed entrò, si trovò la sua famiglia riunita intorno, che la fissava.

«Be', è successo?» chiese suo padre a Brian.

Brian rise. «Sì. Ammetto che avrei fatto la proposta più tardi, questa sera, ma all'improvviso non potevo aspettare. Grazie, Patrick, per aver contribuito a far sì che accadesse ora.»

Regan restò a bocca aperta. «Vuoi dire che lo sapevi?»

Suo padre rise. «Come ho detto a Darcy, sono felice di dare via le mie figlie.»

Brian la strinse a sé. «Avevo programmato una cosa del genere fin dall'inizio. Mi serviva solo un po' di aiuto per farti venire fuori.»

Sheena e Darcy si precipitarono al suo fianco e la abbracciarono, formando un cerchio.

«Congratulazioni, Regan. Siamo molto felici per te» disse Darcy.

«Non riesco a credere che papà abbia fatto una cosa del

genere. È così soddisfatto di sé» disse Sheena. «E per una volta ha fatto qualcosa di giusto.»

«Parteciperò anch'io al tuo matrimonio?» disse Meaghan, avvicinandosi e prendendo la mano di Regan per studiare l'anello.

«Certo» disse Regan, ancora stupita al pensiero che ora che era fidanzata avrebbe dovuto iniziare a pensare al matrimonio.

Si voltò quando Holly Harwood entrò nella suite.

Holly abbracciò il figlio e si rivolse a Regan sorridendo, anche se aveva gli occhi lucidi.

«Congratulazioni, Regan. Sei la moglie perfetta per Brian e la figlia perfetta per me. Sono così felice che finalmente ti abbia chiesto di sposarlo.»

«Finalmente? Ma stiamo insieme solo da un paio di settimane.»

Holly sorrise e le accarezzò la guancia con una mano. «Ma lui ti ama da molto più tempo.»

Brian le si avvicinò e le cinse le spalle con un braccio, avvicinandola a sé. «È vero, Regan. Lo sapevano tutti tranne te.»

Lei gli sorrise. Lo amava più di quanto potesse esprimere a parole.

Come se le leggesse nel pensiero, lui si chinò e sussurrò: «Più tardi.»

Lei rise e, in punta di piedi, gli baciò la guancia, sentendosi la ragazza più fortunata del mondo.

Il giorno dopo, Regan e Brian entrarono insieme da Gracie per la speciale cena del Ringraziamento che Gracie aveva preparato esclusivamente per la famiglia dell'hotel e per la loro. La gente di Gavin sapeva già del fidanzamento e, alla vista di Regan, due di loro si precipitarono da lei.

«Congratulazioni» disse Lynn, chinandosi per guardare da vicino il diamante.

«Bella! Bella!» disse Clyde, battendole la mano.

Bebe uscì dalla cucina e, sorridendo, si avvicinò a Regan. «Sembra che io debba preparare un'altra torta nuziale.»

Regan sorrise. «Saremmo onorati se lo facessi.» Si voltò verso Brian, ma lui l'aveva lasciata per andare con suo padre e gli altri uomini in un angolo dove erano stati preparati dei drink.

Gracie, con indosso un grembiule, si avvicinò. «Che notizia meravigliosa, Regan! Brian è una delle persone che preferiamo e anche tu. Sarete felici insieme. Lo so.»

«Grazie.» Regan le diede un rapido abbraccio. Gracie di solito non era a suo agio con le dimostrazioni d'affetto, ma ricambiò il gesto.

Maggie e Sally si unirono al gruppo intorno a lei, porgendole le loro congratulazioni. Commossa da tutti gli auguri, Regan non riuscì a trattenere le lacrime che le pungevano gli occhi. Aveva l'impressione di essere una principessa in una delle storie che aveva sempre amato.

Sheena e Darcy le fecero cenno di avvicinarsi al lungo tavolo che era stato allestito per la cena.

«Mo viene?» chiese Sheena, sistemando i segnaposto sul tavolo.

Regan scosse la testa. «È volato in California questa mattina. Sono delusa, ma felice per lui. Dov'è Regina?»

«Sta facendo un giro in cucina» disse Darcy. «Sia lei che papà si sono sentiti dire da tutti quanto fosse in gamba Gavin. Credo che li abbia sorpresi entrambi.»

«Gracie mi ha detto che papà e Gavin si somigliano molto» disse Sheena. «Strano che due fratelli possano essere così diversi.»

«Forse non sono così diversi» disse Regan, guardando suo padre ridere con gli altri uomini. «Lo scopriremo col tempo.»

Sheena disse: «Il tempo ci dirà molte cose, tra cui se riusciremo a tenere l'hotel.»

«Ce la faremo» disse Darcy. «Me lo sento.»

«Certo che ce la faremo» disse Regan, sentendosi pervadere da un'ondata di fiducia. «Siamo le sorelle Sullivan!»

Sheena e Darcy sorrisero mentre Regan le stringeva forte. Non sapeva esattamente come avrebbero vinto la sfida dello zio Gavin, ma avevano imparato che insieme potevano fare quasi tutto.

Regan guardò Brian dall'altra parte della stanza. Lui se ne accorse e le rivolse uno sguardo tenero che le riempì i sensi. Di tutte le gioie che il Salty Key Inn le aveva regalato, quella di trovare l'amore con Brian era la migliore di tutte.

# # #

Grazie per aver letto *Alla scoperta dell' amore*. Se ti è piaciuto questo libro, ti chiedo la cortesia di aiutare altri lettori a scoprirlo lasciando una recensione su Amazon, Goodreads o sul tuo sito preferito. Lo apprezzerei molto.

LIBRI DI JUDITH KEIM

LA SERIE DELLE DONNE HARTWELL:
L'albero che parla – 1
Chiacchiere dolci – 2
Chiacchiere dirette – 3
Chiacchiere infantili – 4
Le donne Hartwell – Cofanetto

LA SERIE DEGLI HOTEL DELLA CASA SULLA SPIAGGIA:
Prima colazione all'Hotel The Beach House - 1
Pranzo al Beach House Hotel - 2
Cena al Beach House Hotel - 3
Natale al Beach House Hotel - 4
Margarita al Beach House Hotel - 5
Dolce al Beach House Hotel - 6

IL GRUPPO DEI VENERDÌ GRASSI:
Venerdì grasso - 1
I sabati di Sassy - 2
Domeniche segrete - 3

LA SERIE DI SALTY KEY INN:
Trovarmi - 1
Trovare la mia strada - 2
Trovare l'amore - 3
Trovare la famiglia - 4
La serie Salty Key Inn - Cofanetto

I RACCONTI DEL SEASHELL COTTAGE:
Una stella di Natale
Cambiamento di cuore
Un'estate di sorprese

Un viaggio in auto da ricordare
Le ragazze della spiaggia

LA SERIE DELLA LOCANDA DI CHANDLER HILL:
Andare a casa - 1
Tornare a casa - 2
Finalmente a casa - 3
La serie Chandler Hill Inn - Cofanetto

LA SERIE DELLA LOCANDA DELLA SALVIA DEL
DESERTO:
I fiori del deserto - Rosa - 1
I fiori del deserto - Giglio - 2
I fiori del deserto - Salice - 3
I fiori del deserto - Vischio e agrifoglio - 4

LE ANIME SORELLE AL CEDAR MOUNTAIN LODGE:
Sorelle di Natale - Antologia
Baci di Natale
Castelli di Natale
Storie di Natale - Antologia Soul Sisters
Gioia di Natale

LA SERIE DELLA LOCANDA DI SANDERLING COVE:
Onde di speranza -
Auguri di sabbia - (2023)
Baci salati - (2023)

ALTRI LIBRI:
L'ABC della convivenza con un bassotto
C'era una volta un'amicizia - Antologia
Vincere alla grande - una piccola storia d'amore per tutte
le età
Speranze per le vacanze
I biglietti vincenti - (2023)

L'autrice

Judith Keim, **autrice bestseller *di USA Today***, è un'autrice ibrida che si autopubblica ma pubblica anche con un editore. Scrive romanzi commoventi su donne che affrontano sfide inaspettate, le affrontano con grinta e trovano amore e felicità lungo il cammino. I suoi libri più venduti si basano, in parte, su molti dei luoghi in cui ha vissuto o che ha visitato e sulle persone interessanti che ha incontrato, creando personaggi credibili e ambientazioni realistiche che i suoi numerosi e fedeli lettori adorano. Ama ricevere messaggi dai suoi lettori e apprezza il loro entusiasmo per le sue storie.

Judith Keim ha trascorso l'infanzia e la giovinezza a Elmira, New York, e ora vive a Boise, Idaho, con il marito e i loro due bassotti, Winston e Wally, e altri membri della sua famiglia.

Fin da piccola è stata attratta dall'idea di scrivere storie. I libri erano sempre presenti, in fase di lettura, pronti per tornare in biblioteca o sul punto di essere scoperti. Tutti i membri della sua famiglia condividevano le informazioni tratte dai libri durante le loro chiacchierate, creando così un ricco bagaglio di conoscenze e una vivida immaginazione.

"Spero che questo libro ti sia piaciuto. Se così fosse, ti prego di aiutare altri lettori a scoprirlo lasciando una recensione su Amazon, Goodreads, Bookbub o sul sito di tua scelta. E ti prego di dare un'occhiata agli altri miei libri e alle altre serie in lingua originale:

Hartwell Women
The Beach House Hotel
Fat Fridays Group
Chandler Hill Inn
Salty Key Inn

Seashell Cottage
Desert Sage Inn
Soul Sisters at Cedar Mountain Lodge
Sanderling Cove Inn
The Lilac Lake Inn
TUTTI I LIBRI IN LINGUA ORIGINALE SONO DISPONIBILI IN AUDIO su Audible, iTunes, Findaway, Kobo e Google Play! È così divertente sentire questi personaggi che prendono vita!"

Judith Keim può essere contattata sul sito
www.judithkeim.com
E per mettere "Mi piace" alla sua pagina autore su Facebook e tenervi aggiornati sulle novità, andate su:
http://bit.ly/2pZWDgA
Per ricevere notifiche su nuovi libri, seguitela su Book Bub:
https://www.bookbub.com/authors/judith-keim
Iscriviti alla mia newsletter e ricevi un racconto gratuito. Le mie newsletter sono brevi e divertenti, con omaggi, ricette e le ultime notizie imperdibili su di me e sui miei libri. Benvenuti! Ecco il link:
https://BookHip.com/RRGJKGN
Judith Keim è anche su Twitter @judithkeim, LinkedIn e Goodreads. Passa a salutarla!